STORIA DI PADRE PIO

RINO CAMMILLERI

STORIA
DI PADRE PIO

PIEMME

Sovracoperta: Studio Aemme

I Edizione 1993

15033 Casale Monferrato (AL) – Via del Carmine, 5
Tel. 0142/3361 – Fax 0142/74223

INTRODUZIONE

C'era una volta un uomo che si chiamava Francesco Forgione e che si fece frate. Tutta la vita non fu altro che questo, un frate, di vocazione precocissima come ce n'erano una volta. Da bambino non ebbe né tempo né voglia di giocare: l'unica sua passione era pregare. Da ragazzo era già seminarista e fu fatto sacerdote prima del tempo perché la sua malferma salute minacciava di andarsene da un giorno all'altro. Visse ottant'anni in convento, senza aver visto altro mondo che quello che una mente concentrata in Dio può aver voglia di vedere. Non conobbe mai quel che il mondo chiama «svago», nemmeno le cosiddette gioie della tavola (a volte unica concessione alla carne di molti sant'uomini), perché il suo stomaco perennemente ammalato gli permetteva meno della dose necessaria a sopravvivere. Il solo passatempo – se così vogliamo chiamarlo – erano le barzellette, di cui era divertente inventore e mimo. Ma, a ben grattare, ecco che anche quelle si rivelavano provviste di un ben preciso scopo didattico e morale.

Nacque in un paesino del Sud ignorato anche dalle carte geografiche. Poche migliaia di anime, pastori e contadini. Pietrelcina. *Petrapucina*, come dicevano i suoi abitanti, piccola pietra, riarsa e brulla, in provincia di Benevento. Uno di quei posti i cui abitanti, ancora oggi, d'estate aumentano di numero perché tornano gli emigrati, e si vedono macchine d'ogni marca con targhe gialle, nere, bianche o rosse, provenienti dall'America, dal Canada, dalla Germania, dall'Australia, dal Belgio. Adesso le case sono moderne e provviste di servizi. Si sa, i meridionali ci tengono: la casa, prima di tutto. Rompersi le ossa in fabbrica o in miniera, mangiare pane e cipolla per anni con il solo sogno di costruirsi la casa al paese.

Ma quando nacque Francesco Forgione non c'erano nemmeno le strade, né l'acqua corrente né le fogne. Solo la fame e la miseria. In quel posto dimenticato da Dio la recente unità d'Italia si presentava solo con l'agente delle tasse e l'ufficiale di leva. O i carabinieri, per mettere le catene all'ennesimo ladro di bestiame. Bestemmie e socialismo: questo era quel che si pensava di Dio e dello Stato la sera, all'osteria, dopo aver maledetto per la centesima volta quella terra ingrata.

Ma il 25 maggio 1887 Dio si ricordò di Pietrelcina, in provincia di Benevento, Regno d'Italia. Lo stesso anno in cui Francesco Crispi – gran capo della massoneria italiana – faceva togliere i crocifissi dalle scuole, Dio ne mandò un altro, di crocifisso, in carne e ossa, anch'esso paradossalmente di nome Francesco. Un uomo pio, che divenne padre di centinaia di migliaia di peccatori sparsi ai quattro venti. Così Pietrelcina balzò all'attenzione del mondo. E su quella piccola pietra, scartata dai compositori di carte geografiche, si appuntò lo sguardo del ventesimo secolo.

Perché ci accingiamo a narrare la vita di Francesco Forgione, di quel Padre Pio che non conobbe altro che silenzio e sofferenza? Perché una vita di obbedienza e di nascondimento merita di essere narrata? Perché noi (tutti: atei e agnostici compresi) che abbiamo nostalgia di Dio, distratti dalle mille sollecitazioni di un tempo in cui anche il semplice vivere è diventato sempre più pesante, abbiamo un disperato bisogno di *sapere* se il Vangelo è vero; se è vero che chi si umilia sarà esaltato; se è vero che è beato chi porge l'altra guancia e chi piange, perché sarà consolato; se è vero che l'onnipotenza di Dio nulla può negare a chi fa la Sua volontà.

Quella che stiamo per mettere per iscritto è la storia di un uomo che cercò solo il Regno di Dio e la sua giustizia, un uomo che ebbe il resto in sovrappiù, e questo sovrappiù sono tutte le anime che ha strappato alla disperazione o, peggio, all'indifferenza nei confronti della speranza.

Forse la Chiesa ce lo additerà a esempio sugli altari, mostrando ai desiderosi di «emergere», ai vogliosi di beni materiali e di sicurezze mondane, come quella vita senza niente sia stata la più cara a Dio e la più colmata di doni e di carismi. Perché se è vero che chi ha Dio ha tutto, quel povero frate di quel convento sperduto è stato l'uomo più ricco, famoso e potente di questo secolo. E forse, se la Chiesa lo accerterà, uno dei più grandi Santi della storia del cristianesimo.

Ma Padre Pio fu anche segno di contraddizione, come quel Gesù che si sforzò tutta la vita di imitare. Non sono infatti pochi, ancora oggi, quelli che avanzano riserve sul suo conto.

È santo o no? Le complesse vicende che andiamo a narrare non contribuiranno certamente a risolvere il dubbio; chi giura sulla sua santità continuerà a giurarci e chi non ci crede non troverà alcun motivo ulteriore per crederci. Ma non spetta a noi l'ultima parola, bensì alla Chiesa. Noi sappiamo solo che il Papa attuale della santità di Padre Pio è convinto, tant'è vero che è andato a pregare sulla di lui tomba. Non sarà la prima e nemmeno l'ultima volta che un uomo di Dio si trovi al centro di situazioni ingarbugliate: dove c'è uno che ci prova, a fare il cristiano sul serio, là è Satana a seminare confusione. Anche nei più provveduti, anche nei più in buona fede, anche nei più sinceramente aperti e desiderosi di conoscere la verità.

In attesa che sia la Chiesa a farla conoscere, la verità, noi semplicemente di Padre Pio racconteremo la storia, cercando di comunicare lo stupore che ci coglieva man mano che vedevamo una vita annichilita crescere e gonfiarsi a dismisura fino a coprire il mondo, e proprio mentre cercava di fuggirlo.

Capitolo Primo

UN BAMBINO POCO NORMALE

Lo stemma comunale di Pietrelcina è tutto un programma: c'è un albero, un elce (o leccio), che da una roccia si protende verso il sole. Attorcigliato al tronco, un serpente spira il suo alito velenoso sui rami.

La fantasia poetica ci potrebbe ricamare sopra, visto il singolare destino di questo paesucolo. E in effetti Lucia Fiorentino, una veggente figlia spirituale di Padre Pio, «vide» a suo tempo proprio un albero, che da lì nasceva, sviluppare i suoi rami fino a coprire il mondo. Un bassorilievo siffatto sta oggi sulla lapide che copre la tomba del padre di Padre Pio, Orazio Forgione.

Siamo nel Sannio, regione montuosa tra Campania, Molise e quel territorio che si chiama Capitanata. Terra avara, che trasse in inganno i Piemontesi: prima della conquista erano convinti che il Sud fosse depositario di favolose ricchezze naturali.

I *pucinari* furono insorgenti sotto i napoleonici, briganti sotto i Piemontesi ed emigranti fino al fascismo e dopo. Pastori e contadini tra gli uni e gli altri. Ma cattolici sempre, ferreamente devoti alla loro Madonna della Libera che più di una volta li scampò da guai e calamità. Nel 1854, per esempio, scoppiò il colera. I pucinari si misero la statua della Madonna in spalla e andarono in processione. L'epidemia cessò. Era il 3 dicembre, pochi giorni prima della proclamazione del dogma dell'Immacolata Concezione.

Ma il colera non conosce confini comunali e a Paduli, paese vicino, continuò ad infuriare. I padulesi chiesero la statua in prestito ma i pucinari si guardarono bene dal consegnargliela. Non era mancanza di carità. Solo che se l'avessero prestata non l'avrebbero più rivista, tutto qui. Nei secoli cristiani si erano svolte vere e proprie battaglie per appropriarsi di reliquie e certe perduranti inimicizie tra città sono nate proprio da fatti del genere. Si può anche sorridere ed etichettare tutto ciò sotto la voce «superstizione», ma quando hai un tumore all'ultimo stadio sei disposto a metterti a testa in giù o ad andare a bagnarti sette volte nelle acque del Giordano. O, più probabilmente, pellegrinare fino al Polo Nord, se sai che lì hanno un sistema efficace per farti guarire. Spesso invece la salvezza è proprio a portata di mano. Ma occorrerebbe cessare di essere ciechi.

I pucinari comunque ebbero pietà dei fratelli padulesi e la Madonna gliela portarono davanti, di qua dal fiume, a rispettosa distanza. E anche Paduli ebbe il miracolo.

Padre Pio nacque nel cosiddetto quartiere Castello, che deve il suo nome al fatto che un castello lì c'era davvero, nel Medioevo. La casa dei Forgione non si discostava granché da quelle circostanti: tre stanzette, soffitto di canne, porta e finestre incredibilmente minuscole. Da prendercisi la tubercolosi. Uno stile indotto dal governo postunitario che, perennemente in bolletta a causa delle continue guerre regolarmente perse, alla tassa sul macinato aveva aggiunto quella sulle porte e finestre. Casa povera, ma la povertà generalizzata e comune non offende, perché si finisce col non farci caso. Tutti erano poveri a quel tempo, ma tutti avevano una casa di proprietà: bastavano l'olio di gomito e la calce. Il problema semmai erano i frequenti terremoti. L'ultimo, quello del

1962, ha raso al suolo tutte le case costruite così. Tranne quella di Padre Pio.

Zi' Razio Forgione (Orazio, e all'anagrafe, per un errore, *Grazio*) aveva ventisei anni e mamma Peppa Di Nunzio ventotto quando nacque Francesco. Avevano avuto già tre figli, due morti presto. Ne ebbero altri tre in seguito.

Francesco era gracile e malaticcio, e piangeva sempre. Il padre una volta, infuriato, fece il gesto di buttarlo dalla finestra. Era tornato, come al solito, con le ossa spezzate dalla campagna. Un giorno intero, dall'alba al tramonto, sotto il sole a faticare quasi per niente, e nemmeno la notte si riusciva a riposare per via di quel pianto continuo. Naturalmente ancora una volta si calmò, ma la miseria sempre in agguato e tutte quelle bocche da sfamare finivano qualche volta per fiaccare i nervi.

Padre Pio poi spiegherà: quando spegnevano la luce, torme di «mostri» gli si mettevano vicino, e lui piangeva. Accendendo la luce, sparivano. Grazio, naturalmente, non poteva saperlo. Da quel momento, comunque, forse per la paura (ma era troppo piccolo), forse per un miracolo, il bambino non pianse più.

Francesco cresceva tranquillo e non dava problemi. Ubbidiente e taciturno, non andava nemmeno fuori a giocare con gli altri ragazzi. Quelli bestemmiavano e lui preferiva passare il tempo in chiesa, a pregare. Lo chiamavano «*u' lup' surd*», per la sua introversione, quello strano ragazzetto che non parlava mai. Si ricordano di lui solo un paio di marachelle davvero innocenti. Una volta suo zio lo mandò a comprare dei sigari toscani e lui se ne accese uno, strangolandosi mezzo. Un'altra volta stava male di stomaco. Ma proprio male, e non si sapeva cos'era (questa dei mali gravi e misteriosi sarà una costante di tutta la sua vita). La madre, volente o nolente, doveva andare nei campi e lo lasciò solo in casa, a letto. Al ritorno lo trovò guarito: s'era mangiato tutta la peperonata che doveva servire per pranzo. Chissà quale reazione gli avrà fatto nella pancia, fatto sta che il male passò (malgrado il medico l'avesse già dato per spacciato). Tutta qui la discolaggine infantile di Padre Pio.

Un bambino normale? No, non era un bambino normale, perché non è «normale» che un bambino mandato a pascolare le pecore sia trovato continuamente a pregare o a far presepi di fango. Se con gli altri pastorelli si decideva di giocare, era alla processione (e le pecore, incustodite, se ne andavano a brucare le colture, così che i contadini li caricavano di mazzate). A volte si mettevano a giocare senza di lui, tanto lui pregava. «Franci', ma tu quando preghi sembra che muori! Che ti chiamiamo a fare?».

Sì, a pascolare le pecore, perché in casa c'era bisogno e non c'erano denari per farlo studiare. Solo che lui a studiare ci voleva andare, eccome. Così, grazie anche all'intervento dello zio prete, lo misero da uno che aveva fatto tutte le elementari, perché imparasse almeno a leggere e a far di conto. Ben presto però tale maestro fu insufficiente e a Pietrelcina non c'erano scuole. Lo si mandò allora da Domenico Tizzani, uno spretato che aveva sposato una sua penitente e che non usciva mai per la vergogna. Teneva scuola in casa per mantenersi e prese anche il giovane Forgione. Ma non ne aveva grande stima. A sentir lui non profittava. E dire che quello studiava come un matto, resistendo alle lusinghe dei compagni che lo chiamavano attraverso la finestra.

Niente, fu giocoforza ritirarlo da lì e metterlo a lezione da Angelo Caccavo, un maestro (vero) che esercitava privatamente. Ci fece tre anni di ginnasio in uno, visto che era in ritardo. Coi soldi che il padre inviava dall'America (Grazio aveva dovuto rassegnarsi a emigrare, come tanti).

Un giorno la mamma lo portò dall'astrologo. Giuseppe Faiella era un vecchio che viveva letteralmente tra le stelle.

Aveva «il libro» e sapeva fare gli oroscopi. Erano tempi di ignoranza e un po' di superstizione nelle campagne la si trovava. Oggi, invece, alle soglie del duemila, l'astrologo si può consultare in diretta, per televisione. Il Faiella comunque ci indovinò: disse che quel ragazzino sarebbe stato onorato da tutto il mondo e che dalle sue mani sarebbero passati tanti soldi, anche se non avrebbe posseduto mai nulla.

Nel 1901 abbiamo la sua ultima marachella. Il Caccavo aveva portato i suoi studenti in gita a Pompei e Francesco – che non aveva fatto altro che girar chiese – aveva speso qualche lira, suscitando le ire di mamma Peppa che, a urli, gli aveva ricordato da dove venivano, e da quali sacrifici, quei soldi.

Ma, come abbiamo detto, lui non era «normale». L'impegno di consacrarsi a Dio lo prese a cinque anni, davanti all'altare. Si dirà che a volte i bambini piccoli hanno slanci entusiastici, «definitivi», del tipo da-grande-farò-il-pompiere, per cui non c'è da stupirsi. È vero, ma non a tutti i bambini che hanno di questi «slanci» appare Gesù in persona, prendendo tali slanci sul serio. Questo è ciò che accadde a Franceschino in quell'occasione ed è testimoniato dal padre Benedetto da S. Marco in Lamis, suo direttore spirituale nel noviziato. E c'è da credergli, visto che il fatto fu riferito in confessione e sotto vincolo sacro. Un altro suo confessore, padre Agostino (anch'egli) da S. Marco in Lamis, si accorse in seguito che il giovane frate vedeva la Madonna. Non solo, ma era pure convinto che fosse normale vederla, almeno per le anime consacrate. «Perché, lei non la vede la Madonna?», si sentì rispondere a un certo punto. No, che non la vedeva, naturalmente e purtroppo. E quello credeva che dicesse così per umiltà.

No, non era normale per niente. Era ancora un ragazzetto quando prese l'abitudine di battersi con una fune e di dormire in terra con una pietra per guanciale.

La mamma e il prete non volevano, ma non c'era niente da fare. Furono i coetanei a divulgare la cosa: si mettevano dietro la sua finestra e lo spiavano durante le flagellazioni. E c'erano anche le estasi e le apparizioni frequenti, di Cristo, della Vergine, del suo Angelo, di san Francesco.

A cinque anni, presa la risoluzione di cui sopra, cominciò a ricevere anche altre visite. Il Maligno lo terrorizzava con incubi notturni. E qui qualcuno penserà che per un bambino che si flagella e dorme su un sasso gli incubi notturni siano il minimo che possa capitare. Il fatto è che il problema non era solo la notte. Spesso, tornando, non riusciva a entrare in casa perché la porta gli era sbarrata da un prete in atteggiamento minaccioso. Lui si metteva da una parte e aspettava. Allora arrivava un bimbo scalzo, tracciava un segno di croce e lui poteva entrare.

Si conservano molti dei suoi temi scolastici. Gli argomenti erano ovviamente quelli dettati dal maestro. Gli svolgimenti erano, per lui, altrettanto ovviamente a senso unico: il cristianesimo prima di tutto. E non si pensi a melense ingenuità devote. Un esempio per tutti; dovendo commentare un titolo del genere: «Se io fossi il re», eccolo elencare con fermezza e competenza le caratteristiche che dovrebbe avere una società per essere veramente cristiana, con tutti gli aggiustamenti che avrebbe introdotto se il re fosse stato lui, a cominciare dalle leggi contro il divorzio, antico pallino massonico e laicista che già a quel tempo si cominciava a reclamare.

Fu a scuola dal Caccavo che ebbe un assaggio di quel che aspetta coloro che decidono di fare i cristiani sul serio e fino in fondo.

Francesco era «bellino» e le ragazzette se lo mangiavano con gli occhi. Lui naturalmente non se ne dava per inteso, cosa che accresceva il suo fascino di bello-e-impossibile. Ma c'era lo stesso da fare i conti con l'invidia dei maschi. Spesso lo provocavano per futili motivi e finiva a botte. *Franci'* prendeva le busse in silenzio attirandosi pure gli insulti degli astanti, urtati da tanta remissività.

Un giorno qualcuno lasciò «scoprire» al maestro un biglietto d'amore di Francesco diretto a una fanciulla locale. Apriti cielo. Eccolo lì il *santariello* che vorrebbe fare il frate! Bell'esempio! E tuo padre che fa tanti sacrifici! Finì a calci nel sedere.

Naturalmente il biglietto era falso, ma Caccavo non ci credette. Molto tempo dopo il responsabile confessò ed ebbe la sua parte di bastonate. A Francesco furono fatte mille scuse e lo zio prete, a mo' di riparazione, gli fece gratis i documenti per accedere al seminario.

Ma non sempre nella vita del cristiano alla calunnia seguono le pubbliche scuse, e a colui che porta la croce di Cristo spesso accade di dover morire, come Cristo, prima di ricevere soddisfazione. Comunque, questo è un discorso che appartiene al prosieguo della nostra narrazione. Torniamo dunque indietro agli anni dell'infanzia, ché c'è qualche altra cosa da raccontare.

Quel che c'è da aggiungere è il suo primo miracolo. Migliaia di altri ne seguiranno, lungo il corso della sua vita e anche dopo. Qualcuno prima o poi forse si armerà di pazienza e di computer, per contare Santo per Santo i miracoli di ciascuno. Sarebbe curioso, in questa sorta di *hit parade*, vedere qual è il posto che occuperebbe Padre Pio in tema di quantità di miracoli. A noi, così a occhio, non sembra azzardato supporre che starebbe tra i primi dieci. Ma Padre Pio per la Chiesa non è ancora Santo, perciò riprendiamo il nostro racconto.

Era ancora un ragazzetto (sebbene poco «normale»). Correva il 1896 e aveva nove anni. Il padre lo portò ad Altavilla Irpina, alla festa di san Pellegrino. Doveva comprare un cavallo.

La fiera non lo interessò più di tanto. Non più, naturalmente, della solenne funzione religiosa. La chiesa era gremita, come sempre accade nei paesi del Sud il giorno della festa locale.

Messa lunghissima, baci e fiori al Santo. Dopo la Comunione Francesco si trattenne, come suo solito, per un prolungato ringraziamento. All'*ite missa est* la folla cominciò a defluire, poco a poco. Anche Orazio Forgione fece per alzarsi, ma il figliolo lo trattenne. Non sapeva spiegare perché, ma sentiva che doveva rimanere ancora. Zi' Razio si era ormai abituato alle stranezze del ragazzino, così senza tante storie si rimise a sedere.

A un certo punto una donna scarmigliata e col viso sconvolto dalla furia si aprì il passo tra la folla. Aveva tra le braccia una creaturina deforme e andava dritta verso l'altare maggiore. La gente ammutolita si scostava al suo passaggio, ma quella, con gli occhi fuori dalle orbite e una spaventosa espressione d'amarezza sul volto, non vedeva altro che l'altare. Francesco si inginocchiò e cominciò a pregare. La donna, giunta a pochi passi dall'altare, gettò letteralmente il suo dolente carico sul piano di marmo, urlando al Cielo che se non voleva guarirlo tanto valeva che se lo riprendesse. La creaturina piombò di peso sull'altare con un tonfo. Ma non solo non si fece nulla, anzi: distese le membra per la prima volta nella sua breve vita e discese da sola dall'altare, correndo tra le braccia della mamma inebetita.

Naturalmente il clamore fu enorme e le campane cominciarono a suonare a stormo. Ma Francesco sgusciò fuori di chiesa tirandosi dietro il padre che adesso, invece, voleva rimanere a guardare.

Capitolo Secondo

UN NOVIZIO SPECIALE

Francesco aveva ormai quindici anni. Il padre se n'era partito in America: gli affari andavano come andavano, c'era un debito da pagare e il ragazzo da far studiare. Era chiaro che Francesco voleva fare il prete, e lo zio arciprete, don Salvatore Pannullo (zi' Tore), in questo ruolo ce lo vedeva proprio bene.

Era un onore avere un figlio prete, per cui non c'era sacrificio che tenesse. Altri tempi. Oggi ci sta che il pupo venga sottoposto a visita psichiatrica. Ma per una famiglia meridionale di quell'epoca un figlio prete era il massimo. Era il segno tangibile della predilezione divina.

Solo che Francesco il prete non lo voleva fare. Era rimasto affascinato dalla figura di fra' Camillo da S. Elia a Pianisi, un cappuccino del convento di Morcone che ogni tanto scendeva a Pietrelcina per la questua. Alto, ieratico, con una gran barba nera, infiammava la fantasia di Francesco tutte le volte che si faceva vedere in paese. Quella figura solenne, che parlava con voce dolce e suadente, gli sembrava supremamente elegante nel suo saio marrone. E poi la barba...

Vabbè, vuoi fare il frate? E fai il frate. Così zi' Tore scrisse al Provinciale di Foggia, padre Pio da Benevento (d'ora in poi il lettore dovrà pazientemente assuefarsi a questi nomi cappuccini: i Padri in religione cambiano il nome e sono indicati solo dalla provenienza; la cosa si fa noiosa quando si tratta di dover ripetere infinite volte provenienze del tipo *Sant'Angelo-in-Colle-Val-di-Sopra-sul-Mare*).

Purtroppo al seminario di Morcone non c'era posto (a quei tempi la crisi delle vocazioni era di là da venire) e lo zio Pellegrino – che aveva preso a cuore la vicenda – mise Francesco seduto e gli parlò francamente. *Franci'*, senti a zio, lasciali perdere i cappuccini, vattene dai Francescani di Benevento o dai Redentoristi di S. Angelo a Cupolo. E quello: la barba la tengono? *Franci'*, tu alla barba pensi? Tu devi pensare a stare bene, altro che barba. Dai retta, vattene dai monaci bianchi di Montevergine, hai visto come sono belli? Ma Francesco, cocciuto: zi' Pellegrì, se non tengono la barba non se ne fa niente. E allora aspetta e spera, *Franci'*; cosa vuoi che ti dica?

E Francesco aspettò. Ma barba doveva essere.

C'è da chiedersi come questa storia sarebbe andata se fra' Camillo non avesse avuto la barba e magari neanche il saio, «per comodità» o «per essere più vicino alla gente». Molto probabilmente Francesco Forgione si sarebbe fatto prete, sarebbe diventato una sorta di nuovo Curato d'Ars e avrebbe fatto ugualmente un sacco di bene. Ma questa storia non sarebbe stata la stessa. E la storia con i *se* non si fa.

È pur vero che l'abito non fa il monaco, ma le malelingue dicono che anche l'occhio vuole la sua parte e ricordano il fattaccio di quell'uomo che, agonizzante per un sinistro, aveva chiesto un prete. L'unico disponibile era in maniche di camicia. Accorse, ma il moribondo non credette che fosse davvero un sacerdote e rifiutò di confessarsi. Si dice che da allora in poi il prete l'abito se lo sia messo, e di quelli lunghi di una volta.

Comunque, per quel che ci riguarda, nel caso di Francesco Forgione il monaco fu fatto dall'abito. E soprattutto – particolare non secondario – dalla barba.

Francesco, nell'attesa che al seminario si liberasse un posto, studiava e faceva il chierichetto per lo zio. Qualche volta, concentrato com'era nel pensiero di Gesù, si incantava, e zi' Tore, che magari aspettava la stola col Santissimo in mano, gli dava la sveglia: *ué, maccarrù!*

A servir Messa, però, era davvero il primo della classe e, come tutti i primi della classe, non mancò di suscitare invidie. La solita lettera anonima: Francesco corteggia la figlia del capostazione. Così l'arciprete fermò tutto, carte e documenti. Ma che, mi fa perdere tempo 'sto sudicione? Anche di fare il chierichetto gli fu vietato e, dovunque si recasse, sguardi di disapprovazione lo seguivano. Ma anche questa montatura fu svelata e la sua pratica poté veleggiare senza altri impedimenti.

Fu in questo periodo che ebbe la visione.

Stava pregando come al solito. Gli apparve un personaggio splendente e maestoso che lo prese per mano e lo portò in una vasta piana. Qui due gruppi si fronteggiavano, gli uni erano bellissimi e vestiti di bianco, gli altri tenebrosi e di orrido aspetto. Uno di questi ultimi gli venne incontro. Era alto come le nuvole e terrificante a vedersi. Il personaggio splendente ordinò a Francesco di battersi con costui, ma Francesco aveva paura. Gli fu detto di non temere, perché non sarebbe stato solo a combattere. L'impari scontro avvenne e Francesco risultò vincitore, con grande giubilo del gruppo candido e scorno furente di quello scuro. Il personaggio splendente gli mise sul capo una bellissima corona di vittoria, dicendogli che ne avrebbe avuta un'altra più bella e che si facesse coraggio, perché con l'orrido demone avrebbe dovuto combattere ancora molte altre volte. Ma nessuna paura, perché l'assistenza non gli sarebbe mai mancata.

Questa visione Padre Pio la narrò in seguito al suo direttore spirituale, padre Benedetto da S. Marco in Lamis, dietro suo ordine, confermando che l'argomento fu ribadito da Gesù e la Madonna in altre due occasioni, l'ultima delle quali si verificò la notte precedente alla sua entrata nel noviziato.

Padre Pio fu in realtà sempre restio a esporre tutto quel che di soprannaturale lo riguardava. La modestia e la prudenza (non quella umana ma la *virtù* cristiana, che è altra cosa, anche se è difficile ai giorni nostri sentirsene spiegare la differenza) gli facevano cercare il nascondimento. Si sbottonava solo dietro comando preciso dei superiori.

In effetti riesce arduo a noi mondani comprendere come si possa, quando si è in possesso di tali ricchezze, resistere alla tentazione di sciorinarle ai quattro venti. Tentazione, appunto, dalla quale è indenne chi sa perfettamente che l'incanto svanirebbe non appena si aprisse bocca fuori tempo e fuori luogo. E poi, quando uno è concentrato in Dio come Padre Pio fu, tutto il resto è silenzio.

Il 6 gennaio 1903 *'o santariello* di Pietrelcina cessava di essere Francesco Forgione per diventare fra' Pio nel seminario di Morcone.

Con lui entravano in convento altri tre ragazzotti, uno dei quali suo compaesano. Due non ce la faranno e se ne andranno. Resterà con fra' Pio – e grazie al suo continuo incoraggiamento – solo frate Anastasio, il *pucinaro*.

Sì, perché a quei tempi il noviziato sembrava servire proprio a quello: a scoraggiare i più deboli. Tutto sommato era meglio così. Quel che necessita sono impavidi uomini di Chiesa, robusti nello spirito. Devono essere la crema dell'umanità, perché non sappiamo che farcene di poveracci peggiori di noi, da compatire o da giustificare pietosamente. Vogliamo gente che ci insegni come si fa ad arrivare a Dio, gente che ci assista nel nostro combattimento quotidiano nella piana della visione di Padre Pio.

Da questo punto di vista i noviziati cappuccini dei tempi del frate di Pietrelcina erano dei veri e propri crivelli: i panni erano ruvidissimi e sempre troppo stretti o troppo larghi, si andava scalzi e l'idea stessa del riscaldamento era considerata un insulto al voto di povertà; si mangiava sempre in modo insufficiente (e le scritte bene in vista nel refettorio ammonivano a non lagnarsene: *Si non satis, memento paupertatis* [se non è abbastanza, ricordati della povertà - *ndr*]; tre pezzi di pane cotto per colazione, poi si andava davanti alla cella del padre Maestro a ringraziare la Provvidenza e si restava in ginocchio finché quello non dava licenza). Ci si flagellava quasi quotidianamente, si doveva parlare solo col permesso del maestro dei novizi ed era d'obbligo camminare a occhi bassi. L'unica lettura consentita era una quindicina di pagine di un solo libro, finite le quali si ricominciava da capo, per tutto l'anno. E poi le veglie, le punizioni, le penitenze, i digiuni prescritti, il silenzio, i lavori pesanti, il caldo d'estate e il freddo d'inverno.

Bisognava attendere il permesso del maestro dei novizi per tutto. Anche per mangiare: si aspettava in ginocchio la benedizione e poi si poteva cominciare. Nel caso di fra' Pio c'era un maestro dei novizi particolare: sant'uomo, ma un po' di là con la testa. Una volta si scordò di impartire la benedizione e li lasciò lì, in ginocchio sul pavimento ghiacciato, senza refezione.

Fra' Pio, poi, all'osservanza minuziosissima della regola aggiungeva le *sue* penitenze e le *sue* preghiere. Il suo piatto lo passava di nascosto ai confratelli affamati, la notte la trascorreva il più delle volte in bianco a pregare, si faceva continuamente dispensare dal refettorio e dalla ricreazione per trattenersi in preghiera e si caricava non di rado delle incombenze degli altri.

Aveva il dono delle lacrime (sì, perché piangere sulla

Passione di Cristo non è da tutti, per quanti sforzi uno possa fare: è un dono, appunto). È rimasta scolpita nella memoria dei confratelli la pozzetta di lacrime vicino alle sue ginocchia. Ci metteva il fazzoletto per non macchiare le assi di legno, ma non era cosa che si potesse nascondere.

Il deperimento organico di questo novizio esemplare non si fece attendere. Quando il padre andò a visitarlo restò di sasso. Fra' Pio era pallido, smagrito e camminava con difficoltà. In più taceva e teneva gli occhi bassi. Ci volle il permesso del maestro dei novizi perché abbracciasse il padre e ricambiasse i suoi saluti. Quando Orazio Forgione venne via era fermamente deciso a riportarselo a casa. Ma Francesco aveva ormai indossato l'abito e non aveva alcuna intenzione di cambiarlo. E infatti per sessantacinque anni con quello vestirà, e con quello morirà. In tempi di Concilio sentirà dire di alcuni novizi che, nell'euforia del «rinnovamento», si rifiuteranno di portarlo. Consiglierà seccamente di cacciarli via: e che? sono loro adesso a fare un piacere a san Francesco?

Quando si legge di agiografia non si può trattenere un senso di noia a sentire di certuni che «fin da bambini» tenevano la testa in Dio e il corpo fuori dal mondo. Certo, si rimane edificati ed ammirati, ma non si capisce più di tanto e si passa volentieri ad altro. Insomma, leggendo certe agiografie si ha l'impressione che i protagonisti di quelle vite stiano tanto in alto da non poterci comunicare altro che la loro adamantina santità, un esempio talmente fulgido e privo di tentennamenti da risultare incomunicabile, un'esperienza così lontana dalla nostra da finire col non dirci niente.

Ma la colpa non è del santo. È dell'agiografo.

Fra' Pio ci *provava* a fare il santo. E ci riusciva egregiamente. Ma dalle sue lettere di quel periodo traspare l'immane lotta interiore contro i dubbi, le incertezze, contro il mondo che lo reclamava insistentemente.

Non tanto il mondo esterno, no, il desiderio di entrare in religione l'aveva sempre avuto. Ma c'è un «mondo» anche in convento, se si vuole. Basta adagiarsi impercettibilmente sulle comodità, anche quelle minime che Morcone offriva: si può essere lavativi, gelosi, invidiosi, mormoratori ovunque. Si può pregare un po' di meno e dormire un po' di più, si può pensare soprattutto alla salute, si può scivolare tranquillamente nella rilassatezza cominciando ogni volta con un «cosa c'è di male?», e ritrovarsi con qualcosa tra le mani che un tempo era vocazione, adesso è un mestiere come un altro, anzi meglio di tanti altri perché privo di assilli e preoccupazioni. Solo che i cammini di questo genere sono inclinati: o si sale o si scende. Chi vuole rimanere fermo e adagiarsi in una posizione intermedia invariabilmente scende. E al peggio non c'è mai fine, come avrà modo di verificare in molti suoi confratelli Padre Pio, in seguito.

Adesso per lui c'era solo lo sforzo di rimanere attaccato a Dio. Consolazioni interiori non gliene mancavano, voci, dolcezze, apparizioni talvolta. Ma era lacerato. Sapeva che lo attendeva una missione ben precisa e che in vista di questa Dio lo «lavorava», tuttavia di suo aveva solo la volontà. E in fondo cos'altro vuole Dio dagli uomini se non la loro volontà, libera e «buona»? Le forze? Non dipendono da loro. Le emozioni, il sentimento? Neanche quelli, troppo condizionati dalle circostanze esterne, dalla salute e talvolta anche dal clima. No, l'unica cosa che si può offrire a Dio è la buona volontà, il resto lo fa Lui. Il novizio fra' Pio questo lo sapeva, ma doveva fare i conti anche col Principe di Questo Mondo, che non tralasciava occasione per soffocare sul nascere la missione che lo aspettava.

L'anno seguente lasciò il noviziato. Lo attendevano sei anni di studio per diventare sacerdote. Li trascorse in cinque conventi diversi. Quarto e quinto ginnasio li fece a S. Elia a Pianisi, vicino Campobasso, poi passò a studiare filosofia a S. Marco La Catola, in quel di Foggia. Qui incontrò quel padre Benedetto di cui si è accennato, che sarà suo direttore spirituale fino al 1922.

Nel 1907 tornò a S. Elia per completare gli studi di filosofia e pronunciare i voti solenni: aveva quasi vent'anni. Nel 1908 fu a Serracapriola, provincia di Foggia, per il corso di teologia, poi a Montefusco (Avellino) e a Benevento, dove ricevette gli ordini minori e il suddiaconato.

In quegli anni e nei vari luoghi pochi si accorsero che quel fratino era un po' speciale. Nel gennaio del 1905 gli accadde per la prima volta di trovarsi in due posti diversi contemporaneamente. La sera del 16 stava nel coro a pregare con gli altri e nello stesso tempo assisteva e riconciliava con Dio, in una casa signorile di Udine, un massone agonizzante. Nella stessa casa presenziava alla nascita di una bambina che poi diverrà Terziaria francescana a S. Giovanni Rotondo.

No, quasi nessuno si avvide di avere il soprannaturale accanto. I più vedevano un giovane frate di ingegno ordinario, malaticcio, con gli occhi arrossati dalle lacrime. Studiava poco per via di quel suo continuo pregare, però la lezione la sapeva sempre. Qualche volta lo prendevano anche in giro per la sua mania della perfetta osservanza della regola. Gli strattonavano il saio per vedere come reagiva. Ma quello non reagiva affatto. Al massimo ci scappava un'occhiataccia. Insomma un modello di religioso, ma nulla di più.

Solo a padre Agostino da S. Marco in Lamis, suo confessore a Serracapriola, rivelò di essere tormentato dagli scrupoli, terribile tentazione che fa perdere la pace, il sonno e perfino, qualche volta, la fede. È un'ossessione demoniaca che non dà requie, incidendo specialmente sulle anime più sensibili. Ho fatto bene? Ho fatto male? Ho detto tutto in confessione? Ho recitato bene l'ufficio? Il tono era quello giusto? Ho rispettato le pause? E via così, fino alla follia se Dio non intervenisse al soccorso. Fra' Pio in questo angoscioso stato ci rimase per tre anni, dai diciotto ai ventuno.

A questo devono aggiungersi i continui attacchi demoniaci. E non solo le solite tentazioni usuali, quelle che affliggono gli esseri umani «normali» (ira, impazienza, noia, pensieri impuri, eccetera), ma anche visioni spaventose, colluttazioni fisiche coi diavoli, malanni d'ogni genere. Una volta sentì dei rumori nella cella contigua. Sapendola disabitata da un pezzo, si affacciò alla finestra, sporgendosi per sbirciare in quella accanto. Un immenso cane nero balzò da quella finestra e atterrò sul tetto di fronte dopo un salto «impossibile», e si dileguò, lasciando fra' Pio più morto che vivo dalla paura.

Lui intanto pregava e piangeva. Anzi, tanto piangeva che finì per ammalarsi d'occhi e non riusciva a leggere se non con una candela accesa a due dita dal naso, anche di giorno. Qualcuno gli chiese cosa ci fosse, insomma, da pianger tanto. Lui rispose che aveva il cuore spezzato per via dei suoi peccati e soprattutto per quelli altrui.

Si può scrollare le spalle di fronte ad affermazioni del genere (cosa che senz'altro avrà fatto in quell'occasione l'interlocutore): eh, cose di santi. Ma vediamo se ci riesce di metterci in qualche modo per un attimo nei panni del «piagnone», per cercare di capire.

Supponiamo di essere figli di un potente, e che costui sia la persona più umana, buona e disponibile del mondo, che abbia fatto immensi favori, e gratis, a chiunque glieli abbia chiesti, che non dorma la notte per beneficare quanta più gente possa, che ci abbia tolti dai guai moltissime volte, che ci abbia insegnato tutto quel che sappiamo e che è causa della felicità nostra e di quella di tantissime persone. Come non sentirsi almeno rattristati al vedere che molti lo insultano, altri lo vorrebbero addirittura morto e i più, infine, non lo considerano nemmeno? E se noi «normali» siamo capaci di rattristarci almeno un po', ecco che il santo, invece, piange. E più santo è, più piange.

Da qui, per il santo, la voglia incontenibile di andare a dire a tutti che stanno sbagliando. Infatti fra' Pio fremeva d'impazienza. Una volta addirittura fece domanda per poter andare nelle missioni. Ma con quel fisico debilitato figuriamoci se ce lo mandavano, nelle missioni. Dio aveva altri progetti su di lui e si servì del diniego dei superiori per tenerlo fermo dov'era.

Capitolo Terzo

UN PERIODO MISTERIOSO

J.M.J.F. Nelle lettere che fra' Pio scriveva c'era questa intestazione. Sta per *Jesus, Maria, Joseph, Franciscus*. Era la formula d'inizio della vestizione. Tante, tantissime lettere scriverà, al direttore spirituale, al confessore, ai suoi figli spirituali sparsi per il mondo, almeno finché gli sarà permesso farlo (glielo vieteranno, come si vedrà). È da queste lettere (fitte di scrittura fin nei margini, per via del voto di povertà) che si è potuto apprendere qualcosa della sua spiritualità. *Qualcosa*, perché gli «uomini di spirito» possono essere compresi soltanto dai loro pari. Quando poi si discorre di giganti della mistica, al massimo si può ricorrere a qualche similitudine. L'unico esempio che riusciamo a escogitare (e che denuncia la nostra impotenza) è questo: quando Einstein proclamò la sua teoria della relatività, si dovette attendere qualche anno prima di trovare qualcuno che fosse in grado di decifrare i suoi calcoli e dedurre che aveva ragione.

Gli scienziati però hanno bisogno di divulgare le altezze del sapere che sono riusciti a raggiungere. Gli «uomini di spirito» no. Anzi, si ingegnano di tenere il più possibile nascoste le vette della loro spiritualità, sia per umiltà che per timore di essere fraintesi. E anche per un altro motivo: chi vive di spirito finisce per dimenticare il resto, fosse anche il proprio corpo. O per cercare di domarlo, questo corpo, visto che il più delle volte è loro d'impaccio.

Fra' Pio aveva avuto il tifo da bambino ed era – già lo rammentammo – di costituzione gracile. Le privazioni a cui si sottoponeva, gli strapazzi e la mancanza di adeguati sonno e nutrimento completavano l'opera. Per l'estrema prostrazione fisica arrivò al punto di trascinarsi, sulle scale, nei corridoi, facendo temere che venisse meno da un momento all'altro. Lo credevano tisico, e anche per le strade la gente lo evitava per timore del contagio. Spesso febbricitante, tossiva in continuazione. Il suo stomaco non riteneva quasi niente, le nausee e i capogiri erano il suo pane quotidiano.

Perché, qualcuno penserà, ridursi così? Certo, per noi neopagani, salutisti frequentatori di palestre *fitness* e di dietologi, per noi che abbiamo sostituito il culto del corpo a quello dell'anima, un uomo del genere non può essere altro che un fanatico (si dà sempre del fanatico a chi cerca di essere coerente fino in fondo, come se ci fosse un limite alla coerenza). Quel «fanatico» però non faceva altro che gli stessi sacrifici che facciamo noi: solo che noi li facciamo per essere belli fuori (fino al disprezzo dell'interno), lui li faceva per essere migliore dentro (fino al disprezzo dell'esterno). Ma è la causa che fa l'eroe e Padre Pio è stato un benefattore dell'umanità; noi, belli e disperati, giriamo di palestra in palestra, di dietologo in dietologo, di psichiatra in psichiatra e moriamo nel deserto, senza mai neppure vedere la Terra Promessa.

Ma l'ascesi di fra' Pio aveva anche un altro movente. La croce. Anche se non ne parlò mai esplicitamente, la sua missione consisteva in questo: portare la croce di quelli che si rifiutano di portarla. Per tutta la vita cooperò col Salvatore nell'addossarsi i peccati degli uomini e il ventesimo secolo ebbe lui come parafulmine dell'ira di Dio.

Questo secolo è stato il più terribile della storia dell'umanità, malgrado la retorica ottimistica delle ideologie che l'hanno attraversato. Ci mostravano continuamente il futuro perché chiudessimo gli occhi sugli sconquassi del presente. Ma il ventesimo secolo ha prodotto più morti ammazzati che non tutta la storia precedente, nonché la menzogna tecnologicamente organizzata, i gulag, i campi di sterminio, la degradazione morale, la droga, l'aborto di massa, il satanismo. In una parola, l'apostasia da quel che diciannove secoli di cristianesimo avevano faticosamente costruito. Chi trattiene la mano del Dio misericordioso sì, ma anche giusto, dal punire la malvagità degli uomini? Gente come Padre Pio, che si accolla il debito degli altri.

Tutti quelli che nel corso degli anni andarono da lui, a chiedere miracoli, erano consapevoli che stavano caricando *lui* della loro croce? Probabilmente sì. Ma le sue spalle erano abbastanza larghe, e proprio perché, chiamato a tale compito, non si era tirato indietro e si era allenato. Il Beato Escrivá de Balaguer, fondatore dell'*Opus Dei*, soleva dire: «Quando vai a combattere col demonio, presentati nudo, così non avrà dove afferrarti». Padre Pio non dimenticò mai che la sua missione era cominciata con la visione della piana e al quotidiano combattimento col diavolo si presentava anche senza il corpo.

Una volta, in seguito, dovette eseguire un esorcismo, uno dei tanti. Si trattava di una ragazza di diciotto anni, indemoniata. Era d'estate e Padre Pio celebrava all'aperto. Quella, affacciata al balcone, aveva cominciato a vomitare insulti irriferibili a squarciagola. I medici e coloro che l'assistevano testimoniarono che in quei momenti una forza terribile li aveva paralizzati. Rimasero immobili dov'erano, senza poter far nulla per far tacere l'indemoniata. Padre Pio proseguì a dir Messa. Quando gliela portarono per la Comunione, la ragazza cominciò a dare in escandescenze e nessuna forza umana poteva trattenerla. Padre Pio le disse, a bassa voce ma con un tono da gelare il sangue: «Fermo!». E le somministrò la Comunione mentre quella restava di sale, nella stessa scomposta posizione in cui si trovava.

Diversi sacerdoti diocesani avevano provato a liberarla, ma il demonio, con voce maschile, li aveva irrisi: «Eh, voi mangiate e bevete, e volete cacciarmi?». Gesù aveva ammonito i discepoli che certi demoni si cacciano solo col digiuno e la preghiera. Ecco perché Padre Pio, che non mangiava, non dormiva e pregava continuamente, era un avversario temibile per tutte le presenze malefiche.

Tuttavia, chi immaginasse fra' Pio incupito dalle penitenze e dagli scontri col demonio commetterebbe un errore. *Piuccio*, come lo chiamava il suo confessore, era in realtà un buontempone.

Aveva un confratello di carattere ansioso. Una notte, mentre quello passava per il corridoio, gli andò incontro ululando con un lenzuolo addosso. Il frate svenne per lo spavento.

E poi c'era padre Giustino, che soffriva di scrupoli. Una volta tenne fra' Pio in ginocchio per quattro ore durante una confessione generale. I particolari non gli sembravano mai sufficientemente spiegati, la casistica non era mai sufficientemente minuziosa. E il povero fra' Pio sul pavimento gelido, scalzo.

Padre Giustino teneva il corso di filosofia. Immaginate il tedio. Uno ne fu così nauseato che appese i libri fuori della finestra.

Padre Giustino si alzava prestissimo per dire l'ufficio. Ma non gli sembrava mai detto come si deve. Cercava il tono, tornava indietro, ripeteva venti volte la stessa parola. Teneva un sasso tra le mani: se si fosse addormentato, il sasso, cadendo, l'avrebbe svegliato.

Fra' Pio una sera irruppe d'autorità nella sua cella e gli chiuse il libro. Va bene così, padre Giustino, garantisco io. I confratelli sapevano con che perla di frate avevano a che fare. Anche padre Giustino; infatti si rasserenò.

Gli altri invece erano ragazzi normali. Frati, certo, ma tutti al di sotto dei vent'anni. Un'allegra scampagnata cui partecipò anche fra' Pio finì a ciliege, col permesso del contadino. Gli schiamazzanti però spezzarono diversi rami e fra' Pio ne fu terribilmente mortificato (anche perché il contadino si risentì e lo espresse con linguaggio colorito). L'anno dopo, tuttavia, i ciliegi fruttarono il doppio.

Il 27 gennaio 1907 fra' Pio pronunciò i voti solenni. Ad aprile, visita di leva. Abile arruolato. Lui, così malandato? Sì.

Chi ha fatto la naja sa che cose del genere sono all'ordine del giorno. Figuriamoci poi cosa doveva essere l'esercito italiano all'inizio del secolo. Pulci, fame, freddo e disorganizzazione. Il tutto in un paese ancora malamente unito, che per di più aveva alle spalle una serie di guerre da operetta. Un'unica vittoria c'era stata. E contro chi? Contro il Papa.

Comunque, questa di fra' Pio era davvero grossa. L'avevano visitato, i medici militari, l'avevano visto che era tutto ossa, con una bronchite cronica da far spavento, febbri, tosse, nausee. Macché. Abile arruolato. Per scrupolo, però, consigliarono i superiori di farlo curare.

Sì, perché fra' Pio in quel periodo stava davvero male. I dottori lo visitavano ma escludevano la tubercolosi, sebbene ne avesse tutti i sintomi. Malattia misteriosa (ma che c'era di non misterioso nell'esistenza di quel fraticello?). Gli consigliarono un cambiamento d'aria e i superiori accondiscesero: una vacanza di salute al paese suo, a Pietrelcina, prima di cominciare il corso a Serracapriola.

Cominciò così il periodo più misterioso della storia di Padre Pio (ancora misteri: l'imitatore di Cristo finisce per diventare anch'egli un mistero). Fino al 1916 fece la spola tra il paese suo e vari conventi. In convento si ammalava fino all'agonia; tornava a Pietrelcina e rifioriva d'incanto. I superiori, disperati, arrivarono al punto di pensare seriamente a una sua riduzione allo stato laicale. Lui stesso non si dava pace. Aveva voluto con tutto il cuore vestire l'abito di san Francesco, invece... Il suo confessore, padre Agostino da S. Marco in Lamis (da non confondersi col direttore spirituale, che era padre Benedetto) gli aveva addirittura imposto di chiedere a Gesù di guarirlo e di farlo tornare in convento. *Piuccio* aveva eseguito, ma senza risultato. Era evidentemente volontà di Dio che le cose andassero come andavano. Ma la pazienza degli uomini è un po' più limitata di quella di Dio, specialmente quando non si capisce perché bisogna portare pazienza. Sono situazioni che richiedono fede e basta, fede cieca. Ma c'è chi ne ha di più e chi ne ha di meno (e anche chi ne ha di più generalmente non ce l'ha tutti i giorni), così che il povero *Piuccio*, per questa storia, venne letteralmente messo in croce dai superiori.

Ma torniamo alla prima «vacanza di salute». A Pietrelcina si rimise completamente, per cui proseguì gli studi a Serracapriola. Subito però ricominciarono gli acciacchi. E che acciacchi! Febbri altissime, emicranie spaventose, dolori terribili per tutto il corpo, vomito quasi continuo. Vabbé, rimandiamolo a Pietrelcina. Al paese, miracolo.

Questa volta gli diedero i libri da portarsi dietro. Avrebbe studiato privatamente e poi avrebbe dato gli esami.

Un parente gli mise a disposizione due stanzette e lì viveva.

La salute era recuperata, ma la lotta col demonio non cessava. Nulla di nuovo: gli era stato anticipato nella visione della piana. La notte, erano visioni spaventevoli o lascive, botte da orbi e frastuoni indiavolati. Gli appariva il diavolo in tutte le forme più ributtanti o più seducenti. A volte prendeva l'aspetto di Gesù, della Madonna, di san Francesco, ma era sempre riconoscibile per il senso di inquietudine che trasmetteva. Fra' Pio sapeva che le apparizioni «vere» danno pace, e non ci cascava. Allora finiva in colluttazione.

In una di queste occasioni perse la pazienza e litigò col suo Angelo Custode, che l'aveva lasciato solo a lottare senza soccorrerlo. Gli tenne il muso per un po' e quello fu costretto a scusarsi. Cose di santi.

Di giorno studiava e serviva l'altare a zi' Tore Pannullo. L'arciprete non tardò ad accorgersi che quel suo nipote era speciale. Anzi, man mano che si rendeva conto che aveva a che fare con un religioso fuori della norma, andava maturando in cuor suo l'idea di tenerselo accanto. Quasi quasi sperava che non guarisse, così l'avrebbero dimesso dal convento e mandato a Pietrelcina a fare il cappellano a lui. *Franci'*, tu il parroco devi fare, te lo dico io. E quello rideva.

Una sera passeggiavano con altri amici. Fra' Pio camminava assorto, come al solito, in chissà quali pensieri. Allora zi' Tore si fermò e, tra ammicchi e sgomitate, mise il gruppetto a guardare il nipote: era lì, sul ciglio della strada, che fissava un punto lontano.

Franci', che guardi? Quello alzò la mano e indicò più in là.

Poi, con candore francescano, disse che sentiva un coro di angeli provenire da quel punto, e campane suonare a distesa. Tutti risero e gli diedero delle pacche sulle spalle.

Quarant'anni dopo, nell'esatto punto indicato da fra' Pio, sorgerà un grande convento cappuccino, con chiesa annessa.

Una volta mancò poco che gli prendesse un coccolone. C'era da battezzare un bimbo il cui padre era in lite col

Pannullo (nei paesi del sud doncamillate del genere erano frequenti). Embé, che facciamo, lasciamo la creatura senza battesimo? Si venne a un compromesso: l'avrebbe battezzata il fratino *santariello*. La mattina dell'evento c'erano tutti, genitori, padrini, invitati. Ma fra' Pio non era pratico e si imbranò. Mise il sale in bocca al bimbetto, poi si accorse che il sale s'era scordato di benedirlo. Così riprocedette. Solo che il fantolino, ingozzato di sale, divenne blu e con l'occhio vitreo. Sgomento, costernazione, scene di panico (i meridionali sono sempre drammatici). Poi il bambino, sebbene salato oltre misura, grazie a Dio si riprese. Da grande divenne sacerdote redentorista.

A Pietrelcina fra' Pio si manteneva in costante contatto epistolare col direttore spirituale e col confessore. Il secondo, padre Agostino, era l'amico del cuore, il tenero e premuroso padre a cui si apriva con confidenza. Fu lui a chiedergli perché il Signore lo voleva a Pietrelcina. E fra' Pio gli rispose, con dispiacere, che era volontà di Dio che il segreto non fosse rivelato. Così il motivo non lo sappiamo neanche noi.

Padre Benedetto era invece quello che dava ordini. Fai così, fai cosà. Nulla di tirannico, però. Anzi. Fu grazie a questo tipo di direzione che fra' Pio riuscì a superare gli scrupoli che lo affliggevano. Quando si cade in questo tipo di subdola tentazione, si può uscirne solo grazie a un intervento esterno. Fra' Pio fu addirittura sul punto di lasciare la Comunione per eccesso di scrupoli: temeva di esserne indegno, credeva di non essersi mai confessato bene. I comandi di padre Benedetto, secchi, precisi, lo cavarono fuori dal tunnel nel quale era finito.

Padre Benedetto da S. Marco in Lamis era uno di quei sodi direttori spirituali di una volta, armati soprattutto di buona dottrina e convinti che al di là del volgere dei tempi gli uomini restino sempre gli stessi. Scrisse una

Piccola pedagogia dello spirito, ovvero Manualetto di direzione spirituale delle anime pie in forma epistolare, piena di brevi, aurei pensieri come questo: «Come fate voi a venerare e baciare un Crocifisso malridotto dal tempo e dall'incuria, così facevano i Santi ad amare i fratelli imperfetti». O quest'altro: «Le croci sono come i capelli, nel momento che si tagliano ricrescono». Il libretto, ormai introvabile, era una vera e propria anticipazione delle rubriche religiose che molte riviste propongono oggi. Con la differenza che dentro vi era la riproposizione di quelle «virtù passive» (umiltà, obbedienza, povertà, mortificazione) che san Pio X aveva contrapposto a quelle cosiddette «attive» dell'americanismo (intraprendenza, inserimento nel mondo moderno e adeguamento ad esso) nel suo programma di *restaurare omnia in Christo*.

Solo che padre Benedetto era anche Provinciale dei Cappuccini, e si trovava a gestire l'anomalia di un frate fuori dal convento, un frate che non c'era modo di far rientrare. Sicché la direzione spirituale epistolare finiva per battere sempre sullo stesso chiodo: come stai adesso? Rientri o no? Che dice Gesù?

Fra' Pio, poveraccio, era fra l'incudine e il martello. Per obbedire ai superiori si sarebbe anche fatto scuoiare vivo. Anzi, talmente era avvezzo a rimettersi totalmente all'opinione degli altri che aveva finito per credersi davvero tubercolotico: i superiori dicevano che lo era e lui ci credeva. Ma che ci poteva fare se tutte le volte che rientrava in convento si doveva ricorrere all'Estrema Unzione?

A un certo punto padre Benedetto disse basta. Se devi morire, vieni a morire qui: i frati, in convento devono stare. Di corsa fra' Pio ubbidì. E stava davvero per morirci, in convento. Fu giocoforza per padre Benedetto rassegnarsi e rimandarlo a Pietrelcina. Solo che questa volta gli ordinò esplicitamente di chiedere al Signore che gli permettesse di rientrare. Ancora una volta fra' Pio ubbidì, ma si prese una solenne lavata di capo da parte di Gesù e della Vergine, che gli apparvero e gli dissero seccamente di smetterla con quella richiesta: era affar loro, avrebbero messo loro le cose a posto al momento opportuno.

Nella lettera che fra' Pio mandò al suo confessore c'è scritto che i volti delle due apparizioni erano realmente infuriati. C'è da restare interdetti: noi, che non siamo usi a tale confidenza con Nostro Signore e Nostra Signora, questi volti siamo avvezzi a immaginarceli calmi e solenni. In fondo li abbiamo visti solo nei quadri e nelle statue, cioè attraverso gli occhi degli artisti. Ma anche la Sindone raffigura un viso maestoso e sereno. Insomma, questa di Gesù che perde la pazienza ci resta proprio difficile da mandar giù.

Eppure, a ben scorrere il Vangelo, si nota che il nostro Dio – che era anche Figlio dell'Uomo – nulla aveva di olimpico e che la pazienza qualche volta la perdeva. Quando frustava i mercanti nel Tempio, per esempio, o quando bacchettava i discepoli duri di comprendonio (e in fondo, poveracci, quel che chiedeva loro non era poco: cacciare i demoni o accogliere l'idea della Passione del Messia). O quando accettava inviti a pranzo per poi mettersi, poco educatamente, a insultare l'ospite fariseo.

Della Vergine ricordiamo invece l'assoluto non cale in cui tenne, a Cana, l'avvertimento del Figlio di non forzare i tempi della di Lui missione, con il conseguente avvinazzamento dei convitati che avevano già scolato tutto quel che c'era. A Fatima, poi, assolutamente insensibile ai «traumi» che poteva causar loro, mostrò ai pastorelli bambini nientemeno che l'Inferno e la sorte di quelli che peccavano di lussuria.

Sì, forse noi abbiamo un'idea troppo oleografica del nostro Dio. Niente male che qualcosa ci ricordi di tanto in tanto che Egli ha preso carne e sangue e nervi come noi, e che ci è quindi così vicino come di più non si potrebbe. Niente di male, anzi tutto di bene a rammentarlo, specialmente quando siamo nel dolore: il Suo cuore non è più piccolo del nostro.

Comunque, per i suddetti motivi fra' Pio era doppiamente afflitto. Però nel contempo volava letteralmente nelle vie della mistica. Davanti all'altare gli batteva fortissimo il cuore, la faccia gli andava in fiamme, come uno studentello innamorato al suo primo appuntamento. È quel *mix* di amore e sofferenza che contraddistingue i santi e che non lo abbandonerà più. Sentiva l'impulso travolgente di offrirsi vittima, come Gesù, per i peccatori e per le anime del Purgatorio. Ma, non volendo peccare di temerarietà, ne chiese il permesso al suo direttore spirituale, che lo accordò.

Dicono che l'amore porti a volersi identificare con l'amato, a voler condividerne la sorte. Abbiamo esempi, e non solo letterari, di gente che ha lasciato agi, posizioni, talvolta anche l'onorabilità, per seguire un amore. A volte attrazioni travolgenti sconvolgono esistenze e fanno fare pazzie. Ma l'innamorato è per definizione *fuori di sé*, cioè è *nell'altro*, e non gli importa più niente all'infuori dell'altro. Se poi l'altro è davvero oggettivamente *amabile* (e chi più amabile dell'Amore fatto Persona?), ecco che abbiamo, nel santo, reazioni anche epidermiche come quelle di fra' Pio.

Ma qui si entra nella mistica, argomento di cui rinunciamo a parlare perché ne conosciamo solo per sentito dire.

Capitolo Quarto

UN SACERDOTE PARTICOLARE

Ma anche a Pietrelcina stava male. È pur vero che in convento stava peggio ed era sempre sul punto di morire, però il deperimento organico procedeva, sebbene più lentamente, anche al paese. Lui continuava a dormire (si fa per dire) in terra con una pietra per guanciale, a digiunare, a lottare coi diavoli. E a soffrire dei malesseri più disparati, sia fisici che spirituali. Tossiva, vomitava, non riteneva il cibo, sudava freddo, aveva sempre la febbre. Chiedeva il permesso di morire (proprio così) al suo direttore spirituale, e quello glielo negava: no, ti vieto di domandare a Dio questa grazia perché c'è ancora bisogno di te su questa terra. E così il calvario continuava. Si trascinava a fatica per l'estrema debolezza, e la gente lo commiserava al vederlo passare.

Nel 1910 era così prostrato che credette giunta la sua ora. Chiese quindi il permesso di essere ordinato sacerdote prima del tempo perché voleva morire padre cappuccino. Glielo concessero come atto di pietà. Così il 10 agosto, nove mesi prima del compimento dei regolamentari ventiquattro anni d'età, venne ordinato nel Duomo di Benevento dall'arcivescovo Schinosi.

Descrisse quel giorno come il più bello della sua vita e possiamo senz'altro credergli. Il giorno dell'ordinazione sacerdotale per chi si fa prete e quello delle nozze per chi si sposa dovrebbero essere i più magici nella vita di un essere umano. Così sono sempre stati vissuti nell'immaginario collettivo, anche se talvolta la realtà è diversa. Per i cristiani sono due sacramenti di pari dignità e l'esperienza insegna che difficilmente può essere buon prete chi non sarebbe in grado di essere buon marito e padre di famiglia, e viceversa. Spesso la delusione viene dopo, e ci si adatta, magari pensando di aver sbagliato sacramento. Ma il più delle volte non è così. Certo è che gli unici indenni dalle delusioni sono quelli che sanno (in senso cristiano) quali sono le responsabilità che la loro scelta comporta e indefessamente vi si preparano, come fra' Pio, ora Padre Pio da Pietrelcina, sacerdote cappuccino. «Chi di voi, volendo costruire una torre, non si siede prima a calcolarne la spesa, se ha i mezzi per portarla a compimento?», avverte il Redentore nel brano di Luca (14, 28).

Ma sono troppi quelli che credono che per sposarsi o farsi preti basti solo l'entusiasmo. E i risultati si sa quali sono.

Grazio Forgione era in America per la seconda volta, a Buenos Aires. Ma era così fiero di avere un figlio sacerdote che organizzò una piccola baldoria con gli amici.

Il 14 Padre Pio disse la sua prima Messa a Pietrelcina, davanti ai suoi compaesani commossi. Niente santini-ricordo: Padre Pio era povero. L'omelia la pronunciò padre Agostino, venuto apposta. Tu non hai molta salute per fare il predicatore, profetizzò, ma sarai un grande confessore.

Finalmente prete, Padre Pio diceva adesso regolarmente Messa nella chiesa dello zio. Solo che la sua celebrazione era sì suggestiva e partecipata, ma di una lunghezza esasperante. Al *memento* era capace di stare anche un'ora assorto. I *pucinari* erano contadini e dovevano andare nei campi. Finì che nessuno voleva andare alla sua Messa, e se ne lamentarono con l'arciprete: il *santariello di Cassone* («Cassone» era il soprannome di Grazio Forgione) esagerava in santità.

Zi' Tore non sapeva che fare. Gliel'aveva detto mille volte di tagliar corto ma quello gli rispondeva sempre che non era colpa sua: la Messa lo rapiva letteralmente fuori di sé e non era in condizione di avvedersi dello scorrere del tempo.

L'arciprete, disperato, chiese consiglio a padre Agostino, il quale suggerì di usare il comando mentale. Roba da santi: al momento opportuno zi' Tore si concentrava e ordinava al nipote, col pensiero, di svegliarsi dal torpore. Grande fu la meraviglia del Pannullo quando si accorse che la cosa funzionava davvero. Così, con soddisfazione di tutti, la Messa di Padre Pio fu ricondotta nei giusti limiti di tempo.

Questa del comando mentale era una cosa così fuori dell'ordinario che zi' Tore non resistette alla tentazione di giocarci. Una volta radunò le comari della parrocchia e tenne loro una concione sull'obbedienza. Poi, per mostrare con quale prontezza si dovesse obbedire, chiamò a bassissima voce Padre Pio che in quel momento era all'altro capo della chiesa. E quello venne.

Ma queste vicende da *fioretti* meridionali non ci devono far perdere di vista il fatto fondamentale che accadde in quello stesso 1910: le stimmate. Padre Pio, è bene tenerlo sempre presente, è il primo sacerdote stigmatizzato della storia del cristianesimo. Per quasi sessant'anni portò su di sé i segni della Crocifissione, che gli costarono, oltre al dolore fisico, incomprensioni e amarezze, e che rinnovarono tangibilmente le parole di Cristo: «Quando sarò levato in alto, attirerò tutti a me» (Gv 12, 32).

Per quelle stimmate si scomodarono luminari della scienza e Monsignori di Curia, semplici curiosi e umili fedeli. Molti videro e credettero, specialmente gli scienziati. Altri, senza aver visto, scossero il capo: isteria, fenomeni psicosomatici di uno che sta troppo concentrato sulla Passione di Cristo (la psicosomatica è quella scienza che viene tirata in ballo quando non si sa spiegare niente e non si vuole ammetterlo).

A costoro Padre Pio risponderà con buon senso contadino: andate in un campo e mettetevi davanti a un toro, fissateci il pensiero con tutte le vostre forze e vediamo se vi crescono le corna.

Corna di mezzo in effetti ce n'erano, e anche zoccoli e forconi, perché da quel momento tutti i diavoli dell'inferno si adunarono su quel fraticello barbuto e malaticcio. Ma, non potendo nulla contro di lui, gli scatenarono contro la tempesta a due riprese, come più in là vedremo.

Ma torniamo a quel 1910 in cui tutto iniziò. Con i soldi che Grazio mandava dall'America i Forgione ci avevano comprato una casa, un altro po' di terreno con una capanna appoggiata a un olmo e uno stanzone chiamato eufemisticamente masseria. Nella capanna Padre Pio si ritirava d'estate a pregare e meditare. E combattere col demonio.

Fu qui che si accorse che sulle mani e sui piedi gli era comparsa una macchia rossa grande come un centesimo, che bruciava. La madre lo vide una volta che scuoteva le mani. *Franci'*, e mò che fai, ti metti a suonare la chitarra? Eh, sì la chitarra... la chitarra... come no?

Lo strazio doveva essere atroce. Lui, l'anno dopo, per lettera, parlò di «un po' di dolore». All'inizio dovettero essere visibili, queste stimmate, ma se ne vergognava. Sapeva che l'avrebbero trattato come fenomeno da baraccone, «perché – dirà – gli uomini disprezzano i doni di Dio». Gli uomini per «doni» intendono altra cosa, non certo la sofferenza. Perciò pregò Gesù di rendergliele almeno invisibili, così si sarebbe sentito meno imbarazzato. La grazia fu concessa.

Ma non erano solo stimmate, cioè il segno dei chiodi nelle mani e nei piedi e della lancia nel costato. C'erano anche la flagellazione e la coronazione di spine in giorni particolari, dal giovedì al sabato, da allora e per sempre. Naturalmente c'erano pure le estasi e le visioni, le gioie intensissime e il cuore in fiamme (a volte doveva metterci su del ghiaccio per poter resistere). E l'incredibile consolazione di Gesù che gli assicurava di non poter negargli mai nulla: gli apparve, e usò i versi della *Gerusalemme Liberata*: «... e nulla a tanto intercessor si nega».

Ma, come si è già avvertito, qui si entra nella mistica pura e noi, timidamente, usciamo dall'argomento in punta di piedi.

In paese tutti erano attratti da quel giovane frate *santariello*. Era il *bonus odor Christi* che emanava. Ma lo tenevano a rispettosa distanza, per via della sua (supposta) tubercolosi. Anche in chiesa i paramenti e i calici glieli conservavano in un armadio a parte. Comunque, i *pucinari* gli volevano un gran bene.

Una sera, mentre tornava, vide la figlia del Tizzani (il suo antico maestro, lo spretato) seduta davanti alla porta di casa che piangeva. Il Tizzani era in fin di vita e stava morendo solo e senza sacramenti. Padre Pio entrò e riconciliò con Dio il moribondo.

Se era l'ora dell'*Angelus*, si fermava, dovunque si trovasse e con chiunque fosse, e lo recitava ad alta voce, così i paesani avevano sempre nelle loro vie e sulle loro piazze qualcuno che ricordava loro continuamente il Cielo. Un tempo non troppo lontano in tutte le nostre città c'erano segni del genere: religiosi, preti e suore con l'abito, e gente che si segnava passando davanti a una chiesa o a un'edicola. Una silenziosa e continua predicazione fatta appunto di segni, perché, come dice Mago Merlino nel film *Excalibur*, «la maledizione degli uomini è che essi dimenticano».

Padre Pio aveva per tutti una parola buona, d'incoraggiamento o d'ammonimento. Benediceva i bambini (che adorava) e redarguiva le donne che sferruzzavano la domenica: «Chi lavora per le feste non si calza né si veste». Una volta prese a schiaffi pubblicamente un contadino che aveva bestemmiato in sua presenza. Quello incassò e tacque. Ah, *'sti santarielli*.

Ma, come si è detto, Padre Pio era anche un allegrone. Un gran pezzo d'omaccio venne una volta a fare la Comunione da lui; sicuramente erano anni che non entrava in chiesa e al *mea culpa* prese a darsi grandi e rimbombanti colpi sul petto. Padre Pio dovette scappare in sacrestia e ci volle un buon quarto d'ora prima che smettesse di ridere. Lo stesso quando una donnetta gli portò a far battezzare il figliolo. Tutte le volte che doveva dire «credo» diceva «crepa», e Padre Pio scalpitava perché gli scappava da ridere e non sapeva come fare a continuare.

Diceva il Rosario continuamente. Un giorno, a chi gli chiederà quale eredità avrebbe lasciato, risponderà: «Il Rosario. Satana mira a distruggere questa preghiera, che ci ha insegnato Maria come Gesù il Pater». Raccomandava anche le visite al Santissimo: «Quanti cortigiani ci sono che vengono e vanno cento volte alla presenza del Re non per parlargli o per ascoltarlo, ma semplicemente per essere veduti da lui e con quella assiduità farsi conoscere per suoi veri servi? Questo modo di stare alla presenza di Dio solamente per protestare con la nostra volontà di riconoscerci per suoi servi è santissimo, eccellentissimo, purissimo e di grandissima perfezione».

Si mise anche a comporre qualche musica per il coretto di ragazze che aveva messo su in chiesa. Ma soprattutto scriveva lettere. Aveva già un bel po' di anime che si affidavano a lui, anime che a loro volta ne portavano altre, anche straniere. Lui rispondeva a tutti, spesso in lingue che non conosceva. Era l'Angelo Custode che gli faceva da traduttore. E da segretario, e lo svegliava la mattina. Anche don Bosco consigliava vivamente la confidenza con l'Angelo Custode. È incredibile il numero di servigi che può renderci nella vita quotidiana, diceva; per questo ci è stato messo accanto. E non occorre essere dei mistici come Padre Pio per sperimentarne l'amicizia. Chi scrive conosce molte persone che ricorrono all'aiuto dell'Angelo per trovare parcheggio o prendere in tempo il treno.

Ma Padre Pio aveva anche i suoi diavoli-custodi con cui avere quotidianamente a che fare. Lo aspettavano sulla strada, quando entrava e quando usciva, e giù botte. La notte gli apparivano con mille forme, dalle più sacre alle più immonde, lo stordivano con frastuoni assordanti, lo tentavano con visioni lascive.

Poi apparivano i Santi, il suo Angelo, Gesù, la Madonna, ed erano estasi anche di due ore, spesso più volte al giorno. Lo confortavano, lo incoraggiavano e lui chiedeva di essere castigato al posto dei peccatori.

Il demonio agiva anche sulle lettere del suo confessore. Le faceva sparire o le rendeva illeggibili. Una volta toccò a Pannullo ricevere una lettera di padre Agostino tutta macchiata nella parte importante. Ne parlò al nipote e quello gli disse con la massima disinvoltura cosa c'era scritto. Don Pannullo chiese conferma a padre Agostino. Era vero. Da quel momento l'arciprete prese l'abitudine di dire l'esorcismo sulle lettere che riceveva bianche, e lo scritto appariva.

Dovunque Padre Pio andasse, nugoli di demoni lo seguivano per tormentarlo. Se li portò dietro anche a Venafro, dove nel 1911 i superiori l'avevano mandato a imparare Sacra Eloquenza, materia tipicamente cappuccina. Naturalmente, appena giunto, eccolo al solito a letto gravissimamente ammalato. Per una ventina di giorni l'unica cosa che riuscì ad ingerire fu l'Ostia. Lo portarono a

Napoli per farlo visitare a fondo, ma neanche questi medici ci capirono niente.

Ma finalmente capì padre Agostino, quando le estasi e le colluttazioni col demonio le vide con i suoi occhi. Quasi tutte le notti dalla cella di Padre Pio proveniva un fracasso infernale e la mattina il fraticello presentava ecchimosi, ferite lacero-contuse, tagli. Il diavolo gli appariva nelle sembianze di un gatto nero o di bellissime fanciulle che danzavano nude. Talvolta prendeva le forme del Crocifisso o si presentava come Pio X. In qualche caso aveva la faccia del padre Provinciale o addirittura dello stesso padre Agostino.

Molti teologi contemporanei non nascondono la loro insofferenza quando sentono parlare di diavoli e di fenomeni per così dire «paranormali» all'interno della Chiesa. Kenneth L. Woodward, il giornalista americano che ha condotto un'inchiesta sulle canonizzazioni (da cui ha tratto il libro *La fabbrica dei Santi*, uscito in Italia nel 1991), crede di averne individuato la causa: «Padre Pio – scrive – è una figura della *vecchia* mentalità ecclesiale, uno che aveva identificato la santità con il soprannaturale, invece che con le opere buone e la protesta politica. Molti cappuccini sono indifferenti, o addirittura ostili alla causa di Padre Pio proprio per i suoi doni mistici».

Forse il motivo della diffidenza va ricercato proprio nella *specialità* di tali doni. È evidente che non possono essere elargiti a ogni cristiano, per quanti sforzi si possano fare. Uno, con la sua buona volontà, può certamente aspirare all'ingresso nel Regno dei Cieli. Ma il resto è *dono* e, come tale, *gratuito*. Poiché il Regno dei Cieli è rimasto indenne da quella miseria umana che è stata la Rivoluzione francese con la sua filosofia, si può star sicuri che in esso l'egalitarismo obbligatorio non è mai penetrato. Come insegnano i Padri e i Dottori della Chiesa, il Regno dei Cieli è, al contrario, *gerarchico*: alcuni vi hanno più gloria di altri e così giustizia è fatta, perché non è giustizia dare a tutti la stessa cosa, bensì dare a ciascuno quello che gli spetta.

Su questa terra, poi, Dio chiama sì, tutti alla santità, ma non tutti nello stesso modo e non a tutti concede gli stessi doni. Del resto certi *doni*, come quelli che toccarono a Padre Pio, sono davvero poco invidiabili.

Il frate con le stimmate fu posto per mostrare agli uomini la potenza di Dio e l'indifferenza santa per le cose di questo mondo, in un secolo che non dava alcuna importanza alla prima mentre la dava tutta alle seconde. A questo Padre Pio fu chiamato, lui e non un altro, e a questo si riferiva quando, con tutta umiltà, ai sacerdoti che negavano l'assoluzione a certi penitenti come avevano visto fare a lui, diceva: «Guarda che tu non sei Padre Pio».

Nel 1912 fu rimandato ancora una volta a casa. Gli fu concesso di sostituire l'Ufficio, la cui lettura la sua debole vista non riusciva più a sostenere, col Rosario, l'«arma», come lui lo chiamava (poco tempo dopo la Madonna si presenterà a Fatima proprio come «Regina del Rosario»). Più tardi, da vecchio, stupirà un giovane confratello chiedendogli di *passargli l'arma*, cioè la corona del Rosario (e quello ci mise un po' per capire a cosa si riferisse). Arrivò a recitarne una novantina al giorno. Qualcuno ha calcolato le ore occorrenti e ha concluso che è semplicemente impossibile dirne tanti, non c'è il tempo. Ma per Padre Pio il tempo e lo spazio erano (come per Einstein, ma in modo diverso) relativi. Forse usava quell'antichissimo sistema che si chiama «preghiera del cuore».

Consiste, se non andiamo errati, nel far coincidere le cadenze litaniche col battito cardiaco, così che, con l'esercizio, si possa riuscire a pregare continuamente anche occupandosi d'altro (non è comunque un metodo consigliabile per i nevrotici).

È un'ipotesi. La verità è che nel caso di Padre Pio ci

troviamo nella mistica, un campo nel quale, lo ribadiamo, noi, cristiani qualsiasi, non osiamo avventurarci.

A Pietrelcina tornò alla sua solita vita. Diceva la Messa dallo zio, percorreva barcollando (per via delle ferite ai piedi) le strade del paese, venerato ma evitato dalla gente, si ritirava nella capanna sotto l'olmo (dove nel 1958 i suoi figli spirituali, contro la sua volontà, costruiranno una cappella). Qui parlava con Gesù e lottava col demonio tutti giorni. Le busse gli erano risparmiate il mercoledì, giorno tradizionalmente consacrato a san Giuseppe, *terror daemonum*.

Nelle due stanze che occupava al paese spesso era lo stesso Gesù che, al mattino, lo rialzava da terra e lo rimetteva a letto, pesto e sanguinante per via della lotta coi diavoli. I *pucinari* non si abituarono mai al fracasso infernale che proveniva da quella casa, la notte.

Ma anche di giorno le tentazioni diaboliche per Padre Pio non mancavano. Il diavolo cercava di fargli interrompere la corrispondenza col suo confessore, insinuandogli nel cervello che scriveva troppo, che così a padre Agostino faceva perdere troppo tempo. Il Maledetto si comportava come il dongiovanni che, volendo sedurre una fanciulla ingenua, le raccomanda di non dirlo al padre perché «non capirebbe». Naturalmente sa che se il padre lo venisse a sapere interpreterebbe correttamente le intenzioni del bellimbusto e interverrebbe.

Una volta il demonio gli si presentò addirittura sotto le spoglie di un frate, dicendosi inviato da padre Agostino. La richiesta era di interrompere le lettere per un po', perché padre Agostino era molto indaffarato. Ma Padre Pio era ormai troppo esperto di discernimento degli spiriti e riconobbe il diavolo dalla sensazione di inquietudine che lo assalì al vederlo.

Fortuna che, oltre padre Agostino, c'era anche padre Benedetto a dirigerlo. Questi era più *tranchant*, perché sapeva che anche i santi possono prendere cantonate specialmente nelle cose soprannaturali. Per questo motivo gli vietò per due anni di confessare. Padre Agostino era il consolatore, padre Benedetto l'autorità.

Nelle lettere che Padre Pio inviava ai due in questo periodo troviamo alcuni temi per così dire «fissi»: la lamentela per non avere «il permesso di morire», le sofferenze definite «delizia», il riferimento a se stesso come «il più miserabile dei peccatori». Sono argomenti ardui per noi, che siamo «normali». Sentir dire a uno che digiuna, fa penitenza, dorme sopra un sasso e parla con Gesù, che lui è «il più miserabile dei peccatori», ci sembra grossa e ci fa scuotere il capo: esagerazioni di santi. Ma Padre Pio, che da vecchio una volta si mise a piangere davanti ai confratelli per aver omesso per anni di ringraziare Dio del battesimo ricevuto dopo solo poche ore dalla nascita, sapeva quel che diceva. Chi si avvicina alla luce vede sempre meglio. Quando si entra in una stanza buia non si nota se è sporca o meno. Man mano che si fa luce si distinguono le schifezze. Si comincia a pulire e alla fine si può vedere la differenza tra com'era e com'è. Quando ci si abitua a vivere in una stanza ben pulita e si apprezza il vivere nel lustro, magari càpita, scostando una poltrona, di avvedersi che nell'angolo c'è un topo morto. Comprensibile la fretta nel toglierlo e il ribrezzo che si prova.

Qualcosa del genere accade a coloro che hanno sempre più luce per vedere cosa c'è in fondo alla loro anima. Gli altri possono anche scuotere la testa e continuare a dormire nel sudicio.

Un giorno gli apparve Gesù. Non era una novità, ma quella volta era diverso. Aveva la veste a brandelli e piangeva. A Padre Pio stupito e addolorato mostrò, indicando alle sue spalle, un'enorme folla di preti, monaci, frati, suore, monsignori e alti prelati, ciascuno nelle sue faccende affaccendato: chi mangiava, chi si preparava a dir Messa, chi confessava. «Macellai!», esclamò il Signore additandoli. E spiegò che molti dei suoi pastori facevano scempio del suo Corpo, vendendolo per molto meno che trenta denari e lasciandolo sempre solo nel Santissimo Sacramento.

Padre Pio subito si offrì per espiare al loro posto. In seguito non cesserà di stupirsi di un Dio che si abbassava a chiedere di accollarsi i debiti degli altri – per ristabilire la giustizia e l'ordine soprannaturale turbato – a qualcuno che si facesse carico, con Lui, di riparare al male e permettere a tanti peccatori di trovare misericordia.

Purtroppo, come si è detto, ci sono sempre quei pastori che intraprendono la vita consacrata come una missione e poi la lasciano decadere in mestiere, così che le pecore restano prive di guida e di punti di riferimento sicuri. Ma basta che uno dica sì a Dio fino in fondo, fino a mettergli in mano tutta la propria vita (ma sul serio, come Padre Pio), e il mondo può ancora vedere le meraviglie di cui è capace il Dio dei cristiani.

Capitolo Quinto

SOLDATO

Il 1916 si aprì per Padre Pio con la «notte oscura». È l'ultimo e più doloroso gradino della scala mistica, quello che prelude al gran finale dell'unione totale (per quanto a creatura è possibile su questa terra) con Dio. L'ha descritta san Giovanni della Croce: noi siamo in grado di riferire solo quel che ne abbiamo capito e che, in ogni caso, deve essere il tormento peggiore del mondo. Pare che l'anima venga totalmente abbandonata da Dio. Essa vaga nelle tenebre e si sente perduta. L'unica cosa che la tiene avvinta è la caparbia forza di volontà; è il «mio Dio, perché mi hai abbandonato?» che già sperimentò Gesù Cristo.

Questo è quanto traspare dalle strazianti lettere inviate in questo periodo al suo direttore spirituale.

Il 17 febbraio Padre Pio rientrò definitivamente in convento. Era stata l'intercessione di Raffaelina da Cerase, nobildonna di Foggia e sua figlia spirituale: aveva offerto a Dio l'accettazione santa e paziente del suo tumore perché il frate potesse tornare in convento e fare del bene alle anime.

Così arrivò a Foggia nel convento di S. Anna, dopo anni di spola tra Pietrelcina e la decina di conventi che le autorità cappuccine gli avevano fatto «provare» nella speranza di trovargli un posto dove non stesse male: quattro in Campania (Morcone, Montefusco, Benevento e Gesualdo); tre nel Molise (S. Elia a Pianisi, Venafro, Campobasso); due in Puglia (S. Marco la Catola, Serracapriola). Ora questo. Stavolta il Provinciale era stato secco: ora basta, se devi morire, è meglio che tu muoia in convento perché è nel convento che i frati devono morire.

Ma anche a Foggia si ripeté il solito copione: vomito, sudorazioni improvvise, capogiri, febbri fino a quarantun gradi. Chi ci capiva niente? Il Provinciale lo fece visitare dal celebre Cardarelli di Napoli e questi lo diede per spacciato. Solo che non moriva. Il Provinciale comunque non sentiva ragioni: se tutto questo veniva da Dio, tanto valeva restare in convento.

La notte dalla sua cella provenivano terrificanti rumori, sempre conclusi da una fragorosa detonazione che faceva tremare tutto. I frati, terrorizzati, si precipitavano da lui e lo trovavano così sudato da dover cambiarlo dalla testa ai piedi. Richiesto da padre Benedetto, rispose che era il diavolo: non potendo vincerlo, per la rabbia *scattiava*.

Anche a Napoli, dove Padre Pio, come si è detto, si era recato accompagnato da un confratello per farsi visitare dal Cardarelli, il demonio l'aveva seguito. La notte in albergo si era ripetuto lo stesso fracasso e al santuario di Pompei non riuscivano a pregare perché i banchi andavano avanti e indietro.

Il vescovo di Ariano Irpino venne una sera a cena. All'ora giusta, i frati cominciarono a impallidire e a stringersi l'un l'altro. Il presule chiese chiarimenti e padre Benedetto gli spiegò. Quello si mise a ridere: andiamo, credete ancora a queste cose da medioevo? Le «cose da medioevo» si manifestarono immediatamente col frastuono e il boato finale, così che toccò al vescovo impallidire. La notte volle un frate a fargli compagnia e le prime luci lo videro già sulla strada. Da quelle parti non fu più visto. A ogni buon conto il superiore ordinò a Padre Pio di pregare perché quei fenomeni cessassero. Padre Pio eseguì e da quel momento regnò la calma.

Dalle lettere di questo periodo – quelle inviate da Padre Pio a confratelli – traspare un'apprensione per lo stato di salute spirituale della provincia monastica. La rilassatezza doveva regnarvi sovrana, anche se c'erano vistose eccezioni. La carità gli impose uno scrivere generico, per cui, sull'argomento, non si sa nulla di preciso, almeno dalle lettere. La situazione esploderà in seguito, come vedremo, e proprio Padre Pio ne farà le spese. Ma pagare i debiti degli altri era la sua missione.

Lui comunque si sentiva «un vulcano d'immondezza»: in questi termini ne scriveva ai confratelli che lo tenevano per santo. Il bello è che la sua prosa era anche convincente. Col direttore spirituale, però, riconosceva di essere «un mistero» a se stesso. Sono, queste, lettere di profondità poetica degna dei più grandi mistici (ma gli varranno in seguito, come vedremo, l'accusa di «grafomania accademica» e «mitomania»: le persecuzioni sono permesse da Dio perché servono a far conoscere il perseguitato proprio a quelli a cui lo si vuol nascondere), lettere piene di preziosissimi consigli per le anime inesperte (alle quali dice, pur non potendo conoscerli, i loro peccati ricorrenti). C'è chi si lamenta di non riuscire a tener a bada le tentazioni sulla purezza, e lui risponde che finché se ne sente il fastidio la tentazione è *fuori*, non *dentro*. A chi scrive che i «buoni libri» sono noiosi e scritti male rammenta che gli altri sono pur sempre peggiori, anche se ammette che lo scrivente non ha tutti i torti. Una penitente: «Padre, voglio farmi santa». E lui: «Va bene, figlia mia, ma sappi che è una vita da cani».

In questo periodo cominciò a pensare come potenziare

il Terz'Ordine francescano: si rendeva conto che quel che serviva erano dei buoni combattenti *laici*, preparati e senza paura.

L'anno prima l'Italia era entrata in guerra (regolarmente prevista da Padre Pio). L'«immane macello» che san Pio X e l'ultimo imperatore d'Austria, il Servo di Dio Carlo d'Asburgo, avevano invano cercato di evitare metteva a fuoco l'Europa. Da questa guerra, scoppiata per motivi assolutamente inadeguati alla portata dell'evento, l'assetto del mondo fu mutato. Scomparvero i millenari Imperi di diritto divino, il comunismo mise piede in Russia e gli americani intervennero per la prima volta in Europa. Armi mai viste si affacciarono nel fango delle trincee: la Scienza entrava, per la prima volta su così vasta scala, prepotentemente in guerra. Aerei, sommergibili, mitragliatrici, gas, reticolati, carri armati: tutto questo videro all'opera le genti attonite del vecchio continente. Anche le divise erano una novità, non più rutilanti di colori e pennacchi ma prosaicamente mimetiche.

In Italia (costretta dal governo liberal-massonico a continuare la guerra, malgrado l'offerta delle Venezie da parte dell'Austria in cambio della neutralità) pescatori e contadini meridionali venivano mandati a combattere sulle montagne, in mezzo alla neve che molti di loro non avevano mai visto. Anche preti e frati: occorrerà attendere il fascismo perché lo Stato e la Chiesa si accordino su questa materia. Nel frattempo i preti e i frati erano cittadini come gli altri. Anzi, quasi di grado minore degli altri, perché l'unità d'Italia era stata compiuta *contro* il cattolicesimo, considerato, a torto, antipatriottico per via della sua sovranazionalità. Pio IX, a suo tempo, era stato coperto di insulti quando si era rifiutato di inviare truppe pontificie contro l'Austria (ma come si poteva pretendere che il Papa prendesse le armi contro un altro popolo cattolico?). La presa di Roma da parte dei Piemontesi aveva poi completato l'opera, scavando un solco incolmabile tra l'élite al potere e i credenti, che costituivano la stragrande maggioranza del popolo.

Come si è detto, il clima resterà tale fino alla Conciliazione, con episodi di aperta intolleranza (quando non vera e propria persecuzione) da parte del nuovo Regno nei confronti della Chiesa e di chiunque avesse con essa a che fare: il solito Crispi arrivò a licenziare il sindaco di Roma, principe di Torlonia, colpevole di aver inviato gli auguri a Leone XIII, lo stesso anno della nascita di Padre Pio.

Alla fine della Grande Guerra le potenze vincitrici «riassettarono» l'Europa, creando assurdi assemblaggi di popoli (come la Jugoslavia), smembrando nazioni e imponendo alla Germania sanzioni così dure da suscitare, nei tempi brevi, il nazismo e la sua voglia di rivincita. Il governo italiano ne uscì a mani vuote e con un inutile milione di morti sulla coscienza. L'unica volta che aveva battuto il pugno sul tavolo della pace fu quando era stato accontentato nella ridicola pretesa di far escludere la Santa Sede dalla partecipazione alla Conferenza.

Anche Padre Pio era stato arruolato, il 6 novembre 1915, con la matricola 12094. Malgrado gli ufficiali di leva avessero davanti la sua scheda sanitaria, il verdetto fu: fanteria. Ma Padre Pio resistette. Gli spettava la Sanità, e là voleva andare. Minacciarono di dichiararlo disertore, e lui rispose con una delle sue solite uscite da Bertoldo meridionale: «E come fate a dichiararmi disertore? Io qua sto!». Alla fine l'ebbe vinta. Temendo un ricorso, lo destinarono alla Decima Compagnia Sanità di Napoli. Sotto le armi però ci stette poco. Continuamente malato, passò diversi mesi tra l'ospedale militare e la convalescenza a casa, poi fu finalmente riformato.

Al fronte tuttavia almeno una volta c'era stato. In bilocazione, naturalmente. Era andato a salvare la pelle nientemeno che al generale Cadorna, comandante in capo dell'esercito italiano.

A Caporetto gli austroungarici avevano beffato le truppe italiane, costringendole a una ritirata – per evitare l'accerchiamento e la disfatta – che si era tramutata in una rotta vera e propria. Alcuni sostengono che la responsabilità fosse in gran parte di Badoglio e che le logge massoniche, per difenderlo, avessero manovrato perché tutta la colpa ricadesse sul cattolico Cadorna. L'unica cosa certa è che Cadorna fu estromesso dal comando e sostituito con Diaz.

Profondamente amareggiato, il Cadorna quel giorno stava nel suo ufficio, nella sede dello Stato Maggiore di Treviso, protetto da tre file di sentinelle. Era notte e si era puntato una pistola alla tempia. A un tratto la porta si aprì ed entrò un frate barbuto che, dopo averlo dissuaso, se ne andò così com'era venuto. Il generale, scossosi dalla sorpresa, se la pigliò col piantone: come si era permesso di fare entrare quel frate, contravvenendo agli ordini di non far passare nessuno? Il povero soldato cadde dalle nuvole e spergiurò che da lì non era passato proprio nessuno. Nemmeno le altre sentinelle avevano visto nulla. Il Cadorna rimase perplesso. Poi lasciò perdere e ripose la pistola: il momentaccio era ormai passato e la vita continuava.

Molti anni dopo vide sui giornali una foto di Padre Pio e lo riconobbe. Si recò allora al convento, in borghese, e si mescolò tra la folla assiepata che aspettava il passaggio del frate. Era uno dei tanti, ma quando Padre Pio arrivò alla sua altezza, il generale lo vide fermarsi e si sentì dire con fare sornione: «Genera', ce la siamo passata brutta quella notte, eh?».

Poi la guerra finì e, come sappiamo, Padre Pio dovette lasciare Pietrelcina per il convento di S. Anna. Era andato padre Agostino a prenderlo. Quando lo videro arrivare i *pucinari* capirono e lo minacciarono: tu il *santariello* nostro lo devi lasciare stare! Si dovette ricorrere a un sotterfugio perché lui e Padre Pio potessero uscire dal paese.

A Foggia cominciò attorno a Padre Pio quella ressa di anime che non lo abbandonerà più. Malgrado le febbri altissime che a volte arrivavano fino a quarantotto gradi (i termometri normali si rompevano; si doveva ricorrere a quelli da bagno) e poi di colpo sparivano, non aveva un attimo libero. Chi gli chiedeva grazie, chi direzione, chi notizie sui familiari in guerra.

Ma la sua salute faceva temere il peggio. Si cominciò a cercare qualche convento dal clima più salubre. Erano tanti quelli che lo richiedevano, ma il superiore non si voleva rassegnare a perderlo. Il convento di S. Giovanni Rotondo si era offerto per un periodo di vacanza all'aria buona di mezza montagna. Il padre guardiano di Foggia però era indeciso. Una notte si svegliò: una voce nella sua cella diceva che era conveniente che Padre Pio partisse. Naturalmente non c'era nessuno. Il guardiano interpretò la cosa come un segno e diede il suo assenso. Così Padre Pio il 28 luglio 1916 partì per un breve periodo di vacanza a S. Giovanni Rotondo. Ci resterà cinquantadue anni, fino alla morte.

S. Giovanni Rotondo era un paesino sperduto, aggrappato allo sperone d'Italia, a seicento metri di quota e a quaranta chilometri da Foggia. Senza luce elettrica, senza acqua corrente, senza fogne, senza servizi igienici nelle case, senza strade (ma tutto il meridione era così), ci si arrivava dopo curve interminabili sempre in salita. Lo squallido conventino, poi, era per giunta fuori paese, alla fine di una mulattiera che si apriva la via a fatica tra le rocce spelacchiate.

Le leggi di soppressione ne avevano cacciato i frati per due volte: una nel 1810, a opera dei «liberatori» francesi; l'altra nel 1867, per mano di quelli piemontesi.

Riuscirono a sfuggire alla «liberazione» e a rientrare nel 1909, pagando l'affitto (del *loro* convento) al Comune. Qualche anno dopo la Municipalità, commossa dall'abnegazione mostrata dai frati nella cura dei malati, concesse loro l'usufrutto perpetuo e gratuito.

Quel conventino, il cui superiore, padre Paolino da Casacalenda, era tutto contento di ospitare Padre Pio, aveva avuto a suo tempo un altro ospite illustre: nel 1575 c'era stato nientemeno che san Camillo de' Lellis. A quell'epoca l'ex soldato rovinato dal vizio del gioco faceva il manovale presso i cappuccini di Manfredonia. Inviato per una commissione presso i frati di S. Giovanni Rotondo, vi aveva trovato la pace dell'anima e la definitiva conversione.

Padre Pio fu subito impiegato come direttore spirituale dei cinque frati del convento (gli altri erano sotto le armi) e dei giovani del ginnasio affidato ai cappuccini. Li conosceva già tutti: si dice che durante la sua prima Messa abbia visto in visione tutte le anime che gli sarebbero state affidate. Fatto sta che sapeva tutti i loro peccati prima che glieli confessassero. Una volta li portò in passeggiata. Ma se ne stava triste e immusonito. Padre, che c'è? C'è che uno di voi ha fatto una comunione sacrilega. Il responsabile cadde in ginocchio, pentito.

Adesso le sue lotte notturne non erano più solo coi *suoi* demoni, ma anche e soprattutto con quelli dei suoi figli spirituali: per preservare questi ultimi dalle tentazioni che non sarebbero stati capaci di vincere da soli, tutte le mattine lo si trovava pesto e sanguinante. La sua camicia era così madida di sudore che, a strizzarla (parola di testimone oculare) riempiva un intero catino. Una notte il fracasso fu più forte del solito. Accorsero e lo trovarono riverso in terra; i ferri del letto erano tutti contorti. Rivelò che aveva «sentito» uno dei suoi ragazzi, tentato contro la purezza, invocare la Madonna, e lui era intervenuto.

A tutto questo univa l'incessante recita del Rosario e

la permanenza quasi continua nella chiesetta di S. Maria delle Grazie, annessa al convento, davanti al quadro tardomedioevale che raffigurava la Madonna col Bambino. Strano quadro: il Bambino lattante sembrava offrire il seno della Madre a tutti. La spiegazione del quadro la offrirà involontariamente Padre Pio stesso quando dichiarerà, in seguito, che «c'è della gente così stupida da pensare di poter passare la vita senza l'aiuto della Madonna».

Intanto la sua «notte oscura» sembrava non dover finire. Vedeva solo, da una parte, la sua totale nullità, dall'altra le inarrivabili grandezza e bontà di Dio. Ma Dio era per lui avvolto in una caligine sempre più spessa. E lui si aggrappava alla forza di volontà, a quella volontà decisa e cocciuta di restare avvinghiato al suo Dio a tutti i costi, anche contro ogni speranza.

La guerra continuava e il soldato Forgione Francesco andava e veniva dal distretto. Infagottato nell'uniforme, faceva il piantone, il facchino, lo spazzino. Di salute era sempre più uno straccio. Lo visitavano e lo mandavano in convalescenza a casa. Così fino al 18 marzo 1918, data in cui i medici militari si decisero a «mandarlo a morire in pace». L'anno prima fu pure dichiarato disertore, per un disguido burocratico. Avevano inviato addirittura i carabinieri a prenderlo, ma fortunatamente tutto fu chiarito.

Il poco servizio militare che fece fu per lui comunque un calvario. Le suore lo mettevano a spaccar legna, malgrado la sua salute malferma, e gli infermieri scommettevano tra loro sulla temperatura della sua febbre (una volta arrivò a cinquantadue gradi). E poi la promiscuità, il linguaggio da caserma, le bestemmie, il non poter dire Messa tutti i giorni... Eppure considerò l'esperienza militare positiva; come disse lui, «meglio di un corso di esercizi spirituali». C'era (e c'è) tanto da fare, di bene, nelle caserme, in effetti. Giovani di ogni provenienza e condizione si ritrovano assieme sradicati dal loro ambiente, sottoposti a una pressione per molti inusitata ed esposti a ogni sorta di tentazione, non ultima quella dello scoraggiamento. È una possibilità di apostolato che molti santi tennero in gran conto. Anche Padre Pio, che nei suoi due anni e mezzo di leva servì la patria immolandosi per essa.

Così scriveva: «Se la patria ci chiama, dobbiamo ubbidire alla sua voce». E: «Noi dobbiamo fare tutti il nostro dovere, a seconda delle nostre forze». La guerra era scoppiata perché l'Italia aveva «molti conti da regolare con Dio» e c'era bisogno di una «purga salutare». Comunque, «risveglierà nel cuore italiano la fede che se ne stava lì come rincantucciata e come assopita e soffocata dalle pessime voglie; farà sbocciare nella Chiesa di Dio, da un terreno quasi inaridito e secco, bellissimi fiori; ma, mio Dio, prima che ciò avvenga, quale dura prova ci è serbata!». Lui dal canto suo chiedeva a Gesù la cessazione delle tribolazioni belliche, ma Gesù gli faceva cenno con la mano di attendere ancora.

Il lettore moderno, abituato ormai a pensare che una pace qualunque valga bene *qualsiasi* guerra, forse resterà sorpreso di fronte a un Gesù che resiste all'intercessione di Padre Pio per la pace. Il grande pensatore C.S. Lewis dirà qualcosa sull'argomento «guerra» mettendo in bocca al diavolo Berlicche le seguenti istruzioni per il nipote Malacoda: «Abbiamo fatto gli uomini orgogliosi di molti vizi, ma non della viltà. Ogni volta che eravamo quasi riusciti, il Nemico permetteva una guerra o un terremoto o qualche altra calamità, e d'un tratto il coraggio diventa amabile e importante, con tanta naturalezza, perfino all'occhio umano, che tutto il nostro lavoro è come non fatto, e c'è ancora almeno un vizio del quale sentono una sincera vergogna. Il pericolo di trascinare alla viltà i nostri pazienti, perciò, è che si potrebbe produrre una vera conoscenza e una vera nausea di sé, con pentimento e umiltà come conseguenza. E infatti, nell'ultima guerra, migliaia di esseri umani, avendo scoperto la loro viltà, scoprirono per la prima volta tutt'intorno il mondo morale».

E prosegue: «Qui ci si presenta un dilemma crudele. Se promovessimo la giustizia e la carità fra gli uomini faremmo direttamente il vantaggio del Nemico; ma se li guidiamo a comportarsi all'opposto, ciò produrrà, presto o tardi, (poiché Egli permette che lo produca) una guerra o una rivoluzione, e il problema inevitabile della viltà e del coraggio sveglierà migliaia di uomini dall'abulia morale».

Ma perché Dio (che per Malacoda, che non può nominarlo, è «il Nemico») dà tanta importanza alla virtù del coraggio? È presto detto: «Egli vede, con la stessa chiarezza con la quale vedi tu, che il coraggio non è semplicemente *una* delle virtù, ma la forma di ogni virtù quando giunge alla prova, vale a dire nel punto della più alta realtà. Una castità, o una onestà, o una pietà che cede di fronte al pericolo sarà casta oppure onesta oppure misericordiosa soltanto a certe condizioni. Pilato fu misericordioso finché non divenne rischioso».

Così Padre Pio: «La guerra per molti sarà pietra d'inciampo, ma per i più sarà farmaco salutare per recuperare la salute». Quella eterna, che è quella che più conta.

Lui comunque continuava a fare da parafulmine per la giustizia di Dio. Le malattie non gli davano tregua e i dolori delle stimmate a volte erano insopportabili. Sempre sul punto di passare a miglior vita, all'ultimo momento inspiegabilmente guariva. Ma sentiamo lui, in una di queste occasioni: «E nel più bel momento che andavo assaporando le dolcezze del *iam hiems transiit* [già l'inverno è passato - *ndr*], venni miracolosamente guarito». E conclude: «Rimasi deluso su tutta la linea», per essere stato gettato «nuovamente in alto mare a combattere la buona battaglia».

E la «buona battaglia» per lui era la guida di tutte le anime che gli si affollavano intorno (più le lussazioni e gli occhi neri delle lotte notturne), e che dirigeva in modo diverso, «personalizzato» a ciascuna: alcune le trattava con dolcezza, altre con urla. Strigliava particolarmente le suore giovani e le donne dalle scollature troppo generose. Attento al fine ultimo, cioè la salvezza dell'anima, sconsigliava di tenere un prete per direttore spirituale e uno diverso per confessore, altrimenti, diceva, «mentre uno costruisce, l'altro demolisce».

Il 16 maggio 1917 accompagnò a Roma la sorella Graziella che andava a farsi suora brigidina. Nella Città Eterna ci restò una settimana: se si escludono le bilocazioni, fu il viaggio più lungo di tutta la sua vita.

Capitolo Sesto

STIGMATIZZATO

Padre Pio era devotissimo a san Michele Arcangelo, signore del Gargano. In quel promontorio tutto strapiombi, grotte, pini altissimi e olivi secolari il santo Angelo aveva il suo santuario. I pagani ci adoravano il mitico indovino Calcante, in sembianza di divinità infernale che esigeva sacrifici umani. Nel 493 l'Arcangelo ne prese possesso in nome del Dio Unico e ne rovesciò gli altari.

Si narra che un toro, fuggito al suo proprietario, si sia arrestato davanti a quella grotta. Il padrone, infuriato, gli tirò una freccia, ma il dardo tornò indietro e colpì l'uomo a un occhio. Fu san Lorenzo Maiorano, vescovo di Siponto, a interpretare l'avvenimento e a implorare da san Michele la guarigione del malcapitato. In quella grotta sacra i Longobardi chiesero vittoria contro i Saraceni. Vi andarono in pellegrinaggio molti santi, tra cui san Francesco di Paola, santa Brigida e san Francesco d'Assisi che, non osando entrare per umiltà, lasciò miracolosamente inciso sulla roccia il segno del Tau. Chi vi si recava poteva lucrare un'indulgenza: era stato lo stesso san Michele a concederla, apparendo al santo vescovo di Siponto. Innumerevoli miracoli facevano capo a quel santuario, la cui acqua (che sgocciolava dietro l'altare) era considerata prodigiosa. Oggi la fonte non c'è più perché i padri Virginiani, custodi del santuario, l'hanno chiusa.

Dicevano che era occasione di atteggiamenti superstiziosi da parte dei fedeli (ma noi speriamo che a qualcuno non venga in mente, per lo stesso motivo, di chiudere anche quella di Lourdes).

In effetti san Michele, che oltre ad avere la spada in pugno è pure un Angelo, può essere fonte d'imbarazzo per certa teologia contemporanea, pacifista a oltranza e propugnatrice della sola fides. Ma quando Leone XIII, il papa «sociale», sognò – si dice – Dio che lasciava mano libera al demonio, allarmatissimo proprio a san Michele si rivolse, componendo quella struggente preghiera che così comincia: *Sancte Michael Archangele, defende nos in proelio...* [San Michele Arcangelo, difendici in combattimento - *ndr*].

Ma nemmeno la devozione al potentissimo Arcangelo valse a Padre Pio la fine della «notte oscura» che sempre più oscura si faceva. Inefficacia di san Michele? No. Era Cristo che voleva liberarlo di persona dalle tenebre.

La sera del 5 agosto 1918 si trovava a confessare i suoi fraticelli. D'un tratto «vide» un «personaggio celeste» che brandiva una lancia dalla punta fiammeggiante. Sorrideva. Poi, in un lampo, gli scagliò la lancia «nell'anima». Il frate cadde riverso, in un'estasi d'amore e sofferenza che durò fino alla mattina del giorno 7.

Era il fenomeno che i teologi chiamano «trasverberazione» o, più poeticamente, «assalto del Serafino», sulla scia della descrizione fattane da san Giovanni della Croce, descrizione poi trasposta dal Bernini nel marmo dell'«Estasi di santa Teresa d'Avila» (santa Teresina di Lisieux parla di *javelot de feu* e usa gli stessi termini che userà Padre Pio).

La lancia trapassò anche fisicamente il cuore, lasciando una ferita sanguinante che non si richiuse più: tutte le mattine si doveva cambiare la fasciatura al costato. Il petto di Padre Pio da quel momento fu sempre in un «mare di fuoco».

Credeva che fosse una punizione (e dire che nel 1915 scriveva che «da vari anni» subiva la flagellazione e la coronazione di spine). Ci pensò padre Benedetto a correggerlo. Il 6 agosto era la Trasfigurazione. In questo modo dolcissimo e cruento Dio l'aveva fatto uscire dalla «notte oscura».

Il settembre dello stesso anno gli portò la «spagnola», la terribile epidemia di influenza che venne in Europa a completare l'opera della Grande Guerra. Lui sopravvisse.

Il 20 dello stesso mese, nell'anniversario della breccia di Porta Pia, Padre Pio ricevette le stimmate visibili.

Era un venerdì, tra le nove e le dieci di mattina (la stessa ora della Crocifissione), a tre giorni dalla ricorrenza delle stimmate di san Francesco. Padre Pio si trovava solo nel coro della chiesetta, in preghiera davanti a uno di quei contorti e sanguinanti crocifissi spagnoleschi di cui le chiese meridionali sono piene. Aveva iniziato la novena a san Michele Arcangelo, la cui festa è il 29 settembre. Anche san Francesco stava effettuando un digiuno in onore dell'Angelo quando ricevette le stimmate.

D'un tratto fu invaso da un grandissimo senso di pace e gli apparve un luminoso personaggio che sanguinava dalle mani, dai piedi e dal petto. Da queste ferite partirono fasci di luce che colpirono il frate. Quando l'apparizione svanì, Padre Pio si ritrovò per terra, tutto coperto di sangue. Riuscì a trascinarsi nella sua cella e a chiudervisi, ma tutto quel sangue non passò inosservato e lui dovette spiegare ogni cosa a padre Benedetto.

Nel dicembre avvertì un'altra trafittura, dalla parte bassa del cuore fin sotto la spalla destra. Forse era il segno del colpo di lancia che Cristo ricevette dopo morto. Comunque sul torace di Padre Pio c'era adesso una piaga cruciforme, data dalla sovrapposizione di quest'ultima ferita alla precedente.

Questo avveniva sul Gargano, a un figlio di quel san

Francesco che, settecento anni prima, aveva avuto la stessa esperienza su un altro monte, quello della Verna. Cristo era stato crocifisso su un'altura e preferiva i monti per ritirarsi solo a pregare. Il monte di Abramo, il Sinai, il Tabor, quello delle Beatitudini... Le teofanie prediligono i «luoghi alti» per motivi che – al di là delle elucubrazioni esoteriche che se ne potrebbe trarre – restano tutto sommato ignoti. Il Gargano, tagliato fuori da ogni itinerario di grande comunicazione (eppure sede privilegiata del sacro: gli dèi inferi pagani prima e il capo degli Angeli poi), proponeva adesso agli occhi del mondo la replica di quel supplizio che riconciliò l'umanità col suo Creatore. Su quel monte dove san Michele aveva piantato la sua spada, per mezzo secolo folle enormi accorreranno a vedere e sentire quell'uomo *alter Christus*, sacerdote e vittima, taumaturgo e riconciliatore.

Questa volta le stimmate erano visibili: evidentemente Dio reputava giunto il momento della testimonianza palese (il frate aveva a quel tempo gli anni di Cristo). Padre Pio le portò sempre coperte da mezzi guanti per difendersi dalla curiosità di chi cercava non tanto una testimonianza quanto «effetti speciali». Molti furono tuttavia quelli che, pur avendo visto, non credettero (e furono molti di più quelli che non credettero senza mai aver visto e senza voler mai vedere). Si parlerà di suggestione, di impostura, addirittura di autolesionismo, e ci sarà chi cercherà di togliere di mezzo quel frate anomalo per riacquistare la *tranquillitas* (in verità più simile a un *rigor mortis*) di cui la cristianità godeva prima che S. Giovanni Rotondo balzasse agli onori delle cronache. Per quali motivi profondi costoro non si arrenderanno nemmeno di fronte all'evidenza? Si parlerà di equivoci, di interessi finanziari, di ripicche personali e di opposte concezioni ecclesiali. Ma gli equivoci prima o poi si appianano, gli interessi vengono meno o si compongono, gli asti col tempo si acquietano e le ideologie dileguano.

Quel che rimane, in fondo e molto in fondo, è, anche se spesso si è refrattari a chiamare le cose col loro nome, quel peccato contro lo Spirito santo che la Chiesa qualifica come «invidia della grazia altrui».

La fuga di notizie dal convento non mancò, malgrado la prudenza raccomandata da padre Benedetto. E come si poteva tenere nascosta una cosa del genere? E poi, soprattutto, perché? Era un avvenimento meraviglioso, un segno che Dio aveva operato proprio perché il mondo vedesse. I frati però ebbero ben presto modo di accorgersi che la prudenza non è davvero mai troppa, specialmente nelle cose più sante: gli uomini hanno il Peccato Originale e nugoli di demoni a spasso per l'aria attorno a loro, sempre all'erta contro quelli che si azzardano a levare gli occhi al Cielo.

Padre Pio, come si è detto, portava i mezzi guanti. Ma nel dire Messa doveva alzare le mani e quelli più vicini all'altare potevano intravedere le palme insanguinate.

La notizia si sparse a macchia d'olio. La gente cominciò ad affluire a S. Giovanni Rotondo e ci si mise pure la stampa a divulgare la cosa. Il primo giornalista ad arrivare fu Roberto Trevisani, inviato del «Mattino» di Napoli. Il 20 giugno 1919 il quotidiano uscì con un pezzo in prima pagina titolato a caratteri cubitali, in cui si dava a Padre Pio praticamente del truffatore.

Cominciò così il calvario. Per due anni il frate stigmatizzato fu visitato da cima a fondo, minuziosamente, da specialisti inviati dal Provinciale prima e dallo stesso Generale dei cappuccini poi. Il primario dell'ospedale civile di Barletta, professor Romanelli, certificò che le ferite di Padre Pio non erano affatto classificabili tra le comuni lesioni chirurgiche. E aggiunse: «Ben altra ragione esse hanno che io non conosco».

Ma il positivista Amico Bignami, l'ordinario di patologia medica dell'università di Roma inviato dal Sant'Uffizio, pur stupito della perfetta simmetria delle piaghe, si dichiarò scettico. Scrisse che poteva essere *suggestione*, la parola-talismano che esorcizza tutte le ignoranze della medicina ufficiale: il grande neurologo Lasègue diceva che «l'isteria è un cestino nel quale si gettano le carte che non si sa come classificare». Provò a curare le ferite, per otto giorni di fila, sigillando le bende alla presenza dei testimoni tutte le mattine. Ma il sangue continuava a fluire fresco e zampillante come se il trauma fosse stato appena inferto.

Malgrado tutto (cioè malgrado l'evidenza) il luminare rimase fermo nelle sue posizioni, stilando un rapporto che era la quintessenza della contraddizione. Prima di andarsene chiese seccamente a Padre Pio come mai quelle ferite gli fossero venute proprio in quei punti anziché in altre parti del corpo. E il frate con francescana serenità gli rispose: «Lei che è uno scienziato, mi sa dire perché queste ferite avrebbero dovuto colpire un'altra parte del corpo?».

Allora il Generale dei cappuccini, padre Venanzio da Lysle, inviò un altro specialista, Giorgio Festa, il quale, correttamente, approntò un consulto con altri due medici. Il Festa si accertò per prima cosa se Padre Pio fosse isterico, ma dovette riconoscerne il perfetto equilibrio nervoso. Notò il dolore tremendo che il frate provava quando gli si toccavano le piaghe e la difficoltà a camminare per via delle ferite ai piedi. Esaminò le lesioni. Avevano contorni nettissimi e non vi si osservava alcuna tendenza alla cicatrizzazione quantunque piccole. Escluse categoricamente che fossero state provocate da trauma esterno o da sostanze chimiche. Osservò che il frate si sentiva umiliato dalla presenza di quei segni e cercava di nascondere tutto, anche il dolore. Quelle ferite, dichiarò il Festa alla fine, avevano «un'origine che le nostre cognizioni sono ben lungi dallo spiegare».

Rivisitò il frate un anno dopo e confermò tutto quello

che aveva certificato. Non solo, ma dopo sette anni, nel 1925, ebbe ancora occasione di esaminare quelle stimmate. Padre Pio aveva bisogno di essere operato di ernia e chiese a lui di eseguire l'intervento. Ma rifiutò l'anestesia per timore che gli si curiosasse nelle piaghe. Il terribile dolore gli provocò un collasso, del quale approfittò il Festa: le stimmate erano ancora lì, aperte e sanguinanti come il primo giorno che le aveva viste. La ferita al torace emanava «brevi radiazioni luminose che si sprigionano dai suoi contorni». A titolo di curiosità: l'ernia asportata fu conservata come reliquia dal Festa. E' stata ritrovata di recente dal giornalista Enrico Malatesta, autore di due libri su Padre Pio.

Chi divulgava allegramente la notizia era proprio il superiore del convento. Pover'uomo, era così felice di avere un santo nel suo chiostro che non stava nella pelle. La doccia fredda gli venne dal nuovo Generale, padre Giuseppe da S. Giovanni in Persiceto. Questi, su tutte le furie perché la relazione di Romanelli era finita ai giornali, vietò *sub gravi* ogni visita medica e ulteriori pubblicità. Le «ulteriori pubblicità» causarono frotte di pellegrini che affluivano sempre più numerosi a S. Giovanni Rotondo e che volevano oggetti appartenuti a Padre Pio, oggetti che i frati generosamente concedevano. Il Provinciale fece mettere tutto sotto chiave, ordine che fu confermato dal successore, padre Paolino da Casacalenda.

Ma ormai la diga era rotta. Una signorina del luogo, Nina Campanile, figlia spirituale di Padre Pio, faceva onore al suo cognome costituendo la principale campana di risonanza del fatto delle stimmate (bisogna ammettere che per divulgare informazioni «riservate» le donne sono speciali, infatti Gesù risorto apparve proprio a loro per prime).

Per Padre Pio (che in una lettera di questo periodo si definiva «quello che porta la croce per tutti») cominciò quella frenetica attività che contraddistinguerà gran parte della sua esistenza. Fino a sedici ore al giorno di confessioni, migliaia di lettere con richieste di grazie, visite continue di persone anche autorevoli. Il vescovo di Melfi andò a baciargli le mani; il cardinal Gasparri, Segretario di Stato di Benedetto XV, gli scrisse per raccomandargli una famiglia sua protetta. Il Papa stesso chiese un oggetto personale del frate per una sua parente, e un *memento* nella Messa.

Ma più il suo apostolato aveva successo e più qualcuno, ancora scettico, si indispettiva. L'imitazione del Maestro implica che il discepolo diventi anch'egli «segno di contraddizione», perché «siano rivelati i pensieri di molti cuori» (Lc 2, 35). Comunque, con quelle ferite nella carne il frate non si divertiva di certo. In seguito uno dei suoi figli spirituali coglierà una delle sue rare confidenze al riguardo: «Se mi permetto di prendere sonno – dirà, mostrando le mani – il dolore di queste si moltiplica oltre ogni misura». Anche tenere la penna in mano per rispondere alle lettere gli costava un notevole sforzo, lo si vedeva chiaramente dall'espressione che assumeva il suo viso in quelle circostanze.

Un gesuita manderà un giorno a chiedergli come potesse resistere la sua umiltà di fronte a doni mistici così grandi. Padre Pio scoppierà a ridere: «È come se qualcuno ti consegnasse qua un bell'orologio d'oro da portare a Milano per riparazioni, e tu, durante il viaggio, lo tirassi fuori e lo mostrassi agli altri viaggiatori come cosa tua. Non saresti forse molto sciocco? E se intendessi poi tenerlo, non saresti una persona molto malvagia?».

Il Sant'Uffizio aveva avuto la relazione di Romanelli, aveva sentito prelati che assicuravano che nelle ferite di Padre Pio ci si vedeva attraverso, che tali ferite versavano tanto sangue da dissanguare un uomo normale.

Ma sentiva anche altre campane.

La stampa sensazionalistica, d'altro canto, si era impadronita della cosa e quella cattolica (giustamente) taceva. A S. Giovanni Rotondo, però, fioccavano le conversioni. Di comunisti, di massoni, di peccatori incalliti. Questi andavano poi a raccontare a tutti la loro esperienza, le grazie ricevute, le guarigioni, la scrutazione dei cuori, le profezie avverate. Il marchese Mario Di Giacomo fu convertito dal frate, che lasciò suo erede universale. Tutta la famiglia del colonnello russo Caterinici dell'ex Armata Bianca, in esilio in Italia, volle essere battezzata cattolica da Padre Pio. Uno scrittore famoso, Nino Salvaneschi, cieco, fu guarito («Cerca di scrivere solo cose che arrivino al cuore», gli raccomandò il frate). Un indemoniato si mise a gridare, in piena chiesa, che le preghiere di quel convento gli strappavano le anime dall'Inferno e che «l'umiltà» di quel «frate» gli faceva spavento come «quella di san Michele».

Così il 24 marzo 1920 arrivò al convento l'arcivescovo di Simla, Edward J. Kenealy, un uomo piuttosto refrattario a tutto ciò che sapeva di miracolistico. Pare, mandato dal Papa stesso. Sottopose Padre Pio a cinque ore di interrogatorio stretto. Alla fine gli cadde in ginocchio davanti, chiedendogli di benedirlo. La cosa ebbe una risonanza enorme sulla stampa inglese.

Non fu l'unico alto prelato a recarsi a S. Giovanni Rotondo. E non erano pochi quelli che tornavano sicuri di aver visto un santo. Ci andarono tre Generali cappuccini consecutivi, padre Venanzio da Lysle, padre Giuseppe da S. Giovanni da Persiceto e il belga padre Donat Van Welle. Padre Bernardo da Apicella, Commissario Apostolico per la Provincia monastica di Foggia, scrisse: «Non capisco perché il Sant'Uffizio si ostini a mantenermi a Foggia come superiore, mentre tutti i documenti che ho raccolto e sto ancora raccogliendo su Padre Pio suonano all'unisono in favore delle sue virtù e delle sue prerogative». Ci andò anche il Prefetto del Tribunale Supremo della Segnatura, cardinale Silj, e ne rimase impressionato. Il Papa inviò allora, discretamente, un Visitatore Apostolico, monsignor Benvenuto Cerretti, che, dopo aver indagato approfonditamente, ritornò entusiasta. Benedetto XV si convinse e a un consultore del Sant'Uffizio che gli faceva qualche rimostranza così rispose: «A me consta che il Padre Pio conduce anime al Signore. Fino a tanto che questa è la sua missione, la mia deve essere quella di rimanere al suo fianco». Con un altro che consigliava cautela sbottò: «Andar cauti è bene, ma essere tanto increduli è male!».

A ogni buon conto – e anche per garantire un minimo di tranquillità al Padre Pio – fu disposto che nessuno potesse esaminare le stimmate del frate senza autorizzazione scritta del Sant'Uffizio.

L'avvocato Cesare Festa fu uno di quelli che ricevettero dal Papa parole d'approvazione per Padre Pio. Era un pezzo grosso della massoneria (presiedeva il Tribunale Massonico della Liguria). Ma era anche cugino di quel dottor Festa che aveva visitato il frate. Dài e dài, incuriosito, si recò nel Gargano. Appena Padre Pio lo vide (in mezzo alla folla) gli si avvicinò e gli domandò se fosse per caso massone. Quello, stupito, rispose di sì. Padre Pio gli chiese quale fosse il suo compito all'interno delle logge. Il Festa disse, onestamente, che aveva l'incarico di rendere la vita difficile alla Chiesa in tutti i modi. Allora il frate lo trasse da parte e gli spiegò amorevolmente la parabola del Figliol Prodigo, poi lo confessò. L'ormai ex massone si rialzò completamente convertito e ansioso di riparare tutto il male che aveva fino a quel momento fatto. A lui il Papa disse in seguito: «Sì, il Padre Pio è veramente un uomo di Dio; qualcuno ne ha dubitato, ma lei contribuirà a farlo conoscere».

E questa fu, da quel momento, la missione di Cesare Festa. Missione ardua, perché i «fratelli», dopo averlo processato ed espulso (misura ridicola, perché se n'era già andato da solo), gli resero l'esistenza veramente difficile. Ma lui non aveva paura.

La mattina del processo massonico sentì un fortissimo profumo, inconfondibile segno della presenza mistica di Padre Pio («caramelle per bambini», come lo definiva, ridendo, il frate), e nella cassetta della posta trovò una lettera proveniente da S. Giovanni Rotondo: c'era scritto solo «Coraggio!». Quando volle andare a Lourdes, lo seguì il sarcasmo dell'*Avanti!* che titolò: «Un massone va a Lourdes». Al ritorno, si fece Terziario francescano.

A S. Giovanni Rotondo, intanto, l'affollamento quotidiano era diventato pazzesco. Padre Pio doveva essere scortato dai carabinieri perché la gente cercava di baciare le sue mani, di tagliargli un brandello di saio. Tutto quel che toccava veniva saccheggiato: anche pezzi di panca si portarono via. I pellegrini affrontavano incredibili sacrifici pur di vederlo. Nel paese mancava tutto, non c'erano alberghi, locande, ristoranti. Nemmeno le strade. A migliaia si adattavano a dormire in campagna, all'addiaccio, pur di essere, molto prima dell'alba, in fila per prenotare la confessione col frate stigmatizzato. Arrivavano con ogni mezzo, a piedi, in calesse, a dorso di mulo. Chi scavalcava le finestre, chi si muniva di chiavi false, chi si nascondeva sotto le panche per poter essere primo l'indomani. I frati si trovavano con gente dappertutto, in refettorio, nelle celle, nelle latrine. Il vecchio confessionale si rivelò subito insufficiente e si cominciò a confessare in sacrestia, poi nel corridoio, poi su un palco di legno costruito apposta.

Tutto ciò faceva storcere il naso agli spiriti raffinati. Fanatismo, dicevano. Evidentemente tali spiriti raffinati non avevano mai conosciuto la disperazione di malattie incurabili o di tormenti spirituali senza sbocco. Se hai un cancro all'ultimo stadio e ti dicono di sottoporti a quattordici operazioni al cervello assicurandoti la guarigione che fai? Ti assoggetti, e senza tante storie. Se invece ti dicono che in Puglia c'è un frate che ti guarisce subito, basta chiederglielo o toccarlo, sei fanatico se ci vai? Era superstiziosa la gente che si stendeva all'ombra di san Pietro per essere guarita? Beh, nemmeno san Pietro era Dio, eppure in virtù della potenza di Dio sanava. Così Padre Pio.

Ma per Padre Pio il principale capo d'accusa fu sempre quel che accadeva attorno a lui, la ressa, a volte le zuffe. Non erano spettacoli edificanti, certo, ma grazie al Cielo i meridionali non sono inglesi (naturalmente non parliamo degli *hooligans*) e manifestano il loro temperamento specialmente nelle cose che più stanno loro a cuore. Una di queste era la religione, e la passionalità era il loro modo di esprimere il millenario attaccamento ad essa. Ai padri di quei meridionali non si dava certo dei «fanatici» o dei «superstiziosi» quando andavano a morire per difendere il clero e la fede cattolica contro i napoleonici o contro i piemontesi che abolivano gli ordini religiosi e mettevano in galera i vescovi. Sì, erano altri tempi. Ma erano altri tempi anche quando le folle premevano Gesù da ogni parte e cercavano di toccarlo, «perché da Lui usciva una virtù che guariva tutti» (Lc 6, 19).

E poi non erano certo solo meridionali quelli che si accalcavano attorno a Padre Pio, anzi: in breve i frati dovettero organizzarsi scientificamente, perché nel piazzale del convento si parlavano tutte le lingue conosciute. Si dovette metter su alla svelta un piccolo ufficio postale all'interno del convento, con lettere di risposta prestampate perché non si faceva in tempo a smaltire tutta la corrispondenza diretta al Padre: «... il Padre assicura preghiere e raccomanda di pregare...». I penitenti ricevevano cartellini numerati per le confessioni e un servizio d'ordine disciplinava l'accesso alla chiesa. Il Padre celebrava alle cinque della mattina e la gente stava dietro la porta della chiesa fin dalla mezzanotte, con la pioggia o (più sovente) con la neve.

Alle cinque meno un quarto esatte il frate portinaio tirava il chiavistello. Ma lo faceva con un bastone, tenendosi a debita distanza, perché la folla spalancava il portone di botto e si precipitava dentro. Dopo essere stato travolto più volte, il portinaio pensò bene di scappare dopo aver aperto.

Tuttavia, una volta dentro, ecco che calava il silenzio e la folla, d'incanto, diventava composta. Nemmeno un respiro si sentiva quando entrava Padre Pio. Cominciava così la Messa, la famosa Messa di Padre Pio che durava ore, e tutti trattenevano il fiato.

Capitolo Settimo

GEMELLIZZATO

Padre Agostino Gemelli, dei Frati Minori, fondatore dell'Università Cattolica del Sacro Cuore e di facoltà universitarie in diverse città, Presidente della Pontificia Accademia delle Scienze, pezzo grosso di varie Congregazioni vaticane, medico col pallino della psicologia, amico personale del Papa e stella polare dell'intellighenzia cattolica del tempo, accesissimo sostenitore e propagandatore in miriadi di conferenze dei miracoli di Lourdes (per i quali era spesso oggetto degli strali di Podrecca, direttore della rivista anticlericale *L'Asino*), era per gran parte della cultura cattolica quel che Teilhard de Chardin sarà negli anni cinquanta e Maritain negli anni sessanta: l'*ipse dixit*. Contraddirlo era come parlar male della Mamma coi napoletani, della Resistenza coi comunisti e di Garibaldi coi socialisti.

Aveva un passato di agitatore socialista alle spalle, come fondatore e direttore del foglio operaista *La Plebe*. Nel cinquantenario del *Manifesto* di Marx era stato tra i capi dei primi moti socialisti, quelli che portarono ai fatti di Milano con la conseguente soppressione della stampa cattolica e l'arresto di don Albertario. Quando si convertì e si fece frate la cosa suscitò grande scalpore. Prese il nome di fra' Agostino (il suo vero nome era Edoardo). Gli ex compagni di partito cominciarono ad attaccarlo violentemente e gli stessi genitori chiesero per lui una perizia psichiatrica. Creò nel 1921 l'Università Cattolica, aderendo a un voto espresso in punto di morte dall'economista Giuseppe Toniolo (del quale è in corso il processo di beatificazione).

Il 18 aprile 1920, accompagnato da Armida Barelli (poi Serva di Dio) e da alcuni sacerdoti della curia fog-giana, si presentò al convento di S. Maria delle Grazie. Fu accolto con gli onori dovuti a tanto personaggio e scrisse una bella frase di circostanza sul registro dei visitatori. Poi chiese di vedere Padre Pio. Il colloquio fu brevissimo e avvenne alla presenza di tutti. Gli disse di esser venuto ad esaminare le stimmate. Sicuramente pensava che quello gli avrebbe risposto: ma certo, si accomodi, quale onore, per lei questo ed altro, o qualcosa del genere. Padre Pio invece si limitò a domandargli se aveva l'autorizzazione scritta richiesta dal Sant'Uffizio. Il Gemelli non ce l'aveva l'autorizzazione scritta; riteneva, anzi era sicuro che senz'altro per lui si sarebbe fatta un'eccezione, vista la sua autorevolezza. Comunque rispo-se solo di no. E Padre Pio fece altrettanto, andandosene. Padre Gemelli lo prese come un affronto e se lo legò a dito, come vedremo. Incassò e partì, dopo un «Va bene, Padre Pio. Ci rivedremo».

Il fatto è che il Gemelli aveva scritto al Provinciale manifestandogli le sue intenzioni, e quello gli aveva risposto che ci voleva l'autorizzazione. Il futuro fondatore della Cattolica, però, a S. Giovanni Rotondo c'era venuto lo stesso. In convento, poi, si era messo a insistere per vedere le stimmate di Padre Pio, provocando la risposta seccamente negativa del frate.

Nel giro di pochi giorni dalla Curia romana si diffuse la voce di una «relazione terribile» stilata dal Gemelli dopo «accurata visita» alle stimmate di Padre Pio. Cominciò una sarabanda di «si dice», di «mi hanno assicurato che» e di smentite da parte dei testimoni oculari dell'incontro. Tuttavia su di un piatto della bilancia c'era l'immensa autorità del Gemelli, sull'altro alcuni oscuri frati pugliesi e un Padre Pio a cui tutto passava per la testa tranne che difendersi su quell'argomento. Alla stampa non parve vero di poter pompare le «indiscrezioni» che gli antipatizzanti del frate stigmatizzato lasciavano trapelare.

Ma qual era l'autentica posizione del Gemelli? Era stato davvero lui a diffondere la notizia di una visita medica mai effettuata? L'opinione gemelliana sulle stimmate di Padre Pio emerse chiaramente in un articolo su *Vita e pensiero*, la rivista dell'Università Cattolica. Il lungo saggio di Gemelli traeva occasione dalla ricorrenza del settimo centenario delle stimmate di san Francesco (1924) e faceva il punto sul fenomeno «stimmate» in tutto l'arco del cristianesimo. Ne veniva fuori (in modo abbastanza contraddittorio e contorto, per la verità) che le uniche stimmate autentiche erano da considerarsi solo quelle di san Francesco, *forse* anche quelle di santa Caterina da Siena; per tutte le altre (e quindi anche per quelle di Padre Pio) si diceva che la «diagnosi di isterismo ha un ragionevole fondamento». Il che stava a significare che gli oltre settanta santi stigmatizzati riconosciuti ufficialmente dalla Chiesa (più i trecentocinquanta circa che la storia ricorda) erano solo dei poveri nevrastenici, parola di Gemelli che se ne intendeva (l'atteggiamento del medesimo sull'argomento finì per bloccare per un certo periodo la causa di beatificazione di un'altra stigmatizzata, Gemma Galgani). Nel lungo articolo si parlava con sicurezza del fenomeno dello «psittacismo», in cui «il malato si procura tali lesioni con mezzi artificiali, che difficilmente si riesce a indagare e a dimostrare». Il ragionamento, come si vede, è un *nonsense*: come si fa a descrivere una cosa su cui non si può nemmeno indagare?

Qualcuno avanzò il maligno sospetto che san Francesco fosse stato salvato dal piccone gemelliano solo perché era il fondatore dell'Ordine cui il Gemelli stesso apparteneva, ma i gesuiti di *Civiltà Cattolica* non ebbero peli sulla lingua e quasi immediatamente risposero (con carità, s'intende) che il Gemelli la sua psicologia se la poteva friggere, promettendo di tornar sull'argomento in un successivo articolo (che però non uscì mai: Gemelli era Gemelli).

Le stimmate, quando sono davvero isteriche (fenomeno, d'altra parte, pochissimo osservato), si presentano come arrossamenti enfiati che secernono un sudore più o meno colorato. In più durano poco e non sono dolorose, ma si infettano e si decompongono, alterando i tessuti adiacenti ed emanando cattivo odore. Tutto il contrario di quelle di Padre Pio.

Dare dell'isterico al frate, poi, era smentire tutti quelli che lo conoscevano (che non erano pochi). Se c'era una cosa, infine, che lo distingueva recisamente dagli isterici era la sua totale mancanza di esibizionismo. Già ne abbiamo visto la ritrosia a parlare delle sue ferite: lo faceva solo dietro ordine espresso dei superiori e sempre con reticenza. Le bende macchiate di sangue se le lavava da sé, di nascosto; si sforzava penosamente di camminare eretto per nascondere il dolore ai piedi e con i giornalisti teneva un unico atteggiamento: li cacciava.

Insomma, si aveva un bel parlare di isterismo o di parapsicologia: le stimmate di Padre Pio erano quelle di Gesù crocifisso, così come appare sulla Sindone. Erano veri e propri fori nella carne, stillavano sangue in continuazione e non si cicatrizzavano malgrado le cure. E poi emanavano profumo, tanto che il Romanelli, alla prima visita, osservò che non gli pareva una buona cosa per un frate profumarsi. Si rese conto a uno sguardo più attento che il profumo proveniva dalle piaghe. Suggestione?

Non per l'illustre clinico, che di quel profumo non aveva mai sentito parlare. Il dottor Festa portò con sé una benda intrisa di sangue per esaminarla con più comodo. La mise in un armadio del suo studio a Roma e si occupò d'altro per qualche giorno, fino a dimenticarsene. Fu l'insistente profumo a richiamare la sua attenzione, dopo una buona mezz'ora di ricerche, sull'armadio.

Questo profumo, un delicato *bouquet* di rose e violette, era di origine chiaramente soprannaturale, tant'è che si sentiva anche a grande distanza. Moltissima gente lo ha avvertito nel corso degli anni, come segnale della presenza di Padre Pio in posti dove il frate non poteva essere, come richiamo, come incoraggiamento, come conferma di grazie ottenute. Era inconfondibile. Una volta un sacerdote che si recava a S. Giovanni Rotondo con un pullman di devoti volle fare una prova. Di nascosto inzuppò un fazzoletto di colonia e lo agitò, poi disse ad alta voce che sentiva il profumo di Padre Pio. Tutti i pellegrini, autista compreso, risposero in coro che non era quello. Lo sentirono al ritorno il profumo vero, di giglio.

Il profumo di Padre Pio accompagnava i penitenti per tutta la durata della penitenza, poi spariva. A qualcuno restava sulla mano che aveva toccato il frate. Inutile lavarsela, il profumo persisteva. Molti malati non riuscivano a confessarsi col Padre per via della ressa, ma sentivano il profumo e guarivano. Ci sono testimonianze di emeriti clinici in proposito. Anche quella della vedova del grande tenore Beniamino Gigli e della sua segretaria.

Insomma, le stimmate di Padre Pio erano autentiche, eccome. Grondarono sangue per cinquant'anni, fino al giorno precedente la sua morte. Tanto sangue da superare, è stato calcolato, dieci volte il peso di un uomo. E il sangue è la prima cosa che va in decomposizione. Che ne sapevano di stimmate quegli aviatori della seconda guerra mondiale che non riuscivano a bombardare S. Giovanni

Rotondo perché *fermati in cielo* da un frate con le mani ferite? Erano inglesi, americani, palestinesi, polacchi. E nemmeno tutti cattolici: ce n'erano di ebrei, ortodossi, protestanti, musulmani, atei convinti. Naturalmente stettero ben zitti al rientro alla base. E chi avrebbe loro creduto? Si sarebbe parlato di stress, di sindrome da bombardiere, magari di ubriachezza in servizio. Ma a guerra finita lessero i giornali e si presentarono al convento. Sì, era proprio lui, era il frate barbuto e sanguinante che si stagliava contro le nuvole con le braccia aperte. Un pilota americano seppe poi che la madre pregava per lui davanti a una foto di Padre Pio. Questo pilota e il compagno caddero con l'aereo dopo aver visto il frate nel cielo. Dai rottami del velivolo si svegliarono illesi.

Le riserve sulle stimmate e i miracoli di Padre Pio non cessarono, però, nemmeno quando le testimonianze sui fatti inspiegabili e meravigliosi che lo riguardavano non si poterono più contare. E non sempre i testimoni erano persone a cui poteva darsi con facilità del «fanatico» (ammesso che gli altri lo siano stati).

Come la contessa Virginia Salvinucci, vedova Silj. Questa signora si trovava un giorno a casa sua, a Roma, in compagnia dei cardinali Gasparri, suo cugino, e Silj, suo cognato. Si doveva inaugurare la cappella di famiglia e si discuteva su come procurarsi una reliquia appropriata. Giunse una suora, mai vista, che recava un cofanetto con un frammento della Croce. Disse che la notte un frate era entrato nella sua cella, si era qualificato come Padre Pio e le aveva consegnato la reliquia da portare alla contessa. Questa reliquia fu riconosciuta: era quella che la nobildonna aveva invano chiesto qualche anno prima a un certo padre scolopio. Questo religioso era stato in seguito consigliato da Padre Pio di restare a S. Giovanni Rotondo. Fattosi cappuccino, costui aveva finito per donare la reliquia al frate.

Il cardinale Siri si trovava a dover prendere una grave decisione su un argomento noto solo a lui, e non sapeva come comportarsi. Gli giunse un telegramma di Padre Pio contenente la soluzione.

Il cardinale Lercaro testimoniò la conversione di un suo ex alunno del liceo che conosceva molto bene, Ezio Saltamerenda di Lanciotto, direttore dell'Istituto Bioterapico di Genova. Costui un giorno aveva visto sulla scrivania di un industriale suo amico la foto di Padre Pio e gli aveva chiesto se fosse un parente. Quello si era messo a ridere e gli aveva spiegato di cosa si trattava. Da quel momento il Saltamerenda non aveva avuto più pace: sentiva una forza irresistibile che lo spingeva ad andare a S. Giovanni Rotondo, quasi un'ossessione. Alla fine aveva ceduto ed era andato. Stava in mezzo alla folla quando Padre Pio lo apostrofò così: «Genovese, genovese, sei vicino al mare e non ti vuoi lavare...». Quello, stupito, volle confessarsi. Cacciato in malo modo una prima volta (Padre Pio non era tenero con i semplici curiosi e con quelli che non avevano un sincero proposito di emendarsi), non seppe allontanarsi dal paese del frate (anche perché era costantemente inseguito da un intensissimo profumo di violette) finché non ebbe ottenuto di potersi riconfessare (come si rammenterà, questa era una costante: i respinti da Padre Pio non riuscivano ad allontanarsi da S. Giovanni Rotondo). Quando fu in ginocchio davanti al Padre, non ebbe neanche tempo di aprire bocca perché si sentì snocciolare tutti i peccati commessi nei trent'anni precedenti. Ezio Saltamerenda di Lanciotto divenne fervente propagandista di Padre Pio e apostolo a tempo pieno. Fu lui a portare a S. Giovanni Rotondo lo scultore Francesco Messina, che Padre Pio convertì clamorosamente.

Anche l'avvocato Cesare Festa, di cui abbiamo narrato la conversione, era di Genova e fin troppo noto al cardinale locale nonché ad altra gente (come il Re e Mussolini, di cui era conoscente): oltre che notabile massonico, era stato interventista e volontario (con medaglia d'argento) nella Grande Guerra e direttore del giornale *Il Caffaro*.

E le testimonianze non erano solo italiane. Una signora, in America, era in fin di vita per un tumore incurabile. Un'amica cattolica le diede la foto di Padre Pio. La malata era protestante (e per i protestanti la venerazione delle immagini – specialmente di frati *papisti*, per di più viventi – è pura superstizione), ma in quelle condizioni non era in vena di sottigliezze, così si aggrappò a quella tenue speranza. La notte le apparve Padre Pio. Non in sogno, no, era là davanti a lei in carne e ossa. Con scarso spirito ecumenico le disse senza mezzi termini che se voleva guarire doveva farsi cattolica. La signora al mattino ottemperò velocissimamente al pio ricatto (che non era un ricatto, ma un'ulteriore grazia che Dio le concedeva: quella di farla entrare nell'ovile giusto) e immediatamente guarì.

Qualche tempo dopo padre Eusebio da Castelpetroso, che conosceva il fatto, si trovò a conversare con l'amico Padre Pio. Il tema erano i viaggi e Padre Pio stava sostenendo che lui al massimo era arrivato a Roma. L'altro gli fece osservare, ironicamente, che certi viaggetti in America però se li faceva. «Guaglio', e tu come fai a saperlo?». Eh, lo sapeva, lo sapeva. Ma piuttosto, che razza di lingua parlava quando si recava, per così dire, all'estero? E Padre Pio: «L'italiano. E quanti miracoli vorresti che il Signore facesse?».

Sì, lui parlava italiano, non conoscendo altre lingue. Solo che i miracolati lo sentivano parlare ciascuno nella propria.

Una comitiva di preti francesi si recò a S. Giovanni Rotondo per vedere quel frate di cui tanto si parlava. Li guidava l'*abbé* Benoît, segretario generale dell'*Institut Catholique* di Lille. Costui sperava di poter assistere a qualcosa di portentoso, ma restò deluso perché non successe niente di speciale. Prima di accomiatarsi, i preti francesi si misero in fila per far firmare delle immaginette al frate. Quando fu la volta dell'*abbé* Benoît, Padre Pio respinse il santino, gli prese il breviario da sotto il braccio e scrisse qualcosa nel risvolto di copertina. Solo al ritorno il Benoît si accorse che era la soluzione di un problema morale che lo assillava da anni e che davanti al frate gli era passato di mente.

Le testimonianze sono tantissime (anche se nel processo di beatificazione non tutte possono essere provate col rigore che la Chiesa richiede). Si dice che Padre Pio sia andato a confortare il cardinale Mindszenty, prigioniero nell'ambasciata americana a Budapest dopo la rivolta ungherese; lo stesso con Stepinac, processato in Jugoslavia e coi seguaci di Wiszynski perseguitati dai comunisti in Polonia.

A Maria Pennisi di Napoli il famoso medico Giuseppe Moscati (recentemente beatificato) aveva diagnosticato pochi mesi di vita per una forma gravissima di tubercolosi. La donna si recò da Padre Pio e gli raccontò tutto fra le lacrime. Il frate le batté una mano sulle spalle: «Macché, stai benissimo!». Infatti.

Federico Abresch, bolognese, era un protestante passato al cattolicesimo giusto per potersi sposare con una signorina cattolica. Un battesimo *pro forma*, tanto che l'uomo divenne prima spiritista, poi occultista e infine teosofo. Ma la moglie si ammalò gravemente e convinse il marito a portarla a S. Giovanni Rotondo. Padre Pio appena lo vide gli enumerò tutti i peccati che aveva commesso, poi gli disse che la moglie sarebbe guarita e che avrebbero avuto, contro ogni speranza, un figlio. L'Abresch si stabilì a S. Giovanni Rotondo e suo figlio in seguito si fece prete.

Madre Teresa Salvatores, di Montevideo, era in fin di

vita per un cancro allo stomaco. Le appoggiarono addosso un guanto di Padre Pio e guarì. Il suo medico (ordinario all'università di Montevideo) divenne devoto del frate.

Sempre in Uruguay, monsignor Ferdinando Damiani, Vicario Generale della diocesi di Salto, aveva espresso il desiderio di finire i suoi giorni a S. Giovanni Rotondo. Padre Pio gli disse di restare dov'era, ma promise che l'avrebbe assistito nel momento del trapasso. Quando il Damiani morì, sul suo comodino fu trovato un biglietto da lui stesso vergato: «Padre Pio è stato qui».

Eppure queste testimonianze (una parte infinitesima di quelle giacenti presso la Congregazione per i Santi), rese da gente al di sopra di ogni sospetto, non convinsero quelli che avevano deciso in cuor loro che Padre Pio fosse un impostore o, nella migliore delle ipotesi, un povero nevropatico. Ma la storia del cristianesimo è anche così, piena di gente che non crede nemmeno ai propri occhi.

Né a quelli degli altri, anche se privi di pupille. Nel novembre 1991 il giornalista Giuliano Ferrara, nel corso del suo *talk show* televisivo «L'inchiesta», mostrò una donna siciliana miracolata da Padre Pio all'età di dodici anni. Questa signora è priva di pupille, eppure, grazie al miracolo, vede perfettamente. Era lì, di fronte a milioni di telespettatori che potevano vedere, inquadrati in primo piano, i suoi occhi. Degli ospiti presenti in studio, chi già credeva continuò a credere e fu confermato; chi non credeva ammise senz'altro la buona fede della signora ma continuò a non credere. Ancora una volta furono tirati in ballo i soliti luoghi comuni: suggestione, capacità non ancora conosciute del cervello, eccetera. Tutto tranne Dio, tutto tranne Padre Pio.

Chissà, forse per questo Gesù pretendeva la fede prima di concedere miracoli.

Ma il vero «lavoro» di Padre Pio era nel confessionale. Le ore che vi trascorreva arrivarono a toccare le diciannove quotidiane. Scriveva a padre Benedetto chiedendo preghiere perché gli sembrava di non farcela: «Non ho un minuto libero, tutto il tempo è speso nello sciogliere i fratelli dai lacci di satana».

Ma ce la fece, per cinquantadue anni, fino all'ultimo.

E dire che proprio padre Benedetto non voleva che confessasse. Diciotto lettere Padre Pio gli scrisse, supplicandolo, dal 1911 al 1913. Ma la risposta era sempre negativa. Perché era malato, perché non aveva seguito fino in fondo gli studi di teologia morale, perché la cosa l'avrebbe turbato... Alla fine padre Benedetto dovette arrendersi: la volontà di Dio era chiara.

Così Padre Pio si chiuse nel confessionale e non ne uscì più. Ogni tanto metteva fuori un polso slogato dalla lotta notturna col demonio, e il frate infermiere glielo metteva a posto con un colpo secco, mentre lui seguitava a «sciogliere i fratelli dai lacci di satana» e ad ascoltare il racconto di migliaia di miserie umane.

Tremendo incarico quello del confessore. I detrattori di questo Sacramento generalmente argomentano di non vederne l'utilità. Sembra, anzi, ad alcuni che sia stato istituito per soddisfare le fantasie morbose dei preti. Come se ci si potesse divertire nell'ascoltare fino alla nausea laidezze e turpitudini, debolezze e vigliaccherie, infamie e nefandezze, bassezze e perversioni che vengono deposte nell'orecchio del sacerdote, al quale poi il suo demonio-custode si incarica di farle danzare nel cervello. Se non avesse la specialissima grazia di stato, il confessore difficilmente reggerebbe alla lunga.

D'altronde anche alla confessione si può fare l'abitudine, e non è raro il caso in cui si finisca per scendere a patti col peccato, «tanto, poi mi confesso...». Padre Pio era severissimo al riguardo. Per questo cacciava senza tanti complimenti quelli che non avevano le disposizioni necessarie, senza guardare in faccia nessuno.

Una ragazzina accompagnata dai genitori si vide accogliere così: «Non farmi perdere tempo. Al catechismo non ci vai e la domenica anziché andare in chiesa te ne vai a spasso coi tuoi». Quella, che non aveva ancora aperto bocca, scoppiò in lacrime. Ma il rimbrotto non era per lei, era per i genitori, che, capita l'antifona, tornarono dal Padre.

Un giudice, portato da amici di Padre Pio, stava in conversazione di gruppo nel salottino del convento. Mentre accompagnavano, sempre conversando, il Padre lungo il corridoio, costui se ne uscì con una facezia che gli costò cara. Si parlava di cause e avvocati, e si facevano le solite battute di spirito sulle varie categorie professionali. Il tizio, ridendo, disse che a volte anche i giudici «addomesticano» le cause. E Padre Pio, subito serio: «Come, come?». Quello, sempre ridendo, insisté che sì, lo sapevano tutti che spesso i giudici «si comprano» le cause. Padre Pio fece un passo indietro e, fra lo stupore degli astanti, assestò un potentissimo calcio nel deretano del magistrato che, preso alla sprovvista, ruzzolò per lo scalone finendo tra le braccia di alcuni frati che salivano. «E comprati pure questo, disgraziato!», gli urlò dietro Padre Pio.

Un politico italiano di cui per carità cristiana taciamo il nome, molto conosciuto anche a livello internazionale, si presentò al convento con tanto di scorta motorizzata della polizia. Padre Pio lo accolse così: «Bene, bene. Come è cambiato il mondo da quando ero ragazzo! Allora la polizia stava alle calcagna dei ladri e dei rapinatori. Ora invece li precede sulle moto per sgombrare la strada!».

Quando confessava sacerdoti era ancora più duro: «Noi amministriamo il sangue di Cristo. Attenti a non buttarlo con facilità e leggerezza». Qualcuno non mancava di fargli notare che forse quel suo negare l'assoluzione era un po' troppo drastico, e lui rispondeva: «Se sapessi come soffro nel dover negare l'assoluzione... Sappi che è meglio essere rimproverati da un uomo su questa terra che da Dio nell'altra vita». Qualcun altro chiedeva consiglio, e lui rispondeva: «Io mi devo comportare per forza così. Tu regolati secondo la tua coscienza». Qualcuno infine lo imitava *tout court*. E lui: «È un lusso che tu non puoi permetterti». A chi doveva camminare con le proprie gambe (fu il caso di padre Valfredo Zamperini, poi fondatore, a Massa, dei Missionari di Maria): «Che vuoi da me? Sei sacerdote anche tu, no?».

Guai agli ipocriti e ai semplici curiosi: il minimo che dovevano aspettarsi era lo sportello del confessionale sbattuto in faccia. Dai penitenti esigeva promesse ferme e non ammetteva l'autoassoluzione, le giustificazioni, le attenuanti generiche e specifiche: «Se non ti senti in colpa, se ti assolvi da solo, esci e non tentare più oltre la pazienza». Chi andava a confessarsi doveva rendersi pienamente conto della gravità delle colpe commesse ed emettere un serio proposito di emendarsi.

La terapia di Padre Pio era quella d'urto, ma chi era cacciato, già si è detto, finiva invariabilmente per tornare. Chi gli si inginocchiava davanti subiva un salutare shock che lo scuoteva fin nelle viscere e lo convinceva a passare dalla mediocrità (o dal peccato) all'impegno.

Naturalmente il metodo era personalizzato e non tutti venivano trattati bruscamente. Ma quando uno è mosso dallo Spirito, sa quel che fa e non sbaglia.

Le cose però non erano tutte così lisce. Padre Pio era sempre in contatto col suo direttore spirituale, al quale esponeva i suoi problemi d'anima, i suoi dubbi, le sue tentazioni. E le sue tentazioni erano di scrupolo: si chiedeva se stava confessando bene, se consigliava bene, se era degno e all'altezza del compito. Dalle lettere traspare il peso delle enormi responsabilità che si assumeva coi suoi figli spirituali, i quali, oltre alla direzione, gli chiedevano anche suggerimenti pratici per le scelte importanti della vita e per i momenti di grave incertezza.

Ma non risulta che qualcuno si sia trovato male per aver seguito i suoi consigli e la sua direzione. Anzi.

Comunque, in mezzo agli scrupoli, in mezzo alla folla enorme che faceva ala tutti i giorni al suo passaggio, in mezzo alle detrazioni che, come abbiamo visto, non mancavano, egli tirava dritto per la strada che Dio gli aveva tracciato e scioglieva tutti i giorni migliaia di «fratelli dai lacci di satana».

Nemmeno chi si prendeva uno «Sciagurato, hai venduto l'anima al diavolo!» o uno «Sciagurata, va' a vestirti!», andava via deluso. Da quel confessionale, prima o poi, si usciva trasfigurati, pronti a fare i cristiani sul serio.

Capitolo Ottavo

CONFESSORE

«Non do il dolce a chi ha bisogno del purgante». In questa frase c'è tutta la filosofia di Padre Pio sulla confessione.

L'argomento è scabro, perché ancora oggi non mancano quelli che prendono le distanze da Padre Pio per la sua durezza coi penitenti. È opportuno quindi scavare un attimo nell'argomento stesso.

Una volta, uscito dal confessionale, fu visto piangere. I frati gli si fecero intorno, preoccupati. E lui: «L'ingratitudine degli uomini al Sommo Benefattore. E che altro poteva fare Gesù, questo povero Gesù, e non lo ha fatto?».

Padre Pio era vicino più di ogni altro al Dio-Purezza, al Dio-Innocenza. Non poteva non provare tormento nel sentire *tutti* i più laidi peccati. Sapeva che ogni peccato era una ferita per Cristo, e conosceva meglio di chiunque altro cosa ciò volesse dire. Ogni tanto, per via del caldo, scostava le tendine del confessionale, e si poteva vedere l'espressione della sua faccia passare dal fastidio alla pena, alla sofferenza.

Scriveva: «Com'è possibile vedere Dio che si contrista per il male e non contristarsi parimenti? Vedere Dio che è sul punto di scaricare i suoi fulmini, e per pararli altro rimedio non vi è se non alzando una mano a trattenerne il braccio, e l'altra rivolgerla concitata al proprio fratello, per un duplice motivo: che gettino via il male e si scostino, e presto, da quel luogo dove sono, perché la mano del giudice è per scaricarsi su di esso?». La prosa è quel che è, ma rende bene l'idea.

E gli incalliti? «La divina pietà non li ammollisce: coi benefici non si attirano, coi castighi non si domano; colle dolci insolentiscono, colle austere imperversano; nell'avversità disperano; e sordi, ciechi, insensibili a tutto ciò che potrebbe scuoterli, i più grandi ammonimenti come le più grandi esortazioni non fanno che raddoppiare le loro tenebre e confermarli nella loro durezza. Si può dare durezza più mostruosa di questa?».

Da qui la *sua* durezza, che a volte rasentava l'escandescenza. Come quel giorno in cui un penitente (sposato ma provvisto di amante) esordì prendendola alla larga e accennando a una sua pretesa crisi spirituale. Il frate balzò addirittura in piedi: «Macché crisi spirituale d'egitto, tu sei un sporcaccione, altroché, vattene perché Dio è adirato con te!». Un confratello corse a calmarlo e lui gli rispose che era calmissimo, ma che se non faceva così quello non si convertiva. «Ma padre, l'avete ammazzata quell'anima!». E Padre Pio: «No, l'avrei stretta al cuore».

Al giornalista Antonio Pandiscia: «Impara prima a fare il segno della croce nella casa del Signore, e poi saluti le persone». Quello: «Ma Padre, io mi sono segnato!». E lui: «Non dire bugie, tu sei entrato toccandoti la fronte e il naso».

La regina Maria José venne al confessionale in incognito con due dame di compagnia. I frati trafelati andarono ad avvertire Padre Pio, che stava confessando. Ma stava, appunto, confessando, sicché ne furono cacciati. La regina poteva aspettare come tutti gli altri.

A una raffinata signora inglese sbatté la grata sulla faccia: «Per voi non ho tempo». Ci si misero di mezzo gli altri figli spirituali: suvvia Padre, la signora viene da lontano, le dia un'altra possibilità. Quando quella, frastornata, si fu reinginocchiata nel confessionale, si sentì di punto in bianco rinfacciare anni di Comunioni fatte in peccato mortale per salvare apparenze e rispettabilità.

«In mezzo a voi sono un fratello; sull'altare, vittima; in confessionale, giudice». Sapeva con cosa aveva a che fare: «Specie per certi peccati si passa facilmente dalla confessione al peccato e dal peccato alla confessione... un'abitudine». Così non aveva dubbi: «Io mi domando se sia meglio abituare i penitenti al peccato e alla confessione (la quale, in fondo, sarebbe sacrilega o per mancanza di serio proposito o di pentimento) oppure far loro conoscere di essere in disgrazia di Dio: io preferisco il secondo sistema».

Tuttavia il suo metodo lasciava alcuni perplessi. Lui però tirava dritto: «Cosa credi, che io abbia il cuore di sasso?». E: «Io amo le anime come amo Dio».

Tutti quelli che venivano respinti provavano una pena terribile. Si vedevano pezzi d'uomini piangere come vitelli, appoggiati agli alberi attorno al convento o vaganti sconsolati per la campagna. Ma tornavano, questa volta sinceramente pentiti, perché Padre Pio, misteriosamente, li aveva seguiti nella loro angoscia: «Io posso anche battere i miei figli, ma guai a chi me li tocca!».

Padre Pio era un imitatore di Cristo. Finché la Chiesa non si pronuncerà sulla sua santità, si può dubitare che l'imitazione sia riuscita, ma non che sia stata perseguita fino in fondo. E «fino in fondo» vuol dire in tutti gli aspetti della personalità di Cristo. Cristo fu *anche* duro e violento quando fu necessario. Spesso di Lui ci viene fornita un'immagine esclusivamente edulcorata perché la tenera misericordia piace più della severa giustizia. Ma Cristo *è* l'una e l'altra cosa, e Padre Pio lo sapeva meglio di chiunque.

Odiava il peccato con la stessa intensità con cui amava Dio, e Dio lo aveva amato *usque ad effusionem sanguinis*. Soprattutto lo mandava in bestia il peccato d'aborto. Si narra di una donna che era andata a confessargliene uno. Padre Pio le *comunicò* una visione: una folla immensa che osannava un Papa sulla sedia gestatoria, un Papa calmo e solenne il cui viso somigliava stranamente a quello della donna. Cessata la visione, costei si sentì dire dal Padre: «Quello che hai visto è ciò che sarebbe dovuto essere tuo figlio nella mente di Dio». La donna svenne. Ma ce l'aveva particolarmente anche con le mode indecenti, perché inducono al disordine sessuale. E disordine sessuale chiama aborto. Era severo perfino con la balneazione di massa, introdotta dal fascismo. Sosteneva infatti nelle conversazioni che il salutismo è una scusa per mostrarsi svestiti.

Comunque, tutta la ruvidezza era concentrata nel confessionale, come, si è già detto, terapia d'urto. Dopo, la direzione spirituale era, al contrario, improntata alla massima dolcezza e comprensione. Nelle lettere ai suoi figli, per esempio, si leggono cose del genere: «La penitenza che devi fare sia il portare pazientemente le prove della vita e che indirizzi il tuo studio e il tuo lavoro a Gesù». Oppure: «Quando non riesci a camminare a gran passi per la via che a Dio conduce, contentati dei piccoli passi e aspetta pazientemente di avere gambe per correre, o meglio ali per volare».

Una volta sentì parlare quasi con allegria di un confratello recentemente morto, perché era «passato a miglior vita». Lui ribatté che l'umanità aveva diritto alla sua parte: «Anche la Madre di Gesù sapeva a quale gloria ascendeva il Figlio, e sapeva che attraverso la morte di Lui si operava la redenzione del genere umano, eppure ha pianto e ha sofferto, e quanto!».

Un'altra volta stava dicendo che chi vuole può amare, basta che si tolga dal disordine, perché entrando nell'ordine si ama Dio. Un astante, rapito, esclamò: «Oh, sì, sì, spogliarsi di tutti gli affetti delle creature!». Ma Padre Pio: «No, amare Iddio e tutto il Creato».

Era convinto, con un'intuizione di altissima teologia, che anche senza il peccato Dio si sarebbe incarnato lo stesso: «Soltanto che se non ci fosse stato il peccato avremmo avuto un Dio glorificatore al posto di un Dio riparatore. Il modello ideale di incarnazione sarebbe stato, anzi, proprio quello senza il peccato. Ma Adamo ed Eva hanno scombussolato i disegni migliori».

Non sopportava i «cacciatori» di vocazioni, quelli che, credendo di far bene, si studiano di indurre i giovani ad abbracciare la vita religiosa. Diceva: «Per questo san Francesco ci castiga facendoci mancare le vocazioni vere».

Ma Padre Pio era per i confratelli anche un'inesauribile miniera di barzellette e storielle argute. Quello che faceva letteralmente scompisciare dalle risa era l'irresistibile mimica con cui impersonava le varie parti. Alla fine, però, asciugate le lacrime, ognuno si rendeva conto che quelle non erano tanto barzellette, quanto un condensato di teologia morale, sia pur in forma istrionica, che restava nella memoria meglio di una dotta omelia. Come questo: un giorno Gesù passeggiava con san Pietro nel Paradiso; a un certo punto si accorse che in giro c'erano degli individui dall'aspetto poco raccomandabile, facce, insomma, che lì erano proprio fuori posto. Chiesto a san Pietro cosa ci facesse quella gente in Paradiso, si sentì rispondere che era stata sua Madre: ogni volta che san Pietro girava le spalle, Lei faceva entrare tutti.

Il frate stigmatizzato, tuttavia, era pronto a ritrovare tutto il suo cipiglio quando era posto di fronte ad affermazioni come la seguente: a un frate scappò detto che senza il potere temporale la Chiesa era molto più libera. E Padre Pio: «Sta' zitto, tu non capisci niente».

Frattanto qualche prete (e qualche vescovo) cominciava a seccarsi del fatto che i parrocchiani se ne andavano da Padre Pio anziché affollare le iniziative locali, e, perché no? anche del fatto che (soprattutto) i soldi delle offerte finivano nelle casse del convento pugliese, piuttosto che rimpinguare quelle parrocchiali. Avevano un bel dire che Cristo è presente in tutte le chiese, che i miracoli possono essere chiesti dovunque. Era vero, e chi lo negava? Solo che a S. Giovanni Rotondo di Cristo ce n'era un po' di più e i miracoli, possibili ovunque, là erano sicuri.

Erano molti i parroci che fondavano case d'accoglienza e dopolavori, magari anche casse rurali, e non erano pochi i vescovi ansiosi di legare il loro nome a qualche opera faraonica come seminari maggiori o ospedali. E giù a chiedere soldi, sempre più soldi. Solo che il fedele i soldi te li dà molto più volentieri se ti vede santo, altruista e disinteressato fino allo sprezzo di te. Se poi ti metti a fare anche miracoli, ecco che ti consegna il portafogli. Così molte offerte da tutto il mondo prendevano la via del conventino garganico. Qui il frate stigmatizzato, fedelissimo al suo voto di povertà, le destinava secondo le intenzioni degli oblatori.

Molti preti e vescovi, però, si rendevano conto che i pellegrinaggi da Padre Pio avevano un positivo effetto di ritorno: la gente rientrava più cristiana, più assidua alle funzioni, più attiva nelle opere di carità, più fervente nelle devozioni. Montini, cardinale di Milano, avrebbe dato un braccio per avere Padre Pio nella sua diocesi: «Avere qui Padre Pio – diceva – varrebbe più che cento missioni».

Altri preti e vescovi, invece, si indispettivano, e non esitavano a scoraggiare apertamente i pellegrinaggi a S. Giovanni Rotondo, sordi a tutte le conversioni clamorose che vi avvenivano.

Come quella di Ferruccio Caponetti, massone e teosofo, studioso rinomato del pensiero (anticristiano) dei fondatori della Teosofia, Rudolf Steiner, Helena Blavatsky e Annie Besant. Andato a S. Giovanni Rotondo per curiosità, volle discutere con Padre Pio. Il frate amabilmente accondiscese e demolì uno per uno i suoi argomenti (e dire che aveva dovuto interrompere gli studi teologici per motivi di salute!). Alla fine il Caponetti, convinto, decise di rientrare nel cattolicesimo.

Il professor Felice Checcacci, orientalista di vaglia, dopo quarant'anni di permanenza in Oriente aveva concluso che il cristianesimo era nient'altro che una derivazione del buddismo e del brahamanismo (convinzioni del genere erano più diffuse di quel che si creda, tant'è che oggi sono tornate di moda), e non era nemmeno sfiorato dal dubbio. Una notte, mentre dormiva il sonno del giusto, sognò Padre Pio che lo chiamava.

Aveva letto di lui sui giornali, per cui pensò a un fenomeno di suggestione. Dopo qualche giorno sognò ancora il frate, che questa volta lo pregava almeno di scrivergli. Beh, pensò al mattino, una lettera non costa nulla. E poi ci stava che il frate potesse dire la sua sui rapporti tra cristianesimo, buddismo e brahamanismo; in fondo i santoni erano presenti anche in queste due filosofie e le religioni non sono altro che modi diversi di onorare Dio. Così scrisse.

Due giorni dopo avvertì un impulso irresistibile ad entrare in una chiesa e pregare. Erano trent'anni che non lo faceva e quasi non ricordava più nemmeno l'avemaria. Niente, la coazione era troppo forte. Appena in ginocchio, *sentì* una voce che gli diceva: «La fede si accetta così com'è o non si accetta. Scegli».

Lo studioso avvertì a quel punto che qualcosa gli si scioglieva dentro e non poté trattenere le lacrime. Uscì convertito.

Quando si recò ai piedi di Padre Pio si sentì dire: «Se sapessi quanto mi sei costato!». Il Checcacci scrisse in seguito: «Compresi allora tutta la bellezza della carità cristiana e l'egoismo e l'indifferenza all'umano dolore delle religioni asiatiche, che hanno per base il fatalismo e la reincarnazione».

Di quelli che andavano da Padre Pio, già si è detto, nessuno tornava a mani vuote. Non tutti coloro che chiedevano grazie le ottenevano, ma una nuova inaudita forza per reggere la croce, quella sì che la portavano via.

Accanto all'altare dove il frate diceva la Messa stava, per privilegio speciale, un cieco. A suo tempo aveva chiesto a Padre Pio la grazia della vista e quello gli aveva detto di scegliere: la salvezza dell'anima o quella degli occhi. Non c'era alternativa? Non c'era alternativa. Il cieco scelse bene, e da quel momento rappresentò un monito vivente per tutti quelli che andavano a domandare benefici terreni e non si curavano di ciò che più conta. Più tardi fu affiancato da un altro cieco (stabilitosi anch'egli a S. Giovanni Rotondo per stare vicino al Padre, come molti), che si poneva dall'altra parte dell'altare, forse, chissà, vedendo con gli occhi dello spirito quel che Padre Pio vedeva durante la *sua* Messa.

Sì, perché la Messa di Padre Pio era speciale. Un sacerdote testimoniò di essere andato dal Padre con un malato e di essersi confessato. Il malato non guarì e la confessione non gli parve niente di particolare. Ma la Messa... Eh, quella Messa non era mica come la sua. In *quella* Messa Dio era presente, lo si poteva percepire quasi palpabilmente. Nessun prete, dopo averla vista, *sbrigò* più la propria. Anche il giornalista Orio Vergani ne rimase impressionato.

Durava più di due ore. Il Padre celebrava pallidissimo, con gli occhi socchiusi come se fosse abbacinato da troppa luce. All'elevazione, non un fiato nel pubblico, nemmeno lo stropiccìo dei piedi. E dire che la chiesa era sempre gremita allo spasimo, nonostante l'ora, il fango, la neve. Tutti vedevano il Padre come tagliato fuori dal resto del mondo, in preda a un fuoco che lo consumava, unito misticamente col Sacerdote Eterno.

Tutti quelli che hanno visto sono unanimi nell'affermare che ogni descrizione è parziale: quella Messa bisognava vederla per capire. Là c'era un altro Cristo che si immolava, che si toccava con gesto doloroso il capo come se avesse anche lui la corona di spine, che cercava di scacciare con bruschi movimenti della testa qualche invisibile presenza che gli impediva di recitare la formula della consacrazione. Al *confiteor* la sua faccia aveva un'espressione di annichilimento totale, al *misereatur* era quasi in estasi, al *Domine non sum dignus* i colpi sul petto rimbombavano nel silenzio. Adesso i vari passaggi della Messa erano chiari per tutti gli astanti: quella era davvero la ripetizione del sacrificio di Cristo, non un intrattenimento noioso e banale ritmato dalle chitarre e talvolta pateticamente animato da qualche improvvisazione del prete.

Padre Pio cominciava la preparazione alla Messa alle due e mezza del mattino. Poi scendeva nella chiesa, già traboccante di fedeli, alle quattro e troncava i mormorii con gesti imperiosi. Saliva a fatica l'altare e cominciava. Alla lettura gli tremava la voce, spesso piangeva come «chi cerca di non farlo e non ci riesce», secondo la testimonianza di Piero Bargellini. Poi iniziava il calvario.

Un giorno gli chiesero se soffrisse molto. E lui rispose: «Se avessi avuto da studente la cognizione che ho ora, mi sarei ritirato in un deserto e non mi sarei fatto sacerdote».

Qualcuno insistette: ma *quanto*? «Quanto può soffrire colui che sulle spalle si addossa tutta l'umanità. Pregate affinché non resti schiacciato». *Tutta l'umanità*? E lui: «Tutti mi dicono povero Padre, povero Padre, e tutti poi mi coprono di pesi!».

Ma Padre Pio non sapeva dire di no. Se a qualcuno negava la grazia richiesta, era solo perché *vuolsi così colà dove si puote ciò che si vuole* (come nel caso dei due ciechi di cui abbiamo appena parlato).

Una madre di cinque figli stava morendo di polmonite doppia; era già entrata in coma irreversibile mentre il marito e i bambini erano attorno a Padre Pio a supplicare per la grazia. Così il frate ricorderà l'avvenimento: «Non ne potevo più. Quando quei bambini mi tiravano da ogni parte singhiozzando e quel pover'uomo non aveva più voce né lacrime per esprimere il suo strazio, allora ho detto a san Giuseppe: no, non è possibile; tu non puoi lasciarli soffrire così... Prendila e guariscila, san Giuseppe, per l'amor di Dio...». Padre Pio disse all'uomo che la moglie sarebbe resuscitata a Pasqua. E così fu: nell'esatto momento in cui si scioglievano le campane e il sacerdote intonava il *Gloria*, la donna si svegliò e balzò dal letto completamente guarita.

Ma, da buon pastore, Padre Pio le pecorelle smarrite se le andava anche a cercare. Come Michele, il vasaio di Torremaggiore. Erano giorni che tirava un forte vento contrario e la fornace non si accendeva. Aveva voglia di riassettare la paglia, di sudare sul mantice, di rimodellare l'argilla umida! Niente, il fuoco non prendeva. E giù bestemmie spaventose.

Era lì che snocciolava il suo rosario blasfemo quando sentì una voce alle sue spalle. Un tizio barbuto, che fumava la pipa. Gli diceva che, se voleva, il fuoco glielo poteva accendere lui. Ma il vasaio, ormai imbestialito, stramaledisse ancora una volta tutti i santi e quell'importuno che veniva pure a prenderlo per i fondelli: che era lui, un mago? Come quel Padre Pio che dicevano facesse miracoli? Andasse pure al diavolo, insieme a Padre Pio e alle sue madonne.

L'uomo scurì il cipiglio, si batté una manata sul petto e disse che, sì, lui era proprio Padre Pio. In quello stesso istante un'incredibile fiammata uscì dalla fornace investendo in pieno il vasaio. Costui rimase prodigiosamente illeso, ma lo shock gli costò una settimana di letto col febbrone. Quando tornò alla fornace scoprì con meraviglia che i vasi, lungi dall'essere carbonizzati, erano cotti a puntino. Da quel giorno non bestemmiò più.

Uno stava recandosi in macchina proprio dal Padre, provenendo da lontano; per la stanchezza fu preso da un colpo di sonno mentre era alla guida. Quando si svegliò si accorse che l'auto aveva fatto qualche chilometro da sola. Giunto finalmente dal frate, si sentì bonariamente rimproverare: «Ma guarda un po' se devo essere tirato giù dal letto pure per fare l'autista!». E gli occhi gli ridevano.

Una sera i frati assistevano a un concerto in una sala del convento e Padre Pio era con loro. Durante l'intervallo mise le braccia sullo schienale della sedia di davanti e ci appoggiò la testa. Cinque minuti, poi si unì alla conversazione degli altri. L'indomani si scoprì che proprio in quei cinque minuti era andato a guarire una persona molto malata del paese.

Questo delle bilocazioni (a volte *multilocazioni*) di Padre Pio è un argomento che richiederebbe un volume a parte.

Innumerevoli. E tutte suffragate dalla testimonianza di gente a volte molto nota. Tra gli uomini di spettacolo, per esempio, abbiamo quella dell'attore Carlo Campanini, del cantante (oggi dirigente discografico) Gino Latilla, del cantautore Lucio Dalla. Padre Pio si trovava ad accogliere tra le braccia un bambino caduto dal cinquantatreesimo piano di un grattacielo negli Stati Uniti, a liberare dalla prigione una suora in Africa, ad assistere in punto di morte un vecchio in America. Don Orione se lo trovò davanti in Vaticano alla beatificazione di Santa Teresina di Lisieux.

John McCaffery, incaricato dall'*Intelligence Service* britannico di tenere i contatti coi partigiani italiani durante l'ultima guerra, nonché propagandista di Padre Pio nell'ambiente anglosassone, così si esprimerà: «A mio modo di pensare, ancora più incredibile è il fatto che il mondo in generale, e in gran parte anche la Chiesa, vi abbiano prestato, durante la sua vita, una così scarsa attenzione».

Questo John McCaffery (che nella sua posizione cercò invano di impedire che gli antifascisti italiani facessero bombardare le popolazioni di Genova e Milano per accelerare la caduta del regime) era affezionatissimo al Padre e tutte le volte che poteva si recava a trovarlo. Era impressionato soprattutto dal fatto che il frate lo prendesse paternamente in giro dicendogli ciò che non poteva umanamente sapere: cosa l'inglese (anzi, irlandese) avesse fatto la sera prima e che programmi avesse per la settimana. Sembrava sapere tutto, e non solo cose personali o immediate. Benché non leggesse alcun giornale né ascoltasse la radio, era in grado di discutere di politica internazionale con completa conoscenza di uomini e fatti. Il McCaffery citò in seguito, in un suo libro su Padre Pio, questo episodio: «Su una figura conosciuta internazionalmente, estremamente abile ma, purtroppo, corrotta, ebbi occasione di dire un giorno: "Padre, pensi quanto bene costui potrebbe compiere se avesse le idee giuste. Dovrei cercare di portarlo quaggiù perché Lei possa fargli cambiar vita?". Stavamo parlando in un angolo del corridoio del convento e – unica volta che abbia fatto così – non mi rispose, ma guardò fuori della finestra in silenzio. Qualche settimana dopo l'uomo in questione venne assassinato».

McCaffery, recentemente scomparso, era uno di quelli che avevano la fortuna di possedere un pezzo di benda delle stimmate del frate. Glielo aveva regalato un cappuccino irlandese, padre Senan da Dublino, tagliando in due il suo. Come se l'era procurato? Trafugandolo mentre accompagnava in cella Padre Pio. Un'altra volta ancora si era offerto di accompagnare il Padre, ma questi lo aveva fermato con un sorriso ironico: «Non si disturbi. I *ladri* in cella non mi piacciono».

Eppure questa storia delle reliquie di Padre Pio era malvista da alcune teste fini dell'establishment ecclesiastico.

Gli uomini sono creature i cui pensieri si attivano attraverso i sensi, e questi attraverso le cose. Gli oggetti che appartengono a persone care vengono tenuti da conto perché in qualche modo partecipano della loro personalità. La Chiesa (fondata di persona da un Dio che, sapendo di cosa siamo fatti, apposta si è incarnato) ha sempre tenuto in grande onore le reliquie dei Santi. Le espone alla venerazione, permette che siano toccate e baciate pur sapendo che non da esse promana la *virtù*, ma da Dio. Sì, la cosa può dar luogo a forme molto vicine alla superstizione, è vero, e bene fa la Chiesa a metterne continuamente in guardia i fedeli. Ma non risulta che abbia mai vietato l'esposizione del sangue di san Gennaro, sebbene durante la festa si vedano fior di camorristi baciarne la teca.

È anche vero che Padre Pio era ancora in vita (e quindi non ufficialmente canonizzato dalla Chiesa) quando la gente si disputava tutto ciò che aveva toccato. Ma si erano viste bombe d'aereo sfondare cinque piani e fermarsi, senza esplodere, proprio sulla foto del frate. Prudenza non è mai troppa, ma sarebbe stata prudenza anche non buttare l'acqua sporca con il bambino dentro.

Per Padre Pio era comunque arrivato il tempo della prova. Già nubi minacciose si addensavano su S. Giovanni Rotondo.

Capitolo Nono

PERSECUZIONE NUMERO UNO

Già nell'ottobre 1919 si era sparsa la voce di un trasferimento di Padre Pio: troppa confusione attorno al convento, troppe scene che rasentavano la superstizione, troppo clamore in Italia e nel mondo. Tutto «troppo» per alcune teste d'uovo vaticane debitamente disinformate – o in qualche caso aizzate – dai detrattori del frate. Certa razza di prelati è dura a estinguersi. Avvolgono tutto, il male come il bene, in una sorta di melassa e chiamano questo «prudenza». Non c'è quasi mai verso di ottenere da essi un'affermazione decisa e precisa sul bene e sul male. Virtuosi del condizionale, si scagliano veementemente contro ciò che è già universalmente vituperato ma esitano spauriti con tutto quello che potrebbe esaltare il cristianesimo. L'agiografia li infastidisce, l'apologia sembra loro «trionfalismo», l'apostolato lo vedono nemico del «dialogo». Figurarsi quando sentono parlare di lotta coi diavoli, bilocazioni e stimmate, questo «medioevo» che credevano di avere sepolto per sempre sotto la melassa di cui sopra e che a intervalli irregolari interviene a rompere le uova nel paniere. E quali uova, quale paniere? Per dirla tutta, l'andare d'accordo col mondo e i suoi potenti. Sì, perché altrimenti finisce in persecuzione, e i tempi della ghigliottina francese e quelli delle galere risorgimentali, nel 1919 erano ancora freschi nel ricordo.

Poco importava se migliaia e migliaia di fedeli se ne infischiavano di essere presi per fanatici o per pazzi dal resto dell'umanità incredula, se la nostalgia di Dio era così forte da far affrontare loro disagi su disagi per andare a vedere quell'*alter Christus* che evidentemente nelle loro parrocchie non trovavano. Poco importava. Prudenza, melassa.

A S. Giovanni Rotondo scoppiò una sommossa, sindaco in testa. Vogliono portar via Padre Pio? Dovranno passare sui nostri cadaveri.

Blocchi stradali, vedette, folle che chiedevano, tumultuando attorno al convento, di vedere Padre Pio. Dovette uscire il superiore per assicurare che le voci erano destituite di fondamento. Non bastò. Uscì il Padre e rassicurò la folla. Non bastò ancora. Solo il sindaco riuscì a disperdere l'assembramento, giurando sul suo onore che se avessero portato via il frate lui stesso si sarebbe messo alla testa della resistenza.

Ma le voci si ripeterono l'anno successivo, il seguente e quello dopo ancora. E tutte le volte la gente reagiva in modo forsennato (sebbene Padre Pio avesse pregato per lettera il sindaco di non opporsi all'ordine di trasferimento, se fosse arrivato). Si costituivano comitati e le autorità si recavano al convento, banda in testa, a chiedere spiegazioni. Un frate di fuori fu assediato perché creduto latore dell'ordine di trasferimento. In realtà era venuto a S. Giovanni Rotondo per confessarsi col Padre: fu scortato fino al treno per esser sicuri che non tornasse.

Le voci in effetti rispondevano a verità. Strani movimenti si verificavano a Roma per far trasferire Padre Pio in una località segreta, forse Ancona o addirittura la Spagna. Il problema stava nel come. Le autorità di polizia di Foggia avevano avvertito che la situazione rischiava di sfuggire al controllo e lo stesso Ministro dell'Interno, De Bono, aveva fatto sapere a chi di competenza che la cosa si poteva fare, sì, ma sarebbe scorso del sangue. De Bono aveva inviato *in loco* l'ufficiale della Regia Polizia Camillo Camilleri (quasi omonimo, ma con una *emme* in meno, di chi scrive); questi era tornato decantando i meriti di Padre Pio e aggiungendo: «Eccellenza, se ci prendiamo il frate, scoppia la guerra». E De Bono passò la patata bollente al cardinale Merry Del Val: «Eminenza, se volete il frate, dovete anche assumervi la responsabilità di camminare sui morti». Soggiunse pure che il fenomeno era per lui davvero strano, visto che S. Giovanni Rotondo era sempre stato «rosso», diviso dagli odi politici, e miscredente (prima dell'arrivo di Padre Pio le chiese erano regolarmente deserte).

Nell'estate del 1922 il Sant'Uffizio sparò la prima bordata contro il frate stigmatizzato ordinando che: attorno a lui fosse evitata ogni singolarità o rumore; fosse ridotto alle pratiche comuni agli altri frati; dicesse la Messa all'alba e in privato senza dare la benedizione al popolo; tacesse totalmente delle stimmate; interrompesse ogni contatto anche epistolare col suo direttore spirituale padre Benedetto da S. Marco in Lamis; cessasse di scrivere e di rispondere alle lettere dei fedeli, né altri lo facessero per lui; si studiasse il modo opportuno per trasferirlo in altra località.

Il Provinciale rispose che: nessuna particolarità era mai stata fatta per Padre Pio nel convento; le stimmate non venivano mostrate a nessuno senza ordine scritto del Sant'Uffizio e Padre Pio aveva sempre mostrato una spontanea ritrosia a parlare dell'argomento con chicchessia; alle lettere già da tempo non si rispondeva se non con prestampati che rinviavano al proprio confessore o promettevano genericamente preghiere, e quelle in arrivo venivano sempre aperte dal vicario; trasferire Padre Pio in altra località era semplicemente controproducente perché S. Giovanni Rotondo era già abbondantemente fuori mano, non solo, ma Padre Pio era più famoso altrove che non in Puglia.

Il prefetto di Foggia e il sindaco di S. Giovanni Rotondo dal canto loro fecero presente alle autorità vaticane che non si assumevano alcuna responsabilità su quel che sarebbe potuto accadere in fatto di ordine pubblico qualora il frate fosse stato davvero trasferito.

Il Sant'Uffizio lasciò calmare le acque, poi nel 1923 emanò un decreto in cui informava i fedeli che era stata svolta un'inchiesta sui fatti attribuiti a Padre Pio. Questa inchiesta (inchiesta? che inchiesta?) avrebbe appurato che «non consta la soprannaturalità dei medesimi fatti». Il decreto fu pubblicato sul bollettino ufficiale del Vaticano, gli *Acta Apostolicae Sedis*, il 31 maggio, poi sull'*Osservatore Romano*.

Figurarsi i sangiovannesi. Il tempo di apprendere la notizia e tremila persone, comprese le autorità militari e civili, cinsero d'assedio il convento. Si dovette far uscire Padre Pio, a benedire col Santissimo un chilometro di gente inginocchiata. Il prefetto stesso fece pressioni sul Provinciale perché il frate ridicesse Messa pubblicamente.

Ancora una volta Roma dovette prendere tempo, ma ordinò relazioni bimestrali su Padre Pio e, per ulteriore misura di sicurezza, mise il convento alle dirette dipendenze del Generale dell'Ordine.

Il 24 luglio 1924 il Sant'Uffizio ritornava alla carica, esortando i fedeli, «con parole ancora più gravi», ad astenersi da qualsiasi rapporto con Padre Pio.

A questo punto il lettore si chiederà giustamente cosa accidenti avesse fatto di male Padre Pio, e perché il narratore della presente storia indugi tanto a rivelarlo.

Il fatto è che non si sa. E non si sa perché non c'è niente da sapere. Il Sant'Uffizio si basava su voci di corridoio, su calunnie epistolari, su assicurazioni verbali di personaggi di per sé discutibili. Prove? Nessuna. È vero che, data la delicatezza dell'argomento, il Sant'Uffizio non poteva procedere come procedono i tribunali laici, ed è anche vero che il Sant'Uffizio era un organo collegiale, di quelli che decidono a maggioranza. Ma è infine vero che in quegli anni tale maggioranza fu «prudente» a senso unico, cioè sempre e solo contro Padre Pio. Le testimonianze a favore del frate, migliaia di volte più numerose di quelle contrarie, vennero semplicemente disattese. I vescovi mitriati che in più occasioni avevano servito con gran piacere la Messa di Padre Pio forse protestarono, ma così timidamente che di tali proteste, se ci furono, non è rimasta traccia.

Quando si tratta di miserie che coinvolgono ecclesiastici è d'uso stendervi sopra il cosiddetto velo della carità. E lo si farebbe volentieri, specialmente per non portare acqua al mulino dei detrattori della Chiesa. Ma ecco il dilemma: è giusto far conoscere ai fedeli la vita di Padre Pio, il più grande santo (se la Chiesa lo confermerà, ma non ne dubitiamo) del ventesimo secolo? La risposta non può essere che sì, evidentemente. La storia della Chiesa è storia di Santi; se li si tenesse nascosti resterebbe solo la storia dei peccatori.

L'altro corno del dilemma: come si fa a scrivere la vita di Padre Pio senza parlare delle persecuzioni che dovette subire e che occuparono la maggior parte della stessa? Sarebbe come voler narrare la storia di Cristo senza far menzione di chi lo ha ucciso e perché.

Carità o non carità, i decreti del Sant'Uffizio stavano là, nero su bianco, sottoscritti, timbrati e pubblicati sull'*Osservatore Romano*. Né furono gli unici: nel 1926 e nel 1931 ancora il Sant'Uffizio interveniva a proibire tre libri sui «pretesi miracoli» di Padre Pio, uno dei quali era stato scritto da Alberto Del Fante, massone fiorentino (costui sul foglio *Italia laica* aveva l'abitudine di sprezzare il frate pietrelcinese; perse il vizio – e la fede massonica – quando quello gli guarì miracolosamente il nipotino). E per soprammercato il 23 maggio 1931 vietava definitivamente al Padre di celebrare la Messa pubblicamente.

Questa volta i carabinieri dovettero circondare con un cordone di sicurezza l'intero convento e chiedere rinforzi alle province vicine, perché in paese si elevarono barricate e poco mancò che ci scappasse il morto. Un facinoroso fu disarmato mentre cercava di sparare al frate stigmatizzato. Gridava che piuttosto che vederselo portar via l'avrebbe ammazzato. La stessa cosa si ripeté con un giovane gerarca dei fasci di combattimento.

Il 23 luglio 1922 l'Ordine cappuccino aveva inviato un Visitatore a S. Giovanni Rotondo. Si trattava di padre Celestino da Desio: doveva indagare sull'amministrazione e destinazione delle offerte che Padre Pio riceveva (era questa l'«inchiesta» di cui parlava il Sant'Uffizio?). Qualche zelante aveva accusato il frate di malversazione, ma tutto il denaro veniva sempre consegnato al superiore, per cui c'era poco da malversare. Il Visitatore se ne tornò a fare rapporto, ma l'anno seguente lo rimandarono. E sempre per il solito motivo. «Non ne posso più», si lamentava Padre Pio col superiore.

Ma non si trattava solo di denari (al Sant'Uffizio era arrivata la voce che i frati per quei soldi litigavano, che erano state brandite anche armi da fuoco). Anche di donne. Eh, sì, perché c'era un nugolo di donnette che ronzava attorno al Padre (ma quante ce n'erano che facevano lo stesso con Gesù?). Alcune erano serissime: venivano da lontano e la sera, d'inverno, faceva buio presto, perciò i frati permettevano loro, a volte, di passare la notte sulle sedie della foresteria.

Altre davano effettivamente scandalo. Ma era un affare da commedia dell'arte, di popolane acide e gelose. Il fatto era che, come sappiamo, la direzione spirituale del Padre era *ad personam* (e come altro sarebbe potuta essere?): dolcezza con alcuni e durezza con altri. Solo che questo scatenava le invidie e finiva a lettere anonime: Padre Pio se la fa con questa, Padre Pio se la fa con quella. Fu scoperta una disgraziata che, travestita e provvista di chiave falsa, si introduceva la notte nel giardino del convento per simulare «movimento» di femmine, sul quale poi inviare le suddette lettere anonime.

Insomma, tutto questo tramestio venne addebitato al Padre e gli si vietò di parlare con *tutte* le donne. Lo si obbligò anche a tenere la Messa nell'ambito dei trenta minuti, malgrado le proteste dei superiori. Padre Pio finì sotto una campana di vetro, ma obbedì in tutto, senza fiatare. Soffriva più che altro per quelli che non poteva più confessare, sapendo perfettamente che non avrebbero voluto farlo con nessun altro. Ma a chi preparava rivoluzioni rispondeva: «Lascia andare. Per me vuol dire meno lavoro e più meriti». In privato però piangeva per quelli cui era tolta la testimonianza proprio da chi doveva difenderla.

Questa storia durò fino al 1938. Il frate era letteralmente in galera, con la differenza che i carcerati sanno quanta pena devono scontare e perché. Diceva la Messa da solo, in un oratorio interno chiuso a chiave. Non poteva rivolgere la parola a nessuno, né scrivere o confessare. Per spostarsi all'interno del convento doveva seguire un tragitto preciso, lontano da ogni finestra. Il Provinciale era tenuto responsabile e i frati eseguivano le direttive con scrupolo, per obbedienza e per evitare guai.

La maggior parte del tempo lo trascorreva in biblioteca, sulla Sacra Scrittura, sulla Divina Commedia, sulla Storia dei Papi o su quella Universale. I superiori lo esortavano a scrivere un diario spirituale, delle meditazioni, ma lui declinava gentilmente. Gesù gli era apparso e lo aveva incoraggiato: «Non ti dimenare, Io sono con te». Verissimo, infatti quanto più Padre Pio era segregato, tanto più faceva notizia. I libri su di lui continuavano a uscire in tutto il mondo e i giornali non tralasciavano mai di parlare di lui. Riccardo Bacchelli, il celeberrimo autore del *Mulino del Po*, su *La Stampa* così titolava: «Colloquio con uno che un giorno sarà forse sugli altari», e *Il Resto del Carlino* commentava sfavorevolmente i moniti del Sant'Uffizio ai fedeli.

Moltissimi furono i giornalisti curiosi che, superato questo periodo, andarono a S. Giovanni Rotondo. I più se ne tornavano sconcertati perché non avevano trovato risposte argute o atteggiamenti ispirati: nessun grand'uomo che curava le pubbliche relazioni con vivaci conferenze stampa, solo un povero frate malandato e infastidito dalla loro insistenza.

Il famoso Pitigrilli assisté un giorno alla Messa di Padre Pio tra la folla. Il frate si voltò e disse alla gente di pregare per uno che era in mezzo a loro. Pitigrilli si convertì e lo scrisse. Riportò anche del famoso commediografo Luigi Antonelli, guarito da un cancro alla gola, e di un giornalista che si era permesso di scrivere un articolo scandalistico sul frate, «pieno di punti esclamativi e di puntini di sospensione (l'argomento polemico di chi non ne ha di più robusti); trovò un gruppo di pastori con i loro cani e i loro bastoni che gli fecero cambiare stile. Non userà mai più i punti esclamativi e i puntini di sospensione in tutta la sua vita e cancellerà per sempre dalla sua geografia S. Giovanni Rotondo, per un raggio di duecento chilometri».

Ogni tanto, in biblioteca, Padre Pio appuntava qualche riflessione in margine alle sue letture. Sul Natale: «Da ben quaranta secoli Egli è atteso; con sospiri gli antichi Padri ne avevano invocato la venuta, i sacri scrittori chiaramente avevano profetato il luogo e l'epoca della sua nascita, eppure tutto è silenzio e sembra che nessuno sia a cognizione di questo grande avvenimento». Sul Capodanno: «Di ogni minuto dovremo rendere strettissimo conto, di ogni movimento della grazia, di ogni santa ispirazione, di ogni occasione che si presentava di fare il bene. La più lieve trasgressione della legge santa di Dio sarà presa in considerazione». Su Darwin: «Non è un evoluzionista. Nelle sue opere prospetta l'evoluzione come un'ipotesi nella quale dichiara di non credere. In verità è un creazionista anche lui. Sono stati i darwiniani a fargli dire cose che non ha detto, per togliere Dio dal meccanismo della creazione».

Nel 1927 si mosse direttamente il vicariato di Roma, inviando come Visitatore Apostolico monsignor Felice Bevilacqua. L'anno successivo fu la volta di monsignor Giuseppe Bruno, su incarico della Congregazione del Concilio.

Ma perché tutto questo accanimento su Padre Pio? Una risposta soprannaturale si può leggere nelle parole della veggente Lucia Fiorentino, figlia spirituale del frate pietrelcinese, alla quale Gesù aveva rivelato nel 1923 che «molte anime consacrate» Gli rinnovavano la flagellazione con peccati contro la castità: «La missione di riparare l'ho data al padre tuo». Questa però è una rivelazione privata, a cui si può dare il credito che si vuole. Lo stesso tipo di credito si può dare anche a quel cappuccino che, durante un esorcismo a Loreto, sentì il demonio rammaricarsi di essere impotente contro «quell'uomo di S. Giovanni Rotondo», ma gli sentì anche aggiungere che poteva provocare devastazioni fra coloro che erano in contatto con lui.

Una risposta più «terrena» la possiamo trovare in una lettera del padre Bernardo da Apicella, Commissario Generale dei cappuccini per la provincia di Foggia. Costui scriveva a Padre Pio di attenersi scrupolosamente alle ingiunzioni del Sant'Uffizio, perché «c'è chi nota a puntino ciò che avviene in cotesta nostra chiesa e luoghi annessi e ne riferisce poi il tutto all'Arcivescovo di Manfredonia e questi – a sua volta – al Sant'Uffizio».

Chi era questo Arcivescovo così accreditato nelle alte sfere? Perché ce l'aveva tanto con Padre Pio? Come mai il Vaticano era più propenso a dar retta a lui piuttosto che ad altri?

Non si dimentichi il peso che aveva a quel tempo l'autorità morale di Agostino Gemelli. Per lui Padre Pio era un impostore, e a Gemelli non si poteva non dar retta. Così l'Arcivescovo di Manfredonia (da cui dipendeva il convento di Padre Pio) aveva il miglior avallo possibile per le sue affermazioni. Arrivò a dire, in pieno Vaticano, di aver visto coi propri occhi Padre Pio profumarsi nella sua cella, usare brillantina e vestiti di lusso, che il frate aveva preteso un letto a molle, poltrone di velluto, una finestra più ampia.

Quando la cosa si riseppe, insorse l'intero convento: l'Arcivescovo era venuto sì a S. Maria delle Grazie, ma non era mai stato lasciato solo un momento dal superiore e dai frati accompagnatori, né era mai entrato nella cella di Padre Pio; per quanto riguardava le poltrone e la finestra, si venisse a controllare. Parole al vento: l'Arcivescovo aveva buone entrature a Roma. E sospendeva *a divinis* i preti della sua diocesi che avevano a che fare con Padre Pio (accadde a due che avevano fatto gli auguri di buon onomastico al frate).

Sua Eccellenza monsignor Pasquale Gagliardi, Arcivescovo di Manfredonia, aveva amici influenti in Vaticano e c'erano fior di cardinali che andavano regolarmente a passare le ferie da lui. Ma forse mai presule fu più detestato in diocesi. Amava la buona tavola, il buon vino e le belle donne, si circondava di elementi fidati e teneva soprattutto che le cose continuassero, nella sua diocesi, così. Perciò la presenza di un santone, con tutto l'affollamento e il rumore che ne derivava, non poteva non spiacergli.

Si diceva della superiora di un convento, visitata di

giorno e di notte *coram populo*, di promozioni e avvicinamenti accordati dietro compenso, di sacerdoti puniti per non aver voluto stare al gioco. Solo che questo non era un «si dice» come quello che aveva comportato la reclusione di Padre Pio, perché le attività arcivescovili erano svolte sotto gli occhi di tutta la diocesi. In molti posti la Cresima non veniva impartita da anni e di visite pastorali neanche a parlarne. Esposti su esposti arrivavano a Roma, ma tutto finiva misteriosamente insabbiato. Sacerdoti assolutamente indegni occupavano posti di rilievo, mentre altri venivano allontanati. Alcuni di questi ultimi protestarono a Roma con lettere circostanziate e firmate. Il risultato fu che Gagliardi, quando lo seppe, li sospese *a divinis*, poi pretese attestati di stima sottoscritti da tutti i membri del Capitolo (questi, a cose finite, dichiararono che gli attestati erano stati loro estorti con pressioni e avvertimenti intimidatori).

I «fidati» dell'Arcivescovo erano preti donnaioli, più volte minacciati da mariti e fratelli, più volte oggetto di litigate piazzaiole tra le femmine del loro harem. Alcuni tra di loro avevano addirittura precedenti penali per associazione a delinquere a scopo di furto. Uno finì in manette per tentata estorsione nei confronti proprio di Padre Pio.

La cosa era andata così. Ai genitori del Padre, a Pietrelcina, arrivò una lettera. C'era scritto che il mittente aveva preparato un grosso memoriale sulle «avventure boccaccesche» di Padre Pio e che questo memoriale era depositato presso un editore d'oltralpe: lo scandalo della pubblicazione poteva essere evitato dietro corresponsione di congruo compenso.

All'appuntamento per consegnare il *grisbì* si presentò un figlio spirituale di Padre Pio (il quale di tutta questa storia non sapeva nulla), ma con i carabinieri. Il ricattatore era un prete della zona. Fu processato e condannato (malgrado la difesa pronunciata in giudizio dall'Arcivescovo in persona), ma il pubblico ministero ricorse in appello e gli fece comminare una pena ancora più dura per la «particolare odiosità» del misfatto.

Questo era il clan da cui partivano le soffiate su Padre Pio (e addirittura anche un esposto alla prefettura perché si prendessero «misure profilattiche» attorno al frate; naturalmente i funzionari cestinarono il tutto, sapendo da dove proveniva).

E dire che le informazioni giuste potevano essere rilevate anche presso le autorità civili, le quali erano perfettamente a conoscenza di tutto. Esse avrebbero potuto, per esempio, attestare che l'Arcivescovo, una delle pochissime volte che aveva condotto una processione, era stato preso a sassate dalla folla che lo aveva costretto a rifugiarsi in una cantina e a restarvi assediato per ore (anche perché fuori c'era una donna che voleva evirarlo con un coltello).

Quando le cose divennero plateali, Gagliardi (che aveva vietato anche una società di mutuo soccorso incoraggiata da Padre Pio) fu rimosso dall'incarico e confinato in un paesino. Il tutto, naturalmente, con le cautele e la delicatezza che per Padre Pio mancarono. Né gli *Acta apostolicae Sedis* pubblicarono l'elenco dei motivi che avevano suggerito la rimozione. Morale: Padre Pio, *alter Christus*, si era addossato le colpe di tutti. Se molti dei personaggi di questa vicenda hanno potuto trovare misericordia nel tribunale divino per le loro debolezze, ciò lo si deve al fatto che è stato Padre Pio a pagare i loro debiti.

Come possono anime consacrate perdersi in miserie come quelle che abbiamo descritto? La domanda sorge spontanea. Prima di puntare il dito accusatore, però, bisognerebbe pensare che su uno sfondo candido anche la macchioline saltano all'occhio. Cioè quel che in un laico si compatisce facilmente in un sacerdote non si perdona. In effetti è anche giusto che sia così, ma il criterio per giudicare (e spesso, purtroppo, è anche doveroso farlo) dovrebbe essere quello di provare a mettersi nei panni del giudicato.

Non è esagerato affermare che tutti quelli che vi sono chiamati cominciano la vita consacrata con le migliori intenzioni. Ma la vita consacrata è anche, per definizione, il luogo della ripetitività dei gesti e degli orari. Se non si esercita una ferrea vigilanza, impercettibilmente si scivola nell'abitudine e quella che doveva essere una missione diventa un mestiere come un altro. Anzi, per certi versi, più comodo e meno carico di responsabilità di tanti altri.

Quando, col passare del tempo, la tensione spirituale non è più neanche un ricordo (e la preghiera, magari soffocata dall'attivismo, si è ridotta allo stretto necessario in pubblico), ecco che può presentarsi il Tentatore e far crollare l'anima di alcuni, ormai privi di difese, alla prima occasione (che è quella che, come è noto, fa l'uomo ladro).

Qualcuno a questo punto ha una resipiscenza e torna indietro (e in questo caso la caduta si rivela provvidenziale). Qualcun altro, magari dopo due o tre sconfitte, si arrende e comincia a scivolare sempre più. La via della perdizione è così, in discesa: anche se si sta fermi, si scende. Quando, col tempo, le abitudini pessime hanno preso il posto di quelle buone, magari ti arriva un «perfettino», un «primo della classe», uno cioè che la sua vocazione l'ha presa sul serio. La sua sola esistenza è umiliante, perché la coscienza, se non è così anestetizzata da non dar più segni di vita, grida e non dà pace. Alcuni, di fronte a quest'altro tacito richiamo del Cielo, si vergognano e si ravvedono. Altri no. Preferiscono indignarsi a colpi di «ma chi si crede di essere questo?» e magari cominciano a studiarsi di spegnere quella luce, perché a occhi ormai abituati alle tenebre dà fastidio.

Purtroppo insieme a Padre Pio altri giusti pagarono. A padre Benedetto da S. Marco di Lamis, come sappiamo, fu vietato ogni contatto con Padre Pio per sempre. Di questo divieto il frate stigmatizzato tacque per quarantasei anni (lo si scoprì dopo) e da quel momento non si poté più conoscere nulla della sua vita spirituale: l'epistolario, impressionante per profondità teologiche e mistiche, fu bloccato per sempre da quel divieto. Padre Benedetto morì nel 1942, settantenne. Dopo di lui, Padre Pio non volle altri direttori spirituali. Padre Pietro da Ischitella, responsabile della provincia monastica negli anni «caldi», passò a miglior vita nel 1924, a soli quarantaquattro anni: soffriva di cuore e i dispiaceri inauditi del suo provincialato gli diedero il colpo di grazia. Padre Luigi d'Avellino, che lo sostituì, fu trasferito.

Anche altre teste caddero, specie nel convento diventato un lager (sette frati devoti del Padre trasferiti in due anni). C'era la sospensione *a divinis* per i frati che avessero regalato ai fedeli qualche benda delle stimmate di Padre Pio, la scomunica per i laici.

Le relazioni bimestrali (che continuarono fino al 12 luglio 1960 e che costituiscono, a scorno di chi le volle, preziosissima fonte di informazioni sulla vita integerrima di Padre Pio) dovevano essere dettagliatissime: quante lettere riceveva, da chi, qual era il contenuto, eccetera. Grazie a queste relazioni (che vennero redatte col massimo scrupolo) sappiamo che il Padre riceveva ogni anno circa cinquantamila lettere dall'Italia e ventiquattromila dall'estero (dati del 1960). Sappiamo che una stanza del convento era adibita a ufficio postale e i frati rispondevano a nome del Padre sotto il controllo dei superiori. Sappiamo che a prenotarsi per le confessioni col Padre erano soprattutto *uomini* (mentre il frate veniva inquisito particolarmente per questioni di *donne*). Sappiamo che Padre Pio mangiava circa dieci grammi di cibo – e solo a pranzo – e la notte dormiva pochi minuti, il tutto condito dalle solite afflizioni fisiche e spirituali, dalle solite lotte col demonio, dalle solite ipertermie misteriose (la temperatura corporea di 48, 5 gradi centigradi porta generalmente alla morte: al Padre durava due giorni, il terzo passava così com'era venuta).

Durante la bufera però l'Ordine cappuccino non stette con le mani in mano di fronte alla crocifissione di un confratello. I più, in effetti, restarono a guardare, ma alcuni vescovi cappuccini si mossero. Andrea Giacinto Longhin, vescovo di Treviso, e Cornelio Sebastiano Cuccarollo, vescovo di Bovino, raccolsero un'ampia documentazione su quel che accadeva effettivamente attorno a Padre Pio e la portarono al Papa. Pio XI rimase impressionato e diede il via alle misure riparatrici. Inviò a S. Giovanni Rotondo un altro vescovo cappuccino, Luca Ermenegildo Pasetto, e ne ricevette un rapporto favorevolissimo al frate con le stimmate. Questo rapporto andò ad aggiungersi a quello che gli era stato presentato da don Orione, anche lui attivatosi in difesa di Padre Pio.

Nel 1931 arrivava a Manfredonia il nuovo Arcivescovo, Andrea Cesarano. Un paio d'anni di «prudenza», poi andava a far visita a Padre Pio.

Il 16 luglio 1933 Padre Pio poteva tornare a confessare i religiosi. Il 25 marzo 1934, gli uomini. Il 12 maggio, le donne (ma la vigilanza rimase lo stesso molto stretta). Era la prima volta che il Sant'Uffizio si rimangiava (tacitamente) i suoi decreti, come disse lo stesso Pio XI al vescovo Cuccarollo.

Arrivarono telegrammi e messaggi di felicitazioni da tutto il mondo e quando il Padre poté finalmente affacciarsi a rispondere al saluto dei suoi figli spirituali, un boato di applausi lo accolse. Era invecchiato e pallido come mai era stato, i capelli erano grigi e l'andatura cadente. Chi lo conosceva assicurò che dopo quella prova non era più quello di prima.

Capitolo Decimo

IL VIVEUR

Quando la meretrice entrò non invitata, discinta e in lacrime, nella sala del banchetto e si mise a profumare il capo di Gesù, tutti ne furono indignati. Ma il Signore li mise a tacere: «In verità vi dico: in tutto il mondo, ovunque sarà predicato questo Vangelo, sarà pure narrato quello che essa ha fatto, a ricordo di lei» (Mt 26, 13).

Un personaggio del genere c'è nella vita di Padre Pio. Quando vi irruppe, molti se ne scandalizzarono per via dei suoi trascorsi. Ma non si può narrare la storia del frate con le stimmate senza di lui. Si tratta di Emanuele Brunatto, classe 1892, figura rocambolesca e avventurosa che accompagnò il Padre come un cane fedelissimo per tutta la vita, mostrando i denti a quelli che lo insidiavano e intervenendo in prima persona, a volte anche risolutivamente, quando il frate non voleva difendersi.

Figlio scapestrato di un fedele di don Bosco, giovanissimo scappò di casa e si sposò con una poco di buono (provvista di sorelle di malaffare e di un fratello in galera per associazione a delinquere) più vecchia di lui di undici anni. Durante la guerra, da imboscato, fece quattrini intrallazzando con le forniture. Dopo, col mercato nero. In questo periodo conduceva la vita del nababbo, mantenendo più amanti. Condannato dal tribunale di Torino per una faccenda di assegni a vuoto, riuscì non si sa come a non scontare la pena, ma dovette fuggire. Poi si invaghì di una ballerina da *café chantant*, piantò la moglie e si mise a girare l'Italia con la sciantosa. Lei cantava e lui faceva il ballerino fantasista nell'avanspettacolo. In Sicilia, a Girgenti, fu arrestato per aver rilanciato in teatro la battuta «piove, governo ladro». La frase risaliva al secolo scorso, stava su una vignetta del foglio satirico *Pasquino* che ritraeva un gruppo di mazziniani costretti dal maltempo a rinviare una manifestazione di piazza. Ma il Regio Commissario non aveva il senso dell'umorismo, e Brunatto, per cavarsela, dovette barattare la chiusura di un occhio da parte di un alto funzionario con le grazie della sciantosa.

A Catania la sciantosa in questione si fece trovare in camerino mentre sollazzava un ricco mercante di liquori. Il Brunatto non si abbandonò a scenate di gelosia ma, grazie ai buoni uffici dell'attore Angelo Musco, approfittò della situazione per cambiare mestiere. Divenne socio del ricco mercante e per qualche tempo navigò a gonfie vele negli affari. Non durò molto. Un'altra storia di assegni a vuoto trasformò lui e l'ormai ex sciantosa in uccelli di bosco che s'involarono verso Napoli, dove vissero stentatamente del lavoro di lei, riciclatasi nel frattempo in sartina.

Due volte nella polvere, due volte sugli altar, Emanuele Brunatto, uomo dalle mille risorse, trovò il sistema di allargare l'azienda e di trasformarla in *atelier de haute couture* per la migliore società (ricevette perfino gli elogi del Re per le sue creazioni).

Ma verso i trent'anni fu colto da improvvisa crisi mistica. Chissà, forse l'intercessione del padre (che, come si ricorderà, era figlio spirituale di don Bosco), forse la sua naturale magnanimità, quella virtù umana che fa essere «di animo grande» in tutte le cose, nel bene come nel male. Comunque, piantò tutto e si recò a S. Giovanni Rotondo. Convertito una prima volta da Padre Pio (che, appena vistolo, l'aveva guardato con una faccia terribile: Brunatto ne era rimasto sconvolto), si fece riprendere dall'antica smania e tornò alla vecchia vita, a Napoli. Qui un ricco industriale l'aveva nel frattempo sostituito nel cuore dell'amante. Lui non ci pianse certo su, ma con uno dei suoi soliti *coup de théatre* riuscì a diventare subconcessionario del rivale.

Ormai però era stato catturato. Più volte Padre Pio gli era apparso in sogno, rimproverandolo. Così, ancora una volta recatosi al convento, vagò solo e disperato nelle campagne, in preda a un'angoscia misteriosa e indicibile. Poi si presentò al Padre, intirizzito e con la febbre a quaranta. Il frate lo confessò e lo assolse (ma dopo aver dovuto ripetere la formula parecchie volte, come se qualcosa lo ostacolasse), poi lo fece mettere nella cella accanto alla sua, che era vuota, e si prese cura di lui.

Da quel momento Emanuele Brunatto divenne l'ombra di Padre Pio, di cui si permetteva solo il bacio della veste. Chiamò a S. Giovanni Rotondo la sua donna, e vissero come fratello e sorella in due stanzette (particolare significativo: fuori della finestra di lei c'era un nido di civette; in quella sua uno di avvoltoi). Lei visse qualche tempo insegnando sartoria alle ragazze del paese, poi, visto che qualche sangiovannese aveva cominciato a chiedere formalmente la sua mano al «fratello», preferì andarsene. Brunatto rimase lì, a digiunare, a flagellarsi, a dormire per terra su una croce di legno.

Poiché non c'era verso di staccarlo dal Padre, il Provinciale gli propose, visto che sapeva le lingue, di restare come insegnante di francese. Gli diedero le chiavi del convento e per due anni visse lì, servendo la Messa del Padre e seguendolo come un cane. Tutte le mattine tre colpi misteriosi lo svegliavano (l'Angelo di Padre Pio o il suo?) e lui cominciava la sua giornata col preparare l'altare al Padre, che lo chiamava *'u poliziotto* (era una profezia, come si vedrà). «Quando ti deciderai a farti frate?», gli diceva il superiore. Ma Padre Pio interveniva: «Mai, mai! Quello è capace di dare fuoco al mondo». E quello lo mise davvero a fuoco il mondo, quando gli toccarono il Padre.

Nel 1923 l'Arcivescovo di Manfredonia proibì di accogliere in convento «i fanatici» di Padre Pio e Brunatto dovette esser messo alla porta. Gli fu fatto divieto anche di confessarsi col frate e di entrare in chiesa. Padre Pio smise di riceverlo, ma quando gli ingiunsero di cacciarlo, rifiutò: «Non è compito mio. E in quale veste dovrei farlo?». Brunatto fece il diavolo a quattro perché non voleva separarsi dal Padre, ma non si poteva disobbedire. Allora si sistemò nel pollaio: era appena fuori del convento e non era il convento, quindi oltre la giurisdizione dell'Arcivescovo. Ci stette diversi mesi, contendendo lo spazio alle galline, poi si trasferì a Pietrelcina, accanto ai genitori del Padre. Qui lo trovò don Orione, andato a visitare i Forgione nel 1925.

Nel 1932 sparì. Qualcuno disse che era andato in Francia. Ma fino a quel momento fece *'u poliziotto* per Padre Pio. Fu lui a far arrestare il ricattatore del memoriale «boccaccesco». Poi scese sul sentiero di guerra: in breve riuscì a raccogliere una documentazione impressionante sui preti del clan di Gagliardi e la portò a Roma, da don Orione.

I santi tra loro si intendono: don Orione (che non andò mai da Padre Pio, ma asseriva di aver già «lavorato» con lui) gli suggerì di andare a nome suo dal cardinale Merry Del Val, senza dimenticare di baciargli il lembo della veste come faceva con Padre Pio (naturalmente questo particolare don Orione non poteva conoscerlo, ma i santi sono santi). Brunatto eseguì, anzi fece il giro di tutti gli alti papaveri vaticani. Da qualcuno ottenne incoraggiamenti verbali, da altri aperta ostilità. Andò perfino dal Gemelli ma, ovviamente, non concluse granché.

Allora il nuovo Flambeau escogitò un altro sistema per difendere il suo Padre Brown: scrisse un libro nel quale cacciò dentro tutto, nomi, date, cifre e porcherie. Lo fece leggere a don Orione. Questi lo passò a chi di dovere ma senza risultato. Allora consigliò Brunatto di pubblicarlo così com'era. Il libro uscì sotto pseudonimo e fu subito messo all'Indice, cosa che però servì a dargli una pubblicità maggiore.

Finalmente, si ottenne la Visita Apostolica di Bevilacqua, che, su suggerimento di don Orione, usò della consulenza di Brunatto. L'incarico era ufficiale, magari c'era sotto lo zampino di Merry Del Val.

Purtroppo, forse a causa di un cambiamento di equilibri in Vaticano, Bevilacqua venne su due piedi esonerato (e con lui, naturalmente Brunatto) e nel luglio del '28 sostituito con monsignor Bruno.

Sei canonici contrari a Padre Pio avevano scritto una lettera di protesta alla Congregazione del Concilio, rammentando, tra le altre cose, che il frate era stato visto profumarsi dall'Arcivescovo in persona. L'episodio, già lo sappiamo, era falso, e in seguito due dei sei canonici ritrattarono tutto. Ma la visita di Bevilacqua era troppo favorevole a Padre Pio (e come altro poteva essere, visto che i fatti parlavano da soli?) e qualcuno nei Sacri Palazzi riteneva che tra i sant'uomini acclamati e i farabutti conclamati dovesse conservarsi la massima equidistanza. Bevilacqua si serviva della collaborazione di Brunatto e alloggiava in casa di Mary Pyle (di cui parleremo subito): poteva, secondo questo qualcuno, essere imparziale?

Questa Mary Pyle era una ricca ereditiera americana che si era stabilita a S. Giovanni Rotondo per stare vicina al Padre. Bella e annoiata giramondo, si era innamorata, come tanti altri stranieri, dell'Italia. Studiava pedagogia ed era in relazione con la famosa Montessori che oggi campeggia sulle nostre mille lire.

In realtà la Pyle (l'«americana matta», o più semplicemente l'«americana», come verrà poi sempre chiamata) fuggiva dal ricordo di un amore contrastato. A S. Giovanni Rotondo trovò il vero ed eterno Amore: si fece Terziaria francescana e si stabilì vicino al Padre (il quale, al solito, al vederla la prima volta l'aveva scacciata). A nulla valsero i tentativi della famiglia per farla tornare. Non vide più l'America. Donò una ingente somma per far costruire un convento cappuccino a Pietrelcina (quello che Padre Pio aveva profetizzato da giovane, e che gli era valso l'irrisione di zi' Tore e degli amici) e istituì un coro di ragazze sangiovannesi che durante la Messa dirigeva personalmente. La sua casa divenne punto d'accoglienza e d'appoggio per molti di quelli che si recavano in visita a Padre Pio e – negli ultimi anni della loro vita – dimora dei genitori del frate.

Monsignor Bruno si comportò tutto sommato bene, anche perché era venuto con uno scopo diverso: cercare di coprire gli scandali del clan dei preti gaudenti, troppo scoperti ormai perché si potesse continuare a far finta di non vedere. Così il dossier preparato da Bevilacqua poté essere inglobato in quello di Bruno, avocato ad altra Congregazione e «sabbiato». Coraggio signori, *embrassons-nous,* non è successo niente, circolare.

Ma davvero non era successo niente? Nemmeno la morte di mamma Peppa? Quella povera donna non vedeva il figlio da anni e i giornali, con le notizie sulla persecuzione, arrivavano anche a Pietrelcina.

Finalmente, nel Natale del 1928, poté recarsi a S. Giovanni Rotondo. Era andata la Pyle a prenderla e c'era la neve. Le offrirono dei vestiti pesanti, ma li rifiutò decisamente: non voleva che il figlio la vedesse acconciata come una signora. Aveva il suo abitino di cotone e il fazzoletto in testa, bastavano.

Ci vollero diversi giorni prima che si decidessero a

fargliela incontrare, il figlio, perché i decreti del Sant'Uffizio valevano anche per lei. Gli baciò le mani piagate per tutti i parenti e alla fine voleva baciargliele anche per lei, ma quello rifiutò: quando mai si era vista una madre baciare le mani al figlio? Era il figlio che doveva baciare le mani alla madre (siamo nel meridione, e nel meridione, com'è noto, baciare le mani è un segno di grandissimo rispetto).

Mamma Peppa se ne tornò a casa dell'«americana» in mezzo alla tormenta e si buscò un malanno. In breve fu in fin di vita: solo per questo permisero a Padre Pio di uscire dal convento e andare ad assisterla.

Dovettero portarlo quasi a braccia, perché anche lui, come al solito, stava male. Confortò la madre fino all'ultimo, le impartì l'Estrema Unzione e se la vide spirare tra le braccia. Lui che aveva guarito tanti, non aveva un miracolo per sua madre? Dissero più o meno lo stesso di Cristo in croce. Non possiamo che prendere atto.

Era sempre stato attaccatissimo a mamma Peppa e grande davvero fu il suo dolore. La tensione prolungata, unita alle sempre precarie condizioni di salute e alla situazione in cui si trovava nel convento, gli provocarono un collasso. Toccò a lui adesso mettersi a letto. Ma i superiori non ne vollero sapere: doveva tornare in convento, e subito. Così fu avvolto alla meglio in coperte e posto su un mezzo spinto a braccia, in mezzo all'infuriare della tormenta, su per la salita del convento. Svenne in tre riprese durante il tragitto.

Solo un'altra volta gli fu concesso di uscire, in quell'anno. L'ufficiale sanitario di S. Giovanni Rotondo, dottor Ricciardi, era un ateo inveterato. Sul letto di morte rifiutava di confessarsi: l'avrebbe fatto solo con Padre Pio. Così i maggiorenti cittadini fecero pressione sui superiori e Padre Pio poté uscire. Non solo il Ricciardi si convertì, ma guarì anche. Completamente.

Uno che si era dato veramente da fare per Padre Pio

era don Orione, il fondatore della Piccola Opera della Divina Provvidenza recentemente beatificato. Quest'ometto, che aveva colpito perfino il socialista Ignazio Silone e che ebbe a suo tempo anch'egli i guai suoi sempre per invidie e calunnie, con Padre Pio conservava un *feeling* a distanza. Una volta gli si presentò un operaio con la mano paralizzata e gli chiese, così, su due piedi, di guarirlo, perché non poteva lavorare e la sua famiglia soffriva la fame. Don Orione lo mandò da Padre Pio. Questi sorrise: «Beh, se ti manda don Orione...». E tracciò un segno di croce sulla mano, sanandola.

Don Orione aveva visto Padre Pio a Roma in due occasioni: alla beatificazione di santa Teresina di Lisieux e in preghiera sulla tomba di Pio X, non ancora beatificato. Naturalmente il frate non si era mai mosso dal suo convento. Quando don Orione lo riferì a Pio XI, il Papa gli rispose: «Se lo dite voi, ci credo».

Don Orione non si limitò a dare consigli a Brunatto, ma intervenne di persona presso i cardinali di Curia. Solo alla fine i suoi sforzi furono coronati da successo, come abbiamo visto, quando gli riuscì di arrivare al Papa. Ma per amore della giustizia non si era fermato di fronte a niente: al prefetto della Congregazione Concistoriale portò tutti gli elementi per la riabilitazione di Padre Pio, ma quello, pur riconoscendo giuste le ragioni del frate pietrelcinese, dichiarò che la cosa non era di competenza della sua Congregazione. Don Orione allora gli disse senza mezzi termini che avrebbe dovuto renderne conto a Dio.

Solo in punto di morte quel cardinale si pentì e volle essere assistito proprio da don Orione.

All'inizio del 1931 a S. Giovanni Rotondo si sparse ancora una volta la voce che si stava per portar via il Padre, che sarebbe arrivato un nuovo superiore al convento, che tale superiore era mandato apposta. La voce era assolutamente esatta: il Generale dei cappuccini aveva chiesto informazioni sulla situazione al prefetto di Foggia e questi aveva avvisato il Provinciale.

Il 6 aprile le vedette sangiovannesi videro scendere dalla corriera un frate mai visto. Costui voleva solo confessarsi dal Padre, ma non venne creduto. Fu circondato e scortato fino al convento. Una volta dentro, però, quello non voleva più uscire, visto che l'edificio era sotto stretto assedio. Nel frattempo nella folla si diffondevano le notizie più allarmanti. Vollero vedere il Padre. Il Padre si affacciò, rassicurò tutti, lo applaudirono. Ma non gli credettero: sapevano che per obbedienza avrebbe fatto qualunque cosa i superiori gli avessero chiesto. Allora svelsero un palo del telegrafo e lo usarono come ariete per sfondare la porta, poi invasero il convento e ci volle l'intervento del podestà, fedelissimo di Padre Pio, per convincerli a uscire in buon ordine. A ogni buon conto il malcapitato frate forestiero fu scortato dalla forza pubblica fino a Foggia e messo sul treno.

Forse fu proprio per evitare che i sangiovannesi si mettessero nei guai con comportamenti del genere che accadde il seguente episodio. Pio XI nel suo studio stava discutendo sull'opportunità o meno di sospendere Padre Pio con alcuni cardinali. A un certo punto entrò un cappuccino, baciò la sacra pantofola e disse: «Santità, per il bene della Chiesa non permetta questo». E uscì. Stupore, sconcerto. Chi è, chi l'ha fatto entrare? Nessuno aveva visto niente, nessuno aveva visto passare cappuccini. Il papa allora mandò il cardinale Silj a S. Giovanni Rotondo. Ma Padre Pio da lì non s'era mai mosso. Quando Silj tornò a riferire, Pio XI esclamò: «Qui c'è il dito di Dio». E soprassedette sulla misura di sospensione. Il fatto fu narrato dalla contessa Silj alla morte del Pontefice.

Qualcuno a questo punto potrà pensare che tutte le intemperanze dei sangiovannesi poco si addicevano a un popolo cristiano. Ma erano davvero intemperanze? Mettiamola così: dove sarebbe finito Padre Pio se i compaesani non si fossero ribellati con, ma sì, santa ira? Per anni e anni si provò a trasferirlo, ci sono tutte le prove, e solo il timore dei sangiovannesi ne impedì la partenza. E quand'anche si fosse riusciti a togliere il Padre da lì, dove lo si sarebbe portato? Per quanto tempo si sarebbe potuto nascondere alle ricerche del popolo di Dio, avido di grazie e di miracoli? Forse lo si sarebbe relegato in qualche cella, quasi murato vivo, come è accaduto a tanti santi taumaturghi del passato. Ma si possono murare i miracoli? E ammesso che si possa farlo, perché e in nome di chi privare la gente di questi segni (una volta tanto) tangibili della presenza e provvidenza di Dio?

Forse i sangiovannesi furono intemperanti, forse poco prudenti (parliamo naturalmente della prudenza-melassa, non della *virtù*). Ma a quel tempo nelle omelie si spiegava ancora la differenza che corre tra il «porgi l'altra guancia» e la vigliaccheria complice, e i sangiovannesi erano forse incolti, ma non stupidi. Padre Pio, il loro (e non solo il loro) benefattore, era ingiustamente in croce. Anche dentro il convento, perché il convento era nel mirino del Sant'Uffizio (che vietò ai frati di eleggere il proprio consiglio per tutta la durata di questa storia) e non pochi frati mugugnavano contro Padre Pio, causa di tutti i loro guai.

Padre Pio ricomponeva famiglie, guariva malattie incurabili, cacciava demoni impossibili a espellersi, ridonava la pace a coscienze martoriate, convertiva fior di delinquenti. Risuscitava perfino i morti, come quel bimbo ammalato che la mamma aveva portato ai suoi piedi: in treno era morto e la povera donna, disperata, l'aveva chiuso nella valigia e mostrato al Padre. Quando aprì il bagaglio gli astanti ebbero un moto di raccapriccio, ma Padre Pio le disse: «Ma che morto e morto, non lo vedi che dorme?». E lo prese in braccio. *Adesso* era vivo.

Questo Padre Pio, la cui sola presenza benediceva il

paese e lo teneva sicuro da calamità e malanni, lo volevano portar via? Ci si passi l'esempio, ma provate a portar via da Pisa la Torre Pendente, e state a vedere come prendono la cosa i pisani, per i quali è la maggior fonte di introito finanziario.

Padre Pio dal canto suo portava la croce in silenzio. Se lo volevano trasferire, lui era pronto. «Dov'è il superiore, lì c'è Dio», ripeteva. Tutte le volte che gli comunicavano l'ordine (poi sempre rientrato, grazie ai sangiovannesi), si alzava in piedi e diceva: «Andiamo». Una volta gli fecero osservare che era mezzanotte ma lui era così abituato a ubbidire a tambur battente che non se ne era accorto.

Per il resto, la sua abituale austerità non defletteva di un millimetro. Un giorno il medico, l'unico estraneo che avesse accesso al convento, lo ingaggiò in una conversazione sulla buona cucina: «E i maccheroni, le piacciono i maccheroni, padre?». E quello, agitando la mano: «Eh...». Detto fatto. Il medico corse dal macellaio, si fece tritare la carne, preparò il sugo e si presentò nella cella di Padre Pio con un piatto da far risuscitare i morti. Il Padre fu contentissimo. Benedisse l'improvvisata mensa, arrotolò una forchettata e lasciò l'altro con un palmo di naso perché disse: «È troppo bello questo piatto perché me lo mangi io. Portiamolo ai poveri, va'».

E Brunatto, l'*ex viveur et tombeur de femmes*, ora cane da guardia di Padre Pio? Com'era andata effettivamente la faccenda del suo libro? A dire la verità, il libro era stato preceduto da un dossier sulla vita allegra dei preti accusatori del Padre. Questo dossier era stato stampato in Germania con la complicità del podestà di S. Giovanni Rotondo, Morcaldi (quello che aveva convinto i compaesani a ritirarsi dal convento invaso), e inviato ad un'alta autorità ecclesiastica: se Padre Pio fosse stato liberato, il dossier non sarebbe stato diffuso. Era un ricatto in piena regola, ma Brunatto non aveva preso i voti.

L'«alta autorità ecclesiastica» si spaventò a morte e promise di corsa. Naturalmente, passato il pericolo, la promessa non fu mantenuta. Allora Brunatto si scatenò e scrisse il libro di cui abbiamo già parlato, quello che venne messo all'Indice. Titolo: «Gli Anticristi nella Chiesa di Cristo», stampato in Francia.

Gli mandarono perfino don Orione a cercare di dissuaderlo. Invano: quello ormai non si fidava più di nessuno. Fu allora che venne permessa la benevola visita di Bevilacqua, forse nella speranza di fermarlo.

Ma Brunatto non si accontentava più di promesse, e proseguì imperterrito: il libro uscì in francese sotto pseudonimo inglese. Allora gli scrisse lo stesso Padre Pio, avvertendolo che così facendo trascinava la Chiesa nel fango, e «la Chiesa è madre, anche quando percuote». Lo credereste? Brunatto non obbedì nemmeno a Padre Pio e tirò dritto come una locomotiva. Da qui la quasi precipitazione con cui Padre Pio fu liberato dai vincoli del Sant'Uffizio.

Ma non si poteva perdere la faccia. La cosa avvenne nel 1933, Anno Santo Straordinario della Redenzione, e assunse la forma di un condono di pena. E ci volle ancora del tempo prima che a Padre Pio fosse tolta ogni restrizione. Ma da quel momento il frate assunse quel ritmo di confessioni intensissimo che resterà sua caratteristica, quasi come a voler recuperare il tempo perso. E un'altra caratteristica gli resterà: l'atteggiamento scontroso e rude con tutti quelli che lo avvicinavano. E che altro poteva fare, visto che non cessò più di essere sotto il microscopio dei suoi altolocati antipatizzanti? Ogni sorriso, ogni gesto affettuoso veniva registrato nelle relazioni bimestrali e mandato a Roma, dove c'era chi riusciva sempre a equivocare.

Allora Padre Pio si chiuse a riccio e la leggenda del suo carattere burbero si è diffusa fino ai giorni nostri.

Capitolo Undicesimo

I SOLDI AMERICANI

E Gemelli? Sempre convinto che Padre Pio fosse un truffatore. Era la sua opinione, e non ne faceva mistero. Solo che quando il suo amico Achille Ratti (cioè Papa Pio XI) ebbe letto la documentazione portatagli da don Orione, il Gemelli si prese – pare – una solenne lavata di capo. Forse il Papa era più amico dell'Università Cattolica (per la quale Padre Pio pregava e faceva pregare) che del suo fondatore.

Ma l'influsso gemelliano sul Vaticano era duro a morire. Diversi alti prelati giuravano di non aver avuto mai a che fare con Padre Pio, anche se la loro vistosa firma campeggiava sul registro dei visitatori del convento. Altri continuavano a dare del pazzo a chi parlava dei miracoli del frate. Insomma, su Padre Pio rimase un marchio di sospetto che non si cancellò mai più.

Lui dal canto suo continuava la sua vita di immolazione e di croce. Coliche renali ripetute e spaventose, reumi che gli immobilizzavano gli arti, infezioni, emicranie terribili, tracheiti, otiti, broncopolmoniti, pleuriti si aggiungevano alle solite febbri da cavallo, ai soliti sudori freddi, ai soliti collassi. I medici a volte non riuscivano nemmeno a fare una diagnosi sensata, altre lo davano per spacciato e gli facevano amministrare l'olio santo.

Ma sempre risorgeva e ricominciava. A confessare e a lottare col demonio. La notte la passava davanti all'altare a pregare; un po' prima della sveglia tornava in cella per far mostra di aver dormito. E al mattino si presentava con una spalla lussata, un occhio pesto o una mano morsicata.

Durante le confessioni si potevano vedere sulla sua faccia gli sforzi titanici per strappare un'anima a satana. L'*ego te absolvo* non di rado si interrompeva a metà e doveva essere ripetuto. Poi quel viso barbuto si distendeva nella luce: l'anima peccatrice era riacciuffata e riguadagnata al Cielo. «Una volta che un'anima si è avvicinata a me, io la prendo», diceva, «e quando prendo un'anima, non la lascio più».

Esigeva che non si tornasse sui peccati già confessati: erano cambiali che Gesù aveva strappato. Ma quando negava un'assoluzione, non c'era scampo se non si tornava da lui, e alle sue condizioni: «Trovati un confessore che ti assolve, così andate all'inferno tutti e due!».

Un giorno arrivò un tale, reduce da quindici anni di galera. Aveva ucciso un poveraccio che cercava di rubargli nell'orto un po' di verdura per i suoi figli. A nulla erano valse le suppliche del disgraziato: una fucilata e via. Ora veniva a confessarsi da Padre Pio.

Non era un assassino famoso, di quelli che poi i giornalisti trattano come una *star* dello spettacolo chiedendo loro se non pensano che sia la società la vera colpevole. La pena l'aveva scontata, ma forse era rimasto convinto che la «sacralità» della proprietà privata valesse più della vita umana. Così Padre Pio gli disse di voltarsi e di guardare cosa aveva fatto: a terra, dietro di lui, c'era il cadavere sanguinante della sua vittima, che ancora gridava vendetta. Solo allora l'uomo conobbe il vero pentimento. Il frate del Gargano era uno schermo a raggi X: «Vi conosco dentro e fuori come voi vi conoscete nello specchio».

E intanto portava le croci, i dolori e i mali del mondo che gli arrivavano attraverso migliaia di lettere e di confessioni. Tutto finiva sulle sue spalle e tutto si tramutava in sofferenza per lui.

Era sempre spossato, specialmente dopo il tramonto. Il superiore gli regalò una bella coronciona del Rosario: la sua l'aveva consumata a furia di sgranarla. Dopo due settimane la restituì perché non ce la faceva a reggerla.

I mistici sono così. San Giovanni della Croce aveva detto che «l'unione divina non consiste in gioie o sentimenti o delizia di spirito, ma in una viva morte di croce sensitiva e spirituale, interiore ed esteriore». E Padre Pio si accodava: «Io desidero morire e amare Dio: o la morte o l'amore; giacché la vita senza questo amore è peggiore della morte». I mistici sono così.

Non poteva togliere il dolore del mondo, ma alleviarlo sì, e doveva impiegare in qualche modo le offerte che sempre più numerose arrivavano da ogni parte. Un giorno un medico, che da giovane aveva avuto una brillantissima carriera davanti, rievocherà così l'ansia del frate pietrelcinese per i sofferenti: «Ho conosciuto Padre Pio, e mi ha ricordato che la gente più ricca può permettersi i medici e gli specialisti più bravi. Ma i poveri, chi guarisce i poveri? Così Padre Pio mi ha consigliato di fare un concorso per una condotta. L'ho vinto. E ora sono medico condotto, nella zona più misera del paese. Vivevo molto meglio, allora. Ora sono povero e lavoro molto. Ma non ho mai conosciuto, nella mia vita sbagliata, tanta quiete, tanta serenità, tanta sicurezza, quanta ne ho avuta da allora».

Forse l'idea gli venne quand'era all'ospedale militare, al vedere come veniva curata la gente. La zona in cui si trovava a vivere era davvero ai margini della civiltà occidentale: gli ospedali di Foggia e Napoli erano lontani, le condizioni igieniche e sanitarie pressoché nulle, i pochi medici condotti spesso dovevano eseguire interventi impegnativi a domicilio (dove «domicilio» sta per «stamberga malarica in cui si viveva accanto al mulo o alla vacca») e quasi senza attrezzatura.

Per un secolo ci si era riempita la bocca di paroloni: lo Stato, la Patria, il Progresso, il Risorgimento, l'Unità. Tutto maiuscolo. Le cose astratte sono sempre maiuscole. Ed eccoli là, lo Stato, la Patria, il Progresso, il Risorgimento, l'Unità: in quei tuguri tubercolotici, in quelle montagne prese in considerazione solo dall'agente delle tasse e dall'ufficiale di leva. O dagli agitatori anarchici e dai conseguenti carabinieri. «Gendarmi e rivoluzioni, ecco cosa vi ha dato questa grand'epoca che dite vostra», gridava lo scrittore cattolico spagnolo Donoso Cortés ai liberali ottocenteschi.

Così Padre Pio (col permesso del Provinciale) fondò un'ospedale e lo intitolò a San Francesco. Non era nulla di eccezionale ma era meglio che niente: fu utilizzato l'ex convento delle clarisse (concesso dal Comune in enfiteusi perpetua, a patto che Padre Pio restasse dov'era) e ci si ricavarono due corsie e un paio di stanzette riservate, venti posti letto in tutto. Lo diresse il dottor Angelo Merla, figlio spirituale di Padre Pio. Due volte alla settimana saliva da Foggia il professor Bucci, per gli interventi delicati. La gente veniva curata soprattutto con amore e se non aveva soldi non pagava: «Nel malato povero c'è Cristo due volte», diceva il Padre. E, ovviamente, per il personale quel che diceva lui era oro colato. Accanto fu creato un laboratorio di sartoria per le ragazze del luogo (su idea e per opera di Brunatto).

Purtroppo l'*impeachment* del frate comportò l'andata in malora dell'ospedaletto.

Doveva continuamente giustificarsi di tutto, dei soldi, dei gesti, delle espressioni, della Messa troppo lunga, della sua influenza sul personale sanitario dell'ospedale.

Guardato a vista, prigioniero nel convento, vietato ogni contatto coi suoi figli spirituali, le cose non potevano andare che come andarono. Il terremoto del 1938 completò l'opera portandosi via l'ospedale o quel che ne rimaneva.

Ma non portò via l'idea ostinata di un luogo in cui il corpo venisse curato assieme all'anima.

Tra la gente venuta a stabilirsi a S. Giovanni Rotondo per stare accanto al Padre c'erano tre signori che rispondevano ai nomi di Carlo Kisvarday, Guglielmo Sanguinetti e Mario Sanvico. Il primo era un farmacista di Zara. Stava andando con la moglie in Baviera a vedere Teresa Neumann, la stigmatizzata. Ma a Bressanone sentì l'impulso di girare la macchina e andare in Puglia. Il secondo, un medico fiorentino, ex massone, e il terzo un veterinario di Perugia, proprietario di una fabbrica di birra. Costoro furono il primo nucleo del comitato che diede vita e forma all'«idea ostinata» di Padre Pio, commentata così da John McCaffery: «Se si pensa solo per un momento che cosa comporti la costruzione di un moderno ospedale di quattrocento letti, si capisce subito la vastità e la complessità dell'impresa. Situatelo poi nel mezzo di una regione sprovvista di tutto; fate dipendere tutte le enormi spese di gestione da donazioni caritative più o meno casuali; considerate che sia costruito in modo da poter espandersi armonicamente fino a raggiungere il numero attuale di un migliaio di letti; poi chiedetevi quale sia la forza che l'abbia creato».

Il 9 gennaio 1940 (a pochi mesi dalla guerra, quando tutti sapevano che il paese era in procinto di affrontare una difficile prova) si stese il verbale della prima seduta del comitato. La sera il gruppetto si recò dal Padre e questi consegnò loro un marengo d'oro che una vecchietta gli aveva donato per la sua «grande opera terrena». Era la «prima pietra».

Fu subito considerata una follia: un ospedale così fuori mano, così in alto, sulla roccia viva, senza strade, senza acqua, e soprattutto mentre sul mondo soffiavano venti di guerra. Ma appena si sparse la notizia arrivò una vera pioggia di offerte. Le somme erano ancora lontanissime da quanto serviva veramente, ma facevano ben sperare. Vari istituti di credito si offrirono di finanziare l'impresa, ma Padre Pio rifiutò: doveva pensarci la Provvidenza. «Se uno presta, non solo vuole riavere, ma vuole anche comandare», diceva.

Una delegazione guidata dal marchese Giovanbattista Sacchetti partì per Roma, con l'intenzione di chiedere al Generale dei Cappuccini, Donato da Welle, di assumersi il progetto. Ma ne ottenne un cortese rifiuto: l'Ordine poteva più che altro prestare aiuto spirituale agli ammalati, non farsi carico di un'intera clinica (tutta ancora da costruire e con fondi insufficienti per giunta). Questo momento però è importantissimo per la piega che in seguito prenderà tutta la faccenda: all'Ordine veniva formalmente offerta l'opera e l'Ordine la rifiutava.

Frattanto anche l'Italia entrava in guerra e tutto si fermava. Padre Pio l'aveva profetizzato, con gli occhi lucidi: «La vogliono la guerra? E l'avranno...». Naturalmente erano tanti quelli che chiedevano a Padre Pio come sarebbe finita. E lui predisse come, purtroppo per l'Italia, sarebbe finita, ma pochi gli credevano perché i tedeschi stravincevano dovunque (anche se Padre Pio soleva ripetere: «Quando lo fanno questo sbarco, gli Alleati?»). Un caporale tedesco una volta gli puntò contro la pistola: «Tu che sai tutto, dimmi chi vincerà». E il frate, sornione: «Vincerà uno dei due, certamente o l'uno o l'altro». Ma i commenti con i confratelli erano più severi: «Hitler e Stalin sono due diavoli», diceva, «Nerone al pari loro è un peccatorello qualunque».

Poi cominciò lo sfacelo e Padre Pio si moltiplicò per

andare a far miracoli dappertutto. Bombe inesplose vicino a gente che pregava attorno alla sua foto, piloti abbattuti e salvatisi prodigiosamente, apparizioni in bilocazione a fuggiaschi in difficoltà, intere compagnie che riuscivano a rompere accerchiamenti senza speranza guidate da intensissimi profumi di gelsomino. E non solo italiani: dovunque c'era un cattolico che lo invocava, a qualsiasi fronte appartenesse, Padre Pio interveniva.

Al pretore di S. Giovanni Rotondo, Giovanni Pennelli, che prima di partire gli aveva chiesto una benedizione, disse: «Fatti coraggio, soffrirai ma non morrai, ritornerai fregiato ma non sfregiato». Infatti la nave su cui costui era imbarcato fu affondata, lui fu ferito e rimase prigioniero in India. Ma la ferita non lasciò tracce e il Pennelli tornò decorato. Mentre era prigioniero, la madre, che non aveva sue notizie, scrisse una lettera che fece benedire a Padre Pio. L'indomani si accorse che era sparita dal comodino dove l'aveva appoggiata. Quindici giorni dopo arrivò la risposta dall'India (un colonnello riferì poi che lì, in India, Padre Pio visitava i prigionieri ogni sera; tutti costoro lo riconobbero quando, a guerra finita, si recarono a S. Giovanni Rotondo).

Luisa Vairo era una ricca e anticlericale italo-inglese. Per curiosità era andata a S. Giovanni Rotondo e si era convertita, dandosi a penitenze eccessive (una volta si presentò scalza e bagnata, il Padre la rimproverò e d'incanto si ritrovò asciutta). L'unico figlio, ufficiale della marina britannica, aveva avuto la nave silurata da un sottomarino tedesco. Padre Pio le diede l'indirizzo esatto dell'isoletta sperduta (e non segnata sulle carte) in cui era prigioniero.

Una, il cui padre era morto, sentì dire al frate che quell'anima era in Cielo, perché era passata nelle sue mani. La donna si meravigliò, perché il padre non era credente. E Padre Pio: «Basta a volte una lacrima di pentimento».

Un sacerdote gli mostrò due foto, chiedendo notizie. «Quei *tre* non sono più su questa terra». La terza foto il sacerdote l'aveva scordata a casa.

L'abbadessa benedettina di Bassano del Grappa gli scrisse che il suo convento era a cento metri dal ponte su cui i tedeschi facevano transitare i rifornimenti, ponte continuamente battuto dalle artiglierie alleate. Padre Pio rispose che le suore non dovevano muoversi da lì nemmeno per andare al rifugio. Alla fine si trovò che tutta la zona era stata rasa al suolo. Tranne il convento.

Un paracadutista della «Folgore», reduce da El Alamein, gridò in piena chiesa: «Padre, mi avete salvato otto volte!». E il frate: «Taci!». Si trattava di un ardimentoso, di quelli che si buttavano con le mine magnetiche sotto i carri armati inglesi. Ogni volta che arrivava una granata, Padre Pio gli faceva abbassare la testa spingendolo con la mano.

Dopo l'armistizio, la guerra civile. Fascisti o partigiani, chi pregava Padre Pio non restava senza risposta. Una donna, ex segretaria del Fascio, era stata prelevata da casa sua da una formazione partigiana. La portarono in piazza per raparla e ucciderla. Ma non tutti i partigiani erano animati dal solo zelo liberatorio: alcuni erano rimasti nella casa per saccheggiarla, mentre la sorella della donna, terrorizzata, pregava disperatamente Padre Pio. A un tratto risuonò una voce maschile così forte da far rintronare le mura: «Basta!». Quelli, atterriti, se la svignarono. Uno sconosciuto intanto si avvicinava alla donna legata sulla piazza, la scioglieva e la faceva fuggire, mentre il plotone d'esecuzione restava come imbambolato.

Un partigiano scappava braccato dai tedeschi. Era comunista e ateo, ma il padre era devoto di Padre Pio. Si acquattò nell'erba alta, era buio. Gli inseguitori però avevano i cani. Minuti disperati, i cani si avvicinavano, uno in particolare. L'animale gli fu sopra, lo fiutò, e se ne andò senza abbaiare.

Il *maqui* Michel Boyer, comunista ed eroe della resistenza francese, aveva in animo di uccidersi. Aveva visto tante porcherie perpetrate dai suoi compagni, sia prima, quando su ordine di Stalin erano stati filonazisti, che dopo. Lui, combattente sincero e leale, ne era rimasto schifato: ora non gli restava più niente in cui credere. Un amico gli parlò di Padre Pio. Chiese un segno e sentì il famoso profumo. Si precipitò a S. Giovanni Rotondo e vi rimase, come medico nella Casa Sollievo della Sofferenza.

Non restò a S. Giovanni Rotondo per sempre ma figlio di Padre Pio sì, il colonnello Alfredo Pizzoni, uno dei capi «segreti» del Comitato di Liberazione Nazionale Alta Italia, poi banchiere e presidente della Croce Rossa di Milano.

Mario La Rosa scampò alla strage delle Fosse Ardeatine di stretta misura. Quando poi, subito dopo l'eccidio, si recò sul posto, trovò in terra la foto sgualcita di Padre Pio, che non conosceva. Seppe in seguito che era stata la madre ad invocarlo, a sua insaputa.

Alla fine della guerra S. Giovanni Rotondo scoppiava: pellegrini, miracolati, americani, inglesi. Ma anche ebrei, indù, musulmani.

Appena gli americani furono entrati in Foggia, subito ci fu chi andò a denunciare Padre Pio come «fascista».

Era una vecchia storia. Nel 1920 le elezioni amministrative a S. Giovanni Rotondo erano state vinte dai comunisti. Questi volevano mettere la bandiera rossa sul palazzo del Comune, ma le opposizioni si erano messe violentemente a contestare. C'erano dei precedenti: occupazioni di terre e scontri di piazza tra comunisti ed ex combattenti che avevano provocato il commissariamento del Comune. S. Giovanni Rotondo era un posto di «teste calde», dove era facile, data la miseria, pescare nel torbido. Le sinistre avevano già, comunque, qualche «martire» locale da vantare: nel 1860 ventiquattro «patrioti» filopiemontesi erano stati linciati dalla folla.

Il 14 ottobre, durante una manifestazione, un carabiniere venne disarmato e ucciso. Le forze dell'ordine reagirono e il bilancio fu di quattordici morti e ottanta feriti. I giornali di sinistra soffiarono sul fuoco e parlarono dell'«opera malvagia del maresciallo della Malemerita», nonché di «arditi neri» guidati da Padre Pio. E dire che il sindaco era un medico socialista, Angelo Merla, devoto del Padre e assistente del dottor Festa durante l'operazione di ernia che il frate aveva sopportato senza anestesia.

Così scriveva in seguito l'*Europeo* a proposito delle opinioni politiche di Padre Pio: «Comunisti, socialisti, democristiani, monarchici, liberali... Per un Santo non sono che parole. Contano soltanto gli uomini. E Padre Pio non ha paura degli uomini».

È un fatto però che tutti quelli che si spararono addosso in quell'occasione si ritrovarono unanimi a erigere barricate quando si cercò di portar via il *loro* Padre Pio.

Il comandante americano chiese delucidazioni all'Arcivescovo Cesarano e quello si mise a ridere. Ma l'ufficiale volle vederci chiaro e si recò di persona al convento. Incontrò il frate e da quel momento cominciò il viavai di americani (il diavolo fa solo le pentole...). La Messa di Natale del 1943 vide una bufera eccezionale. Ma anche la chiesa piena di soldati alleati, venuti da ogni parte. Un sergente negro che si era confessato col Padre chiese poi dove il frate avesse imparato a parlare così bene lo *slang* del Bronx. Uno altro soldato americano, Joe Patterson, in seguito divenne propagandista di Padre Pio in tutti gli States, con conferenze, proiezioni di filmati e altro, di cui tutti gli anni portava il ricavato al convento.

Quella notte il canto uscì da mille gole angloamericane. Tanto, era in latino: la lingua unica, a quel tempo, aiutava, parola del solito McCaffery: «La Messa era in latino, in quel latino liturgico vecchio e universale quanto la Chiesa stessa, così che tutti, sia italiani che stranieri, si sentivano in famiglia».

La calata degli alleati a S. Giovanni Rotondo portò *am-lire* e dollari che divennero locande, bar, alberghi, ristoranti e pullman. Occorrevano due o tre mesi di prenotazione per confessarsi e la gente era tantissima. Calarono anche, purtroppo, i ciarlatani e i truffatori di mezza tacca. Vendevano presunti oggetti del Padre, promettevano «interessamento» per le prenotazioni, assicuravano di essere latori di suoi «messaggi», giuravano che il Padre li visitava tutti i giorni in bilocazione.

C'era chi si indignava e se ne andava, facendo d'ogni erba un fascio. C'era chi trovava disdicevole farsi sbatacchiare dalla folla e rinunciava. C'era chi si offendeva per un gesto brusco del Padre e lo andava a riferire. Ma i più, stretti da vera necessità o angosciati da vero pentimento, non si curavano di tutto ciò e con umiltà e «santa faccia tosta» (come diceva il Padre) tutto sopportavano pur di confessarsi col frate dalle stimmate. La donna cananea trattata da «cagnolino» da Gesù (Mt 15, 26) insegnava.

Certo, lui non era tenero con i trasgressori, specialmente se erano suoi figli spirituali. Una volta si trovarono nel convento il dottor Sanguinetti, principale collaboratore di Padre Pio nella clinica, il McCaffery e un terzo, durante la Messa. I due ultimi dovevano ripartire in serata, per cui approfittarono della predica (tenuta da un altro frate) per discutere di alcuni problemi urgenti. Arrivò un adirato Padre Pio: «A voi due sparerei! Ma a te, ti getterei nell'olio bollente per aver dato un così cattivo esempio! Ora scendete subito in chiesa!». L'«olio bollente» era per il Sanguinetti, che, poveraccio, non aveva tutte le colpe. Il fatto era che le prediche del frate che stava parlando lo facevano dormire, e quando dormiva russava. Quando il Padre li rivide mogi mogi gli scappò da ridere.

Dalla mezzanotte, con ogni tempo, c'era già la coda dietro la porta chiusa. Le donnine sangiovannesi (quelle che reputavano di avere una specie di diritto di prelazione sul Padre) erano in prima fila, con le seggiole. E intonavano preghiere ad alta voce che gli altri erano costretti, magari per non far brutta figura, a ripetere. Chi ha effettuato un pellegrinaggio qualsiasi in compagnia di un gruppetto di questi «devozionalisti» (o, come preferisce chiamarli chi scrive, «apparizionisti» perché attratti come le mosche dal miele da tutto quel che sa di soprannaturale), sa quale noia mortale costoro possano infliggere con i loro interminabili rosari, le loro mai esauste litanie, invocazioni, canti. Non si può nemmeno ammirare il paesaggio perché ogni albero, ogni pietra cagiona pie meditazioni scandite col microfono e confitte obbligatoriamente nelle orecchie di tutti. Per ore o per giorni, a seconda della durata del viaggio, all'andata e al ritorno. Allora che si fa? Niente. Lo si mette in conto di penitenza e lo si offre a Cristo, pensando che Lui questa gente deve sopportarla per l'eternità.

Quando il frate portinaio tirava il chiavistello (col bastone, come abbiamo riferito precedentemente) le donnine si avventavano per prime, come furie, sulle sedie che avevano lasciate, legate con catenelle, alla balaustra dell'altare il giorno precedente, e si accomodavano in prima fila. Si trattava di persone pie ma indubbiamente ignoranti, deprecate da tutto il paese. Non c'era però modo di ricondurle a disciplina. Padre Agostino da San Marco in Lamis gridava loro: «Silenzio, figlie di Eva!». E quelle gli rispondevano maleducatamente: «E tu di chi sei figlio?». Appena entrava il Padre però piombava il silenzio e la Messa si svolgeva così come lui ordinava ai suoi figli: «Nell'assistere alla Santa Messa accentra tutto te stesso nel tremendo mistero che si sta svolgendo sotto i tuoi occhi: la redenzione della tua anima e la riconciliazione con Dio».

Eppure queste donnine dettero occasione ai detrattori di sostenere che il Padre era completamente in mano a un gruppo di fanatiche.

Il 7 ottobre 1946 morì Grazio Forgione. Era il giorno della Madonna del Rosario, anniversario della battaglia di Lepanto.

Grazio si era spento a casa della Pyle, dove stava ormai da anni. Al funerale, un forte acquazzone ristorò la terra arida da lunga siccità. Si ripetè la stessa cosa dieci anni dopo, quando la sua tomba fu traslata nella cappella dei frati assieme a quella di mamma Peppa.

Aveva fatto appena in tempo a veder inaugurato il convento di Pietrelcina, quello tirato su coi soldi dell'«americana» (nel luogo non c'era acqua, ma Padre Pio insisté: quello era il posto. Dopo aver cominciato a costruire trovarono l'acqua).

Alla posa della prima pietra, cerimonia suggestiva: processione e corteo di *pucinari*, ciascuno con una pietra in mano. La sera sulla catasta di pietre si era levata un'immensa croce luminosa che era rimasta sotto gli occhi di tutti per un'ora buona.

Il convento restò vent'anni inutilizzato, perché nel frattempo i fulmini del Sant'Uffizio si erano scaricati su Padre Pio. Le autorità cappuccine aspettavano la morte del frate (che era sempre lì lì per avvenire) per riempirlo. Visto però che era vuoto, lo chiedevano i protestanti di Pietrelcina, importati da un emigrato tornato «pastore»: anche per arginare il proselitismo di costoro era stato voluto quel convento. Lo reclamavano anche le autorità civili, per farne un ospizio per i figli dei carcerati. I vari vescovi di Benevento, da cui Pietrelcina dipendeva, invece intendevano appropriarsene per le opere loro. Così la situazione era in stallo e a rimetterci erano i *pucinari* che dovevano assistere ai sempre più numerosi battesimi collettivi protestanti nel fiume.

Tra i quattro litiganti vinsero i tedeschi, che ci alloggiarono le truppe. Poi fu il turno dei soldati di colore alleati, e infine toccò ai polacchi.

Adesso che Padre Pio era di nuovo in sella, applaudito e riverito da (quasi) tutti, Papa compreso (Pio XII era un acceso ammiratore del frate), ecco che le rattrappite mani si sciolsero, gli occhi delle autorità ecclesiastiche si inumidirono, le lingue si snodarono in osanna, e Pietrelcina ebbe il suo bravo convento cappuccino, con la chiesa e il seminario, tutto pagato da Mary Pyle (che avrebbe potuto benissimo denunziare tutti quanti al tribunale civile per appropriazione indebita, ma, santa donna e degna figlia di Padre Pio, non lo fece).

Nel maggio 1947 fu posta la prima pietra di quella che si sarebbe chiamata «Casa Sollievo della Sofferenza». Finalmente i quattrini c'erano. Nel 1941 era giunto un assegno di tremilacinquecento franchi francesi, una somma davvero cospicua. Provenivano da *monsieur* Emanuele Brunatto, sparito quasi dieci anni prima e ricomparso in Francia come uomo d'affari (di quali non è dato sapere; si dice che avesse fatto fortuna con le ferrovie).

Tuttavia anche questo denaro non bastava a coprire le necessità. Molti contribuivano, ognuno secondo le sue possibilità, dando luogo a episodi a volte commoventi. Come quel cameriere italoamericano, Mario Gambino, che aveva mandato un dollaro per ciascuno dei suoi figli (dieci); questi dieci dollari divennero il «Fondo Gambino», destinato a curare gratuitamente i malati non abbienti. Una vecchietta donò personalmente a Padre Pio i soldi che le occorrevano per le candele. Il Padre cercò di rifiutarli, ma quella insisté: «Non li vuoi perché sono pochi, non è vero?». Allora il frate, con le lacrime agli occhi, li prese. Era l'«obolo della vedova», forse l'offerta più preziosa.

L'elargizione decisiva venne da Barbara Ward, giornalista inglese del prestigioso *Economist* (voluta in seguito da Paolo VI nella Pontificia Commissione *Justitia et Pax*). Cattolica, era venuta a S. Giovanni Rotondo per chiedere la conversione del fidanzato, e l'aveva ottenuta (come poi seppe, nello stesso istante in cui il Padre le aveva sorriso annuendo).

Sulla salita del convento aveva visto don Giuseppe Orlando, un sacerdote amico di Padre Pio, che tracciava con chiodi e spago una strada che non portava in nessun posto. Era stato il Padre a insistere di «cominciare i lavori», sebbene quello avesse solo chiodi e spago. Aveva iniziato giusto per non sentirselo più ripetere.

La Ward chiese spiegazioni. E le ebbe, sconsolate. Ma il fidanzato della giornalista era Lord Jackson, un pezzo grosso dell'UNRRA, il fondo americano che distribuiva i finanziamenti per la ricostruzione dell'Europa. I due fidanzati si attivarono e contattarono la vedova di Fiorello La Guardia, il sindaco foggiano di New York presidente dell'UNRRA, morto assassinato. Questa donna, molto influente, appoggiò l'iniziativa a patto però che il costruendo ospedale prendesse il nome del marito scomparso. Padre Pio non fece difficoltà e l'UNRRA stanziò quattrocento milioni di lire del tempo. Una somma enorme, della quale tuttavia a S. Giovanni Rotondo arrivò solo una parte, duecentocinquanta milioni, e dopo infinite lungaggini burocratiche. Il resto (ecco la ragione delle lungaggini) fu incamerato dal governo italiano. In questo modo, però, non ci fu più bisogno di usare il nome del La Guardia.

Adesso si poteva cominciare sul serio. Ma a chi affidare i lavori? Padre Pio non bandì concorsi né richiese architetti di grido. Si rivolse ad Angelo Lupi, un semplice "geometra" di Pescara, suo figlio spirituale. Non era nemmeno laureato ma era l'uomo giusto. Il Padre gli spiegò cosa voleva e quello si rimboccò le maniche. Arruolò tutti i braccianti, contadini, artigiani, sfaccendati della zona e li trasformò in operai, carpentieri, muratori, elettricisti, mastri d'ascia. Impiantò laboratori e officine per costruire sul posto quel che mancava. E tutto mancava, dai chiodi ai tubi. In breve lo spiazzo destinato all'opera divenne un formicaio brulicante di attività e la costruzione venne su pian piano, lenta ma sicura. Il Lupi controllava ogni spesa al centesimo, di persona, centellinando il mattone e il chiodo. Alla fine la clinica, la più moderna d'Europa, venne a costare, si calcolò, un terzo del costo medio internazionale.

Angelo Lupi morì nel 1969, dimenticato da tutti. L'anno prima era morto Padre Pio. Non gli fu permesso nemmeno di vederlo per l'ultima volta.

CAPITOLO DODICESIMO
LA «CASA»

Con corsi quotidiani di indottrinamento (c'era da insegnare tutto, ai lavoranti) e impegno indefesso, Angelo Lupi portò i suoi trecento uomini a terminare i lavori in nove anni. Alla fine l'opera aveva quasi la forma di un altare, lì alle pendici del Monte Nero, dove prima neanche le capre andavano perché non c'era nemmeno di che brucare.

Come mai Padre Pio, che sicuramente aveva tra i suoi figli spirituali qualche architetto, aveva deciso di affidare l'impresa a uno con la quinta elementare? È uno dei tanti misteri del cuore del frate. Ma, vedendo certe chiese contemporanee, una spiegazione forse si può azzardare.

Il sociologo dell'arte Hans Sedlmayr scrive che dalla fine del Medioevo le arti hanno perso il «centro», cioè l'esatta concezione dell'uomo e del suo ruolo nel cosmo. Se l'uomo è un animale (*se* è un animale) religioso, il suo *centro* è Dio, e a Dio deve costantemente riferirsi in ogni sua attività. Perduto questo «centro» (e proprio *Perdita del centro* si intitola l'opera principale del Sedlmayr), ogni arte esce per la tangente, dichiara la sua autonomia e vaga, *erra*, senza altri punti di riferimento che se stessa. Così l'architettura (che è quella che ci interessa) finisce per elucubrare attorno alla *forma*, perdendo di vista la *funzione*. Nel Medioevo non c'era alcuna differenza tra il geometra, l'ingegnere e l'architetto. Oggi tutti e tre questi professionisti sono titolari di discipline diverse e spesso incomunicabili tra loro. Da qui edifici sacri che sembrano *garages* e banche che hanno l'aspetto di cattedrali. L'arte (avverte ancora Sedlmayr) è *sintomo* dell'ideologia prevalente, per questo oggi si può trovare più somigliante a un tempio una banca che non una chiesa. E forse per questo Padre Pio preferì affidarsi a un onesto artigiano, che badasse più alla solidità e allo scopo delle costruzioni, piuttosto che a una *firma* di grido.

La clinica aveva una capacità di trecento letti, c'erano una cappellina e due complessi operatori. Ma tutto era già predisposto per l'ampliamento. E crebbe, nel tempo, fino a diventare quel che è oggi.

Nel 1958 sorse la Scuola Convitto per Infermiere Professionali. Nel 1959 i letti raddoppiarono e i complessi operatori divennero cinque. Fu costruita la chiesa. Nel 1963 arrivò la Scuola Infermieri, la biblioteca, la sala congressi provvista di traduzioni in simultanea, la rivista quindicinale «Casa Sollievo della Sofferenza», la pubblicazione scientifica semestrale «Archivio della Casa Sollievo della Sofferenza». Nel 1971 altri trecento letti e la pista d'atterraggio per elicotteri-ambulanza.

E così via. Dentro dovevano esserci dappertutto dei fiori, i colori dovevano essere tenui, non si doveva nemmeno sentire odore di medicinali. Così voleva il Padre, perché quella non doveva essere tanto un ospedale o una clinica di *cura*, quanto una casa di *sollievo* per il corpo e per lo spirito.

Gli uomini sono diversi, ma il dolore li rende uguali, per cui nessuna distinzione tra i malati: chi poteva pagava, chi non poteva non pagava e il trattamento era lo stesso. Di lusso. «D'oro la farei, se potessi», diceva il Padre a chi gli faceva osservare che forse era troppo. E raccoglieva le offerte nel suo fazzoletto. La sera le metteva nella fodera del cuscino e la mattina nelle mani degli amministratori. Un ufficio ragioneria ultramoderno filtrava il centesimo e tutto finiva nell'opera. «In ogni pietra di questa costruzione c'è il mio sangue», diceva il Padre, e c'era da credergli.

L'assistenza ai malati era effettuata dalle Suore Ancelle del Sacro Cuore di Gesù. Erano partite dal paese nel 1920 e Padre Pio aveva detto loro che sarebbero tornate. Mentre parlava indicava la montagna.

Il 5 maggio 1956, compleanno del frate, l'inaugurazione. La «Casa» era tutta svolazzante di bandiere: ogni nazione che aveva contribuito era rappresentata. Vennero pezzi grossi del governo, il cardinale Lercaro e il Generale dei Cappuccini, padre Benigno da S. Ilario Milanese. Più di quindicimila fedeli. Il Papa fece arrivare la sua speciale benedizione.

Per l'occasione fu aperto un Congresso Internazionale di Cardiologia coi più bei nomi della medicina mondiale, compreso il dottor White, di religione metodista e cardiologo del presidente degli Stati Uniti Eisenhower. Costui plaudì all'iniziativa con queste parole: «Molte malattie cardiache, oggi, sono dovute al fatto che non si dà al cuore sufficiente riposo con la preghiera».

Ai cardiologi Padre Pio disse: «Quest'opera, se fosse solo sollievo dei corpi, sarebbe solo costituzione di una clinica modello», perché sapeva che spesso corpo e anima si ammalano insieme. E fu convincente quel che i luminari del Congresso udirono e videro, tanto che il famoso professor Paul White, il già nominato numero uno della cardiologia mondiale, ebbe a osservare: «Qui più che altrove può progredire lo studio della psicosomatica» (gli eminenti cardiologi furono poi ricevuti da Pio XII che, oltre a stupirli con un'approfondita cultura specifica – come tutte le altre volte che ebbe a parlare con giuristi, artisti, psichiatri, operatori dell'alta moda, eccetera – si lasciò andare a grandi parole d'elogio per la Casa Sollievo della Sofferenza).

Infatti la «Casa» si sforzava di sembrare il meno possibile un ospedale: corsie piccole, luce dovunque, giardini, terrazze, soggiorni. In più il Padre, che pregava ogni giorno per i malati, portava di persona il Santissimo in processione nelle corsie, e continuamente inculcava nel personale, dal direttore fino all'ultimo inserviente, la missione: «Se al letto del malato non portate l'amore, non credo che i farmaci servano molto».

La clinica era retta dal Terz'Ordine francescano, costituito in S. Maria delle Grazie e diretto da Padre Pio. Nel '57 il Papa confermò a vita il Padre nella carica e lo dichiarò responsabile della «Casa» secondo lo spirito di san Francesco. Oggi che il frate non è più in vita, la clinica è un ente morale di culto e religione, dotato di personalità giuridica con decreto presidenziale.

Ci si potrà chiedere che necessità c'era di quella stupenda clinica a S. Giovanni Rotondo (la più grande realizzazione sociale cattolica del dopoguerra, come fu definita), visto che là ci stava Padre Pio, che guariva la gente senza bisogno di ricovero. La domanda è retorica: il Padre non sarebbe vissuto per sempre. E poi è carità anche insegnare – e permettere – agli altri di esercitare la carità. D'altronde la dottrina insegna che è un voler tentare Dio il ricorrere a mezzi sovrumani quando sono disponibili quelli umani. Infine Padre Pio non guariva *tutti*, perché per alcuni l'esperienza del dolore era pedagogia necessaria e propedeutica alla salute dell'anima, cosa che al frate stava più a cuore. Era stato suscitato per additare agli uomini la via del Cielo, che in certi casi passava attraverso la guarigione del corpo, in altri no.

Comunque, secondo gli impulsi dello Spirito, continuava a miracolare e soprattutto a dispensare dritte e consigli col suo consueto *humour* contadino. All'attore Carlo Campanini, indimenticabile comico «di spalla» e suo propagandista nel mondo – poco propenso all'ascesi – dello spettacolo, diceva: «Figlio mio, sta' tranquillo» (quello gli aveva chiesto come conciliare la serietà del cristianesimo col fatto che tutte le sere doveva andare a fare il buffone sul palcoscenico). «A questo mondo ognuno fa il buffone meglio che può nel posto dove l'ha messo il Signore».

La moglie di Campanini, una signora rumena era curiosa di vedere qualcosa di eccezionale, ma si confessò con Padre Pio senza accennare alla sua sciatica. Dopo, conversando col frate, raccontò che sere prima era stata a una festa, in paese, in casa di conoscenti. «Come, con tutti i posti che hai a Roma vieni a ballare a S. Giovanni Rotondo? E poi non hai una gamba sgangherata?». Quella restò sorpresa perché, come si è detto, della sua sciatica non aveva parlato. Ma credette che il Padre fosse nemico delle mondanità e chiese se aveva fatto male ad andare a ballare. Lui si mise a ridere e la congedò: «Scemarella, buona salute!». In albergo si trovò guarita.

Quando suo figlio si trovò a letto con la meningite e un febbrone da cavallo, lei invocò mentalmente Padre Pio («Affacciati alla finestra e aiutami», gli diceva) e il bambino sanò all'istante. Quando tornò a confessarsi si sentì accogliere con un «Affacciati, birbona».

Carlo Campanini, onorato anche da una bilocazione del Padre nella sua casa a Roma, portava quanti più artisti poteva a S. Giovanni Rotondo: Mario Riva, Aldo Fabrizi, Walter Chiari, Tino Scotti, Erminio Macario, Lucia Bosé e tanti altri. La prima volta c'era andato con Macario. Quando il Padre li vide, li accolse al suo modo: «Guarda che facce! Continuate a farvi disonore, tanto, onore non ve ne siete mai fatto. Cambiate subito, altrimenti vi caccio».

Ma non tutti erano accolti così. Anzi, molti finivano guariti senza averlo chiesto o senza aver osato chiederlo. Il quattordicenne Antonio Onofri aveva due gobbe. Una carezza del Padre lo sanò. Pasquale Di Chiara, cancelliere della pretura, trascinava una gamba impossibile a curarsi. «Cammina!», e quello gettò il bastone. Pasquale Urbano, mediatore d'affari, di bastoni ne aveva addirittura due. Si confessò. «Alzati e vattene. Questi bastoni li devi gettare». Guarito. Lo stesso ordine ricevette Francesco Vicio, che camminava quasi con la faccia a terra. Un bambino di undici anni, che trascinava una gamba per una paralisi infantile, si sentì apostrofare: «E tu, non hai niente da chiedere?». Il bambino mostrò timidamente la gamba malata e il frate ci fece su una carezza. Uscì e si trovò guarito. Il padre, comunista, si convertì. Ulisse Santini, capostazione a Roma, moribondo per un cancro alla gola, baciò una foto del Padre e guarì all'istante, alla presenza dei clinici.

Giulia Gottardo era incinta e gravemente ammalata. Volevano procurarle l'aborto per non comprometterne la vita. Andò dal Padre e si confessò, senza parlare del suo male. In treno aveva redarguito un'intera squadra di calcio che parlava male della religione e il frate le aveva detto che aveva fatto bene, perché quando si tratta di illuminare è giusto essere anche importuni. Tornò guarita ed ebbe pure dei figli. Antonietta Marini guarì da una emorragia cerebrale grazie a un fazzoletto del Padre che le avevano messo sulla fronte.

L'operaio Giuseppe Canaponi aveva un femore spezzato: un autocarro lo aveva preso in pieno mentre andava in moto. Poteva fare pochi passi con due bastoni e si trascinava di ospedale in ospedale, di operazione in operazione. L'ultima era stata la peggiore: avevano provato a rispezzargli l'arto per risaldarlo, ma l'intervento era stato del tutto controproducente, così che il disgraziato passava la vita a bestemmiare per i dolori lancinanti. La moglie riuscì a convincerlo a confessarsi da Padre Pio. Questi gli elencò tutti i suoi peccati prima che quello aprisse bocca. Poi gli disse: «Tu bestemmi, ma poi te ne penti e ti metti a pregare di nascosto». Alla fine quello si trovò in ginocchio, perfettamente guarito. E appena in tempo: le ferrovie di Firenze, presso cui lavorava, stavano per prepensionarlo.

Il noto massone bolognese Ferruccio Caponetti, istigato da Alberto Del Fante (un ex massone che scrisse un libro, poi messo all'Indice, per celebrare la sua conversione), si recò a S. Giovanni Rotondo e, come si è già visto in un capitolo precedente, si convertì. Scrisse di Padre Pio: «Demolì una per una tutte le teorie di cui era piena la mia mente senza che io avessi argomenti da opporre».

Un comunista portò il figlioletto gravemente ammalato al convento. Aveva speso vanamente tutto il suo avere per farlo curare. L'ultima speranza era quel santone pugliese di cui aveva sentito parlare. Padre Pio lo cacciò: «E che sei venuto a fare dinanzi al tribunale di Dio se non credi?». Ma quello tornò e cadde, piangendo, in ginocchio. Il frate sorrise e lo rialzò: «Così si fa. Una buona *pulizziata* fa bene, ma è necessario avere la volontà di purificarsi. Sta bene ciò che hai fatto. Tuo figlio guarirà. Ed ora vieni a confessarti». Il bambino guarì.

Lucia Bellodi era giudicata inguaribile. Aveva trascorso gli ultimi sette anni negli ospedali per una particolare forma di diabete resistente a ogni terapia. Doveva bere continuamente (la notte le tenevano tra i denti un cannello collegato a un bidone d'acqua: ne beveva centosettanta litri al giorno) e, se si addormentava, la schiaffeggiavano perché non chiudesse la bocca. Avevano deciso di mandarla a morire a casa quando le apparve in sogno Padre Pio. Si alzò dal letto e si precipitò in cappella a pregare. Era perfettamente guarita. Non solo, ma in seguito, contro ogni diagnosi, ebbe anche dei figli.

Lina Cassese, una bimba di cinque anni, per una cheratite linfatica non sopportava la luce e doveva tenere un paio di occhiali neri spessi come fondi di bicchiere. Quando la mamma decise di recarsi da Padre Pio, lei si tolse la catenina dal collo e disse che voleva regalarla al frate. Nello stesso istante in cui la mamma era ai piedi del Padre a chiedere la grazia, la bimba si tolse gli occhiali dicendo alle suore dell'ospedale che l'aveva guarita Padre Pio.

Uno andò a S. Giovanni Rotondo a chiedere la guarigione della figlia moribonda per una meningite. Il Padre gli disse che la Madonna delle Grazie avrebbe fatto il miracolo. L'uomo, incerto, insisté, provocando le ire del frate: «Uomo di poca fede, ti ho detto che la Madonna guarirà tua figlia, va' a casa!». Quello andò e trovò la figlia guarita.

Michele Ambrosio, in agonia, vide Padre Pio seduto sul suo letto. Guarito. Nerina Melotti, grave infermità alla spina dorsale. Sognò il frate che le chiedeva dove le facesse male, toccandole la parte. Guarita. Rosetta Polo Riva, endocardite incurabile, sognò il Padre che usciva da una nuvola ed entrava dalla sua finestra. Guarita.

La dottoressa bulgara Tatiana Christodulowa, sposata con un italiano, fu guarita da un tumore maligno al seno. Capì che non poteva più appartenere alla religione ortodossa, perché «se il Signore ha voluto che il suo prediletto appartenga alla religione cattolica, vuol dire che questa è la religione nella quale preferisce manifestarsi».

Il dottor Antonio Scaparo, veronese, aveva un cancro ai testicoli e gli davano tre mesi di vita. Guarì ed ebbe quattro figli. Un altro medico, il noto anestesista Giuseppe Gusso, presidente della FUCI veneta, fu guarito da una gravissima endocardite. Il commendator Giuseppe Carlotti, segretario economico dei Musei Vaticani, non avrebbe superato la notte per una micidiale broncopolmonite: dopo l'intervento di Padre Pio, del male non si trovò più traccia sulle lastre. Anna Martini guarì da un tumore mammario appena scritta la lettera al frate.

Innocenza Proietti, di Roma, era paralizzata. Si trovò guarita alla stazione, mentre ritornava a casa. La contessa Oliva Baiocchi fu liberata da un tumore all'ultimo stadio; lo stesso il medico Francesco Ricciardi. Grazia Siena, cieca dalla nascita, cominciò a vedere.

E si potrebbe andare ancora avanti, coi miracoli, ma occorrerebbe un volume a parte.

Eppure malgrado tutto questo, c'era chi continuava a pensare che Padre Pio fosse un *bluff*, anche se ormai anche le pietre di S. Giovanni Rotondo gridavano (e non solo quelle: lo scrittore Pitigrilli ebbe a dire che il secolo ventesimo si poteva definire «il secolo di Padre Pio»).

Il bello è che lo stesso Padre Pio considerava se stesso anche meno che un *bluff*. Col giornalista Giovanni Gigliozzi che lo ringraziava di aver guarito il suocero, per esempio, sbottò: «Pezzo di minchione, e che sono io che l'ho guarito? È Quello lassù!».

Lo scrittore Bargellini lo descrisse come «frate privo di pose ascetiche, sacerdote privo di atteggiamenti mistici, confessore privo di raffinatezze spirituali». In effetti ciò che più colpiva in Padre Pio – in questo tutti sono unanimi – era la naturalezza, l'umanità, la semplice giovialità. Esultava come un bambino se gli offrivano una presa di tabacco o una caramella. Quando quelli che lo visitavano facevano l'atto di andarsene, era sempre un «Ma come, già te ne vai? E statti un altro poco!». Una volta regalò un fiorellino d'onomastico al confratello che gli sbrigava la corrispondenza. Lui, quel vecchio frate barbuto e curvo (ma anche dritto non misurava che un metro e sessantasei) che lottava coi diavoli. Roba da Fioretti di San Francesco.

Ma guai ad essere ingrati (naturalmente con Dio, non con lui). Così infatti il frate replicò a uno che non riusciva a ottenere la grazia richiesta: «Se Dio non ti fa la grazia è perché sa che tu non gli useresti la gratitudine dovuta; e allora Dio, per impedirti il grande peccato dell'ingratitudine, evita di ascoltarti. Ti vuol bene anche quando non ti ascolta».

Anche il Vangelo riporta la testimonianza di un cieco nato, come quella guarita da Padre Pio: «Ora, noi sappiamo che Dio non ascolta i peccatori, ma se uno è timorato di Dio e fa la sua volontà, egli lo ascolta. Da che mondo è mondo, non s'è mai sentito dire che uno abbia aperto gli occhi a un cieco nato. Se costui non fosse da Dio, non avrebbe potuto far nulla. Gli replicarono: sei nato tutto nei peccati e vuoi insegnare a noi? E lo cacciarono fuori» (Gv 9, 31).

Ma non si poteva «cacciare fuori» la stampa, che, da quel primo articolo del *Mattino* del 1919 che parlava de «l'uomo dei miracoli», continuamente si impadroniva di tutto quel che di prodigioso accadeva attorno al frate, moltiplicandone l'eco per il mondo (cosa che ancora oggi, a più di vent'anni dalla morte, continua a fare). E più che mai ora, all'inaugurazione della clinica che poneva Padre Pio accanto ai grandi Santi «sociali» d'Italia come don Bosco, don Calabria, don Orione, Murialdo, Guanella, Cottolengo.

Stampa Sera gli chiese di definirsi, e lui rispose: «Sono un frate che prega». Infatti era ormai diventato preghiera vivente, perché ogni sua attività cominciava, continuava e finiva in preghiera. Anche la semplice lettura: «Nei libri si cerca Dio. Nella preghiera lo si trova».

Chiedeva sempre preghiere per sé, cosa che anche i più devoti tralasciano quando hanno a che fare con sant'uomini. Eppure, paradossalmente, proprio questi ne hanno più bisogno, bersagliati come sono dalla furia dei diavoli.

Il Vangelo dice di pregare gli uni per gli altri, e chi ne ha fatto l'esperienza personale può ben testimoniare che la preghiera per gli altri «funziona» di più che quella per sé. È un amorevole ricatto del Padreterno, che in questo modo ci forza a considerarci fratelli. Pregare per un altro, specialmente se ci sta cordialmente antipatico, è la forma di preghiera più pura che esista, per definizione; non può non essere esaudita, e in più ha un «effetto di ritorno» notevole, soprattutto in termini di pace interiore. E da Padre Pio scaturiva quel senso di pace che contagiava, quel *bonus odor Christi* che proveniva da uno che a furia di pregare per gli altri aveva finito per dimenticarsi di sé.

Gli chiesero se era più accetta a Dio la preghiera di un Santo nel Cielo o quella di un uomo sulla terra. Rispose così: «Io credo la preghiera dell'uomo sulla terra, perché alla semplice preghiera aggiunge il gemito». Il Santo conosce Dio, lo vede. Ma l'uomo no, eppure gli si rivolge come a un Padre, e più lo supplica quanto più ha bisogno.

Solo i superbi non pregano quando sono nel bisogno. Ma Dio, che non si offende, che è un signore (*il* Signore), si piega anche su di essi.

Cos'è più facile, dire a uno storpio «cammina!» o a un ateo militante «credi!»? Padre Pio non aveva problemi né con gli uni né con gli altri.

Carlo Lusardi era un modenese, comunista della prima ora, attivista fin dai tempi in cui il partito era costretto alla clandestinità. Coerentemente, si era sposato col solo rito civile, poi si era separato dalla moglie ed era andato a vivere con l'amante. Le sue due aziende editoriali avevano appena subìto un crollo economico quando un amico lo trovò sui binari della ferrovia: aspettava il treno per buttarcisi sotto. L'amico gli parlò di Padre Pio e lui sentì di colpo un impulso fortissimo ad andare a S. Giovanni Rotondo.

L'incontro col Padre fu decisivo: si convertì e cambiò radicalmente vita.

Di conversioni di comunisti a opera di Padre Pio si potrebbero riempire un centinaio di pagine (ammesso di narrare per sommi capi). La più clamorosa però val la pena di riportarla.

Si tratta di Italia Betti, professoressa di matematica, agit-prop comunista e dirigente del partito, detta «la *pasionaria* rossa dell'Emilia» e «la virago di Marx». Il 25 aprile marciò incontro agli Alleati vestita di rosso e con la bandiera comunista in pugno. Capelli corti, a cavallo di una moto rossa, si batteva per una scuola laica (e per togliere i bambini sbandati per via della guerra dalle mani dei parroci che li avevano accolti).

Sentì in sogno Padre Pio che la chiamava e, spinta da una forza soprannaturale, un giorno si recò a S. Giovanni Rotondo. Appena vide il Padre sentì l'irresistibile impulso di confessare ad alta voce davanti a tutti il proprio passato. La cosa suscitò sensazione. Il partito fece l'impossibile per farla recedere (anche perché la sua conversione ne andava provocando molte altre, come quella di Giovanni Gigliozzi, giornalista dell'*Avanti!*), ma non ci fu niente da fare. La Betti restò a S. Giovanni Rotondo, si fece Terziaria e morì là, di cancro, nel 1950.

Costante Rosatelli di Velletri, uno di quei comunisti da blocchi stradali e botte con la Celere, vide una volta un frate che, affacciato a una finestra, lo guardava mestamente. Da quel momento cominciò a sognarlo tutte le notti. Riconosciuto Padre Pio da una foto, andò a confessarsi. «Da quanto tempo non ti confessi?». E lui: «Saranno cinque anni». Il Padre: «Non dire bugie, sono dodici». Convertito.

Giovanni Bardazzi era un commerciante di Prato, anch'egli sfegatato attivista comunista. Una donna, andata a intercedere per la salvezza della di lui anima da Padre Pio, si era sentita rispondere: «Te l'addossi tu o me l'addosso io?». Forse se l'addossarono tutti e due, comunque quello cadde in un sonno profondo di tre ore, dal quale si svegliò sconvolto perché aveva sentito urla disumane e odore di zolfo. Morto di paura, si lasciò convincere a recarsi da Padre Pio, dal quale fu convertito. Tornò ancora a S. Giovanni Rotondo, e portò al Padre un pacchetto di settanta tessere comuniste legate con lo spago. «Giova' vendi tutto». Da quel momento il Bardazzi si mise a fare l'autista e non ci fu mese che non portasse dal frate qualche ex compagno.

Savino Grieco, di Cerignola, era così devoto di Marx che non aveva nemmeno fatto battezzare i cinque figli (ma lo aveva fatto la moglie, di nascosto). Quando seppe di avere due tumori al cervello e nessuna speranza, mandò a quel paese il materialismo dialettico e si mise a pregare. La stessa notte sognò Padre Pio che gli toccava la testa e guarì.

A Padre Pio non si rivolgevano solo i vivi. Anche le anime del Purgatorio. Era ancora un giovane frate quando vide aggirarsi nella foresteria un misterioso vecchietto. Era tardi, gli chiese chi l'avesse fatto entrare. Quello rispose che aveva bisogno delle sue preghiere per uscire dal Purgatorio, luogo nel quale si trovava dal 1884. Disse anche di essere morto lì, nell'incendio che aveva devastato il convento in quell'anno. E sparì.

Il frate domandò al portinaio, ma quello non aveva visto nessuno. Si fecero ricerche presso gli archivi del Comune e si scoprì che davvero un vecchio era morto carbonizzato nell'incendio del 1884. Padre Pio cominciò a pregare come richiesto e da quel momento cessarono i rumori di catene e le apparizioni di cani mastini neri che avevano terrorizzato molti in convento fino a quel giorno.

Un'altra volta vide un fraticello che lustrava come un matto gli arredi nel coro. Non lo aveva mai visto prima, e dire che conosceva tutti là dentro. Gli chiese chi fosse e il giovane rispose di essere un novizio morto molti anni prima, ancora giovane. Scontava in Purgatorio le negligenze del suo noviziato e si raccomandava alle preghiere di Padre Pio. Anche quest'anima fu liberata.

Il Sanguinetti una volta lo trovò che stava pregando per suo nonno. «Ma come, Padre, se mi ha detto tempo fa che era già in Paradiso!». Quello rispose che erano state proprio le sue preghiere ad aiutarlo ad andarci. Ma non solo quelle già dette: anche quella ancora da dire. Padre Pio non aveva studiato molto (e i suoi maestri non lo ritenevano nemmeno una cima), ma aveva della teologia quella conoscenza «autentica» che hanno i mistici. In effetti passato e futuro sono nozioni che vanno bene per noi che siamo nel tempo. Nell'eternità è un'altra cosa. Anche per questo il frate partecipava volontariamente alle sofferenze di Cristo: facendolo nel presente era come se fosse stato al Suo fianco nel passato.

Ma il frate stigmatizzato era continuamente fonte di stupore. «Padre, mi dà una medaglietta?». Padre Pio aveva sempre le tasche piene di medagliette della Madonna: «Vediamo se ce l'ho. Ecco, una per ciascuno». Quattro, perché chi l'aveva chiesta aveva moglie e due figli, anche se il frate non poteva saperlo.

Carlo Campanini spesso si assumeva l'onere di presentare al Padre buste e pacchetti, affidatigli dai fedeli perché li facesse benedire. Una volta che ne ebbe portati un bel mazzone, Padre Pio benedisse tutto tranne una busta. Quando Campanini si ripresentò ai proprietari, sollevò la busta non benedetta e chiese di chi fosse. Uno alzò la mano e domandò spiegazioni. Sentito che il Padre si era rifiutato di benedirla, sorrise, poi lacerò la busta e mostrò il contenuto: c'era una schedina del totocalcio.

Al dottor Sanguinetti a suo tempo Padre Pio aveva chiesto di restare a S. Giovanni Rotondo per occuparsi della costruenda clinica. Quello aveva casa e lavoro a Firenze, per cui declinò l'invito. Due mesi dopo vinse una notevole somma alla lotteria e capì. Acquistò una piccola tenuta per procurarsi una rendita, poi mollò la sua attività e si trasferì vicino al frate.

Padre Raffaele da Sant'Elia a Pianisi una notte fu svegliato da un fruscio. Aprì uno spiraglio e vide Padre Pio che andava verso la sua cella, provenendo dalla cappella con Gesù Bambino in braccio.

Una volta, durante la Messa, c'era una folla enorme e il sacrista s'era scordato di fare scorta di particole. Anche se il Padre le avesse frazionate (e il Padre non lo faceva mai), quelle che c'erano non sarebbero state sufficienti. «Padre, corro a prenderle?». «No, lascia perdere». Bastarono per tutti e ne avanzarono.

Il giornalista Giovanni Gigliozzi soffriva di violentissimi attacchi di emicrania che lo coglievano nei momenti più impensati. Era a Roma, alla radio, e stava per andare in onda quando lo assalì uno di questi tremendi attacchi. Mentre cercavano come sostituirlo, lui si distese su un divano contorcendosi dal dolore. A un certo punto sentì un passo, aprì gli occhi e vide davanti a sé Padre Pio. Questi in silenzio gli mise una mano sulla testa e sparì, insieme al dolore. Quando, alla prima occasione, il Gigliozzi poté recarsi a S. Giovanni Rotondo, il frate lo guardò sornione e disse: «Ah, queste allucinazioni!».

Un taxista di Prato, ateo e bestemmiatore, aveva il vizio di ubriacarsi e di picchiare la moglie. La donna però era devota di Padre Pio. Una notte che l'uomo era tornato sbronzo come al solito e si era buttato vestito sul letto, sentì il letto stesso scuotersi violentemente. Aprì gli occhi e vide un frate che ne aveva afferrato la parte inferiore, guardando il beone di traverso. Il taxista se ne sentì dire di tutti i colori, poi la visione sparì. Ancora mezzo brillo, l'uomo andò a cercare la moglie per chiederle come si era permessa di fare entrare frati in casa. Quella esclamò che doveva trattarsi di Padre Pio che aveva esaudito le sue preghiere: infatti in casa non c'era nessuno. Ma l'uomo era di testa dura e volle vederci chiaro. L'indomani prese la macchina e si precipitò a S. Giovanni Rotondo: qui riconobbe Padre Pio e rimase folgorato. Poi volle confessarsi e se ne tornò convertito.

Padre Domenico da Milwaukee era un figlio spirituale di Padre Pio. Parlava continuamente con entusiasmo del frate a suo padre, quelle volte che andava a trovarlo dall'altra parte dell'oceano. L'anziano genitore chiese al figlio l'assistenza del frate in punto di morte e padre Domenico eseguì. Quando l'uomo morì improvvisamente, là a casa sua, trovarono che sulla lingua aveva un'Ostia. Stessa cosa accadde a Christy Gallagher, irlandese del Donegal.

Una figlia spirituale di Padre Pio era fidanzata con un giovane che aveva perso la fede. Dài e dài riuscì a convincerlo ad andare con lei a S. Giovanni Rotondo. Di confessarsi neanche parlarne, ma accettò di assistere alla Messa. Quel giorno c'era, come al solito, gran calca. Quando riuscirono a entrare, il giovane, visto sull'altare Padre Pio, impallidì terribilmente. «Ma questo succede tutti giorni?», chiese. La ragazza rispose di sì e quello rimase vieppiù sconvolto. Il fatto era che vedeva in testa a Padre Pio una gran massa di spine e fiotti di sangue inondargli il volto. Pensava che tutti stessero vedendo quel che vedeva lui; quando la cosa fu chiarita, il giovanotto tornò alla fede.

Ma Padre Pio era anche un mattacchione. Una domenica pomeriggio vennero a visitarlo due suoi figli spirituali, il medico condotto del paese e un napoletano allegro e chiacchierone. Mentre il frate prendeva un po' di sole in giardino, i due si misero a giocare a bocce. All'ultimo tiro il medico piazzò la sua boccia proprio a ridosso del pallino. L'altro, per vincere, doveva riuscire a scostarla, ma ci voleva un tiro da campione. Il napoletano chiuse gli occhi un attimo, poi tirò. La boccia avversaria schizzò via e la sua rimase piantata al posto della prima, vicino al pallino. Trionfante, il vincitore si voltò e disse ad alta voce: «Grazie, Padre Pio!». Il frate si mise a ridere.

A confessarsi con Padre Pio ci andava anche il demonio. A volte sotto le sembianze di una laida vecchia, a volte come un uomo vestito di nero. Si inginocchiava e vomitava le più ributtanti nefandezze. Come facevano gli astanti a sapere che si trattava di un'apparizione diabolica? Semplice: all'assoluzione spariva, lasciandosi dietro un tremendo frastuono e una specie di uragano di vento che scompigliava ogni cosa.

Nel 1948 ci furono le elezioni, le prime della Repubblica. Il Paese fu a un soffio dal diventare stalinista e lo si evitò perché, com'è noto, la gente si strinse attorno alla Democrazia Cristiana.

Ma l'atmosfera era surriscaldata, e si temevano guai perché i comunisti minacciavano un colpo di forza. Un camion di dimostranti del Blocco del Popolo, pieno di energumeni col fazzoletto rosso al collo, passò davanti al convento. Uno di essi urlò: «Abbasso Padre Pio!». Ma fu immediatamente preso da un terribile attacco di colica. Dovettero portarlo via piegato in due.

A votare andò anche il Padre. Mentre passava, una donna esclamò inviperita: «Adesso va a votare anche quel...». E non riportiamo l'epiteto non per decenza, ma perché non fu mai pronunciato, in quanto la donna in questione scivolò subito e si ruppe il femore.

Vendette di Padre Pio? No, avvertimenti paterni a figli ignoranti o scapestrati. San Giovanni Bosco abbatteva a cazzotti i sicari inviati dalla massoneria piemontese per farlo fuori e minacciava jella ai padroni che sfruttavano i suoi artigianelli.

Questi episodi legati a Padre Pio avvenivano sotto gli occhi di tutti, così come i miracoli e gli altri prodigi. La stampa si faceva cassa di risonanza e da tutto il mondo piovevano lettere e pellegrini.

Alte personalità, artisti internazionali, professionisti di grido, Capi di Stato si recavano a S. Giovanni Rotondo. Ci fu Maria Josè di Savoia, che volle farsi fotografare col frate, il grande Beniamino Gigli (cui il Padre rimproverò una relazione extraconiugale), Gino Bartali (anche Fausto Coppi, ma non ebbe il coraggio di confessarsi per via della sua relazione con la «dama bianca»), Tazio Nuvolari (molti erano i corridori che infilavano la foto del frate nel cruscotto), il professor Spallone, medico personale di Togliatti e del gotha comunista, Helenio Herrera (che ci portò tutta l'Inter) lo scultore Francesco Messina, i reali di Spagna. Tutti i Borbone del mondo andavano da Padre Pio, e poi Alberto di Liegi, l'imperatrice Zita d'Austria coi figli, la regina di Bulgaria, i figli del re di Grecia, il cardinale Siri, la sorella di Pio XII.

Eppure la Chiesa taceva, e faceva tacere la stampa cattolica. In Vaticano si contavano su una mano gli entusiasti: Pio XII per primo, poi qualche cardinale e una spruzzata di vescovi. Il resto era silenzio (Gemelli era ancora sulla breccia). Padre Agostino da S. Marco in Lamis scrisse al vescovo per chiedere come mai non fosse stata avviata un'indagine sul caso della bimba cieca dalla nascita e miracolata dal Padre. Non ottenne risposta. Insisté e gli fu risposto dallo stesso vescovo che c'era proibizione assoluta: lui stesso aveva provato, a Roma, ma non c'era stato niente da fare.

Misteri di Roma. Misteri del Vaticano. Pio XII proteggeva il frate e lo sapevano tutti. Al nuovo vescovo di Manfredonia aveva detto: «Quando ha bisogno di qualcosa per Padre Pio, venga da me».

Fin da quando era Segretario di Stato mandava gente a chiedergli benedizioni (da Nunzio, in Baviera, aveva protetto un'altra stigmatizzata, Teresa Neumann). Più volte si era pronunciato in suo favore, anche pubblicamente (cosa che non impedì al Sant'Uffizio nel '52 di mettere all'Indice ben otto biografie del frate di Pietrelcina), e se le cose per Padre Pio non andavano ancora peggio lo si doveva a lui.

Quando era stato eletto, il Padre aveva esclamato: «*È 'nu bello papariello!*». Ma il Papa non ha che l'autorità di un re medioevale: è un *primus inter pares*, e non può fare quel che vuole. Tuttavia all'ombra di questo grandissimo Pontefice, che un giorno la storia mostrerà nella sua vera dimensione, Padre Pio e le sue opere prosperarono come mai prima e mai più dopo. Quando Pio XII morì venne meno la diga che tratteneva la fiumana, e Padre Pio dovette ancora fare i conti con l'insipienza degli uomini *paucae fidei*.

Capitolo Tredicesimo

I «GRUPPI»

Pio XII aveva retto la Chiesa nel periodo più drammatico del ventesimo secolo. Si era trovato ad aver a che fare col Comunismo, il Nazismo, la Seconda Guerra Mondiale, la guerra civile italiana. Il Papa aveva salvato un incredibile numero di ebrei dai campi di sterminio, si era macchiato la veste di sangue tra la folla sotto i bombardamenti, aveva fatto l'impossibile per scampare l'Italia dallo stalinismo.

Nei momenti più critici aveva chiamato pressantemente i cristiani alla preghiera, chiedendo ai credenti di riunirsi per pregare insieme, perché la preghiera corale «fa violenza al cuore di Dio». Padre Pio accolse la richiesta del Pontefice e invitò i suoi figli a unirsi a lui nell'orazione. Sorsero qua e là, come funghi, dei gruppi denominati «Ascoltiamo il Papa, preghiamo insieme», poi più semplicemente chiamati Gruppi di Preghiera (ce n'era uno anche in Vaticano, a pregare davanti alla tomba di san Pio X): si riunivano una o due volte al mese per assistere alla Messa e dire il Rosario secondo le intenzioni di Padre Pio.

Quando furono in numero consistente, il Padre dettò loro una specie di statuto, in base al quale ogni Gruppo si costituiva spontaneamente e aveva carattere strettamente privato, si autodeterminava sotto la direzione di un sacerdote e in accordo col vescovo. Senza permesso del vescovo non poteva sorgere Gruppo. Pregava secondo le intenzioni del Santo Padre e in obbedienza alla Chiesa. Gli appartenenti dovevano essere fedeli nei doveri religiosi, familiari, professionali, dovevano impegnarsi a portare la croce quotidiana e a comportarsi sempre con carità. Padre Pio li dirigeva spiritualmente uno ad uno, «... a condizione che non mi facciate fare cattive figure davanti a Dio e davanti agli uomini... Altrimenti so usare anche la sferza».

C'era un mondo in sfacelo da rifare, e serviva gente così, pronta a *restaurare omnia in Christo*, secondo lo slogan di san Pio X. Padre Pio vegliava su di essi: «Signore, non lasciatemi andare in Paradiso finché l'ultimo dei miei figli, l'ultima delle persone affidate alla mia cura sacerdotale non sia entrata prima di me».

Insomma, i Gruppi dovevano essere fucina di buoni cristiani e cittadini modello. E lo furono, infatti diversi Servi di Dio sono usciti da quelle file. In fondo, è quel che ha sempre fatto la Chiesa, additando agli uomini la santità. Tutta l'ostilità che si è attirata addosso nei secoli è, a ben pensare, irragionevole: la predicazione cristiana crea uomini forti, giusti e probi. Anche da un punto di vista strettamente sociologico, l'utilità del cristianesimo è evidente. Eppure...

Eppure il problema è un altro, perché la Chiesa non è solo l'«agenzia del supplemento d'etica». Essa addita il Cielo, e nel far questo si scontra con l'Inferno. Quando si dedica alla filantropia tutti applaudono; quando ri-corda la santità e la croce, ecco che si storcono i nasi. E finché lo fanno gli antipatizzanti, pazienza, è un *déjà vu*. Ma quando ci si mettono anche membri dello stesso clero – chi per convinzione, chi per amor di quieto vivere – le cose si fanno veramente difficili.

E difficili le cose si fecero subito per i Gruppi di Preghiera, visti immediatamente come nient'altro che un'accolita di *fans* di Padre Pio.

Pio XII, con il consueto acume, aveva indovinato nel materialismo dilagante nient'altro che una malattia dello spirito, anche se poteva sembrare una contraddizione *in terminis*. E i mali dello spirito si curano con rimedi spirituali: «Ora, una forza spirituale non può essere vinta che da una più potente». Questa forza «la possiede solo l'uomo di vita interiore, l'uomo che pensa da cristiano, l'uomo che prega, l'uomo che è pieno di Dio».

Tuttavia già ai tempi di Pio XII c'era chi pensava di battere il materialismo con le sue stesse armi, moltiplicando l'attivismo sociale e cercando di rendere attraente la pratica cristiana con una serie di smussamenti e agevolazioni: «Sbagliano, con grave danno delle anime, quelli che pensano di ricondurle più facilmente al dovere, alla pratica della religione, allentando il giogo del Maestro».

Padre Pio era proprio l'esempio vivente di ciò: più negava l'assoluzione agli indecisi, più cacciava in malo modo i titubanti, più offriva lo spettacolo di un'ascesi durissima, e più le anime gli si affollavano attorno, disertando altri luoghi più ameni.

Ancora il Pontefice: «Se trovate nelle famiglie l'agitazione e il tormento, sposi disuniti, tradimenti alla fedeltà coniugale, figli irriverenti e ribelli, litigi, rancori, in una parola, disordine, sappiate che è perché non si prega».

Bene, ora c'era un «uomo pieno di Dio» che metteva a disposizione migliaia di «uomini che pregano», desiderosi soltanto di rispondere all'appello del Papa e di copri-re le malvagità del mondo con un ampio manto di preghiere. Eccoli, sono tanti e sono pronti. E che si fa? Si mettono loro a disposizione la stampa cattolica, le sale, le cappelle, l'appoggio e l'incoraggiamento? No. Si dà loro addosso come «fanatici», «superstiziosi», «ribelli», «eretici». Li si denuncia al Sant'Uffizio, li si caccia di chiesa, li si trascina nei tribunali.

Ma in principio non fu così (perché c'era Papa Pacelli). I Gruppi costituivano un fattore di stimolo per le altre realtà ecclesiali. Si poteva pregare nei Gruppi pur restando nella propria associazione. Molti erano gli aderenti all'Azione Cattolica che nei Gruppi avevano ritrovato il gusto di essere Chiesa. I preti erano tutti contenti e le cose andavano a gonfie vele. Nel 1959 il primo Convegno Nazionale dei Gruppi di Preghiera si svolse a Catania, nel quadro del Congresso Eucaristico Nazionale che consacrò l'Italia al Cuore Immacolato di Maria secondo il messaggio di Fatima, presente tutto l'Episcopato.

Era un momento importante per la missione di Padre Pio. Al convento era superiore padre Carmelo da Sessano, devoto ex allievo del Padre. Dal '53 al '59 fu il suo braccio. Grazie alla sua attività vennero su la Casa Sollievo della Sofferenza, i Gruppi, una «Cooperativa di Consumo san Francesco», tre asili infantili, laboratori per la gioventù femminile, un centro di addestramento professionale, un cenacolo francescano di cultura, un Istituto Tecnico Industriale a indirizzo minerario, ospizi, orfanotrofi, opere di assistenza. Insomma, S. Giovanni Rotondo entrò a pieno titolo nella civiltà occidentale per l'opera di due frati, la mente e il braccio.

Tale fu il successo di queste iniziative che la stessa Radio Praga si sentì in dovere di intervenire per incitare i comunisti italiani «a conquistare alla democrazia del progresso e della civiltà la città dove risiede il cosiddetto monaco santo». I protestanti, dal canto loro, elevarono S. Giovanni Rotondo a diocesi per inviarvi un «vescovo» a fare opera di proselitismo. Fecero domanda per costruire una loro chiesa proprio davanti al convento, ma arrivarono troppo tardi: il 2 luglio '59 il cardinale Tedeschini e altri sette tra vescovi e arcivescovi avevano inaugurato la nuova chiesa di S. Maria delle Grazie, capace di contenere migliaia di pellegrini. Il quadro della Madonna fu adornato con una preziosa corona offerta dai cittadini romani (la sottoscrizione era stata organizzata da Mario Cinelli, redattore dell'*Osservatore Romano*).

Insomma, fino a tutto il 1959 per Padre Pio era un trionfo. Lui però stava male, molto male. Guariva uno dal tumore al cervello, e a lui cominciavano terribili emicranie; prendeva su di sé i reumatismi lancinanti di un confratello, e poi restava giorni immobilizzato a letto. A ciò si aggiungano le solite misteriose malattie.

Ma quell'anno fu davvero in fin di vita. Gli diagnosticarono un malaccio (tumore alla pleura) e la notizia finì sulla stampa. Tutti i suoi figli pregavano per lui, ma peggiorava. Non poté più alzarsi dal letto; si limitava a rivolgere un breve pensiero alla folla da un microfono installato al suo capezzale.

Arrivò la «Madonna Pellegrina», la statua che faceva il giro delle province d'Italia. In onore del Padre l'elicottero la portò fino a S. Giovanni Rotondo, con le due colombe selvatiche (dono di due orfanelle pisane) che non lasciavano mai il suo piedistallo. Padre Pio fu commosso fino alle lacrime. Si rivolse alla folla: «Ad una domanda credo che nessuno risponderà negativamente. La domanda è questa: vogliamo amare il Signore? Non credo che ci sia qualcuno che dica no. Però ricordiamoci che la parola *amore* nell'esilio suona lo stesso che *amaro*. Quindi cerchiamo di amare con amore pur soffrendo, perché il soffrire è proprio quello che ci fa espiare. E ci prefigge il Signore: soltanto in Paradiso si ama senza dolore».

Finite le celebrazioni e i festeggiamenti (con autorità religiose e civili, e gli aviogetti della vicina base militare che compivano evoluzioni nel cielo di S. Giovanni Rotondo), l'elicottero con la statua volteggiò tre volte in segno di saluto per il Padre, poi partì. Il frate, che era riuscito arrancando ad arrivare alla finestra, si rivolse alla Madonna: «*Mammi'*! E te ne vai lasciandomi così?». No, non se ne andò lasciandolo così: l'uomo che aveva miracolato mezzo mondo adesso riceveva anche lui un miracolo, per continuare la sua missione. Guarì di colpo, e i confratelli stupirono nel vederlo allegro e arzillo come non mai.

La notizia fece il giro del mondo sulle ali della stampa. Ma la Curia arcivescovile si affrettò a smentire: nessun miracolo era da attribuirsi alla statua della Madonna Pellegrina sulla persona di Padre Pio; il reverendo Padre era guarito da sé la settimana precedente. Melassa, melassa.

Ma c'era poco da annacquare, visto che in quegli anni ci si erano messi anche i comunisti ad andare a farsi convertire in modo clamoroso da Padre Pio.

Marcello Tofani, di Prato, era stato un partigiano di quelli da «triangolo della morte», tant'è che si era fatto sette anni di carcere (la condanna era a venticinque, ma intervenne l'amnistia). Convertito.

Fulgo Palli, capocellula di S. Benedetto in Alpe, era stato sfidato dal gruppo delle donne cattoliche locali. Eh, tu fai il comunista perché non conosci Padre Pio! E lui raccolse il guanto: ci vado, ma tornerò più comunista di prima. Con un compagno (e seguiti dalle donne in macchina, perché non barassero) si recò a S. Giovanni Rotondo. Il Padre li cacciò. Ma, come succedeva a tutti i cacciati, non riuscirono ad allontanarsi e dovettero tornare a confessarsi. Convertiti. Per penitenza il Padre ordinò loro di ritirare tutte le tessere comuniste che avevano rilasciato fino a quel momento.

Teresa Magnanimo, di Roma, segretaria di cellula. Aspettava il quarto figlio. Il marito era tutto politica, per cui in casa si era alla fame. In più la gravidanza si presentava rischiosa. Una sera bussarono alla sua porta due sconosciuti. Si dissero inviati da Padre Pio e comunicarono che il bambino era in grave pericolo: la donna doveva pregare e fare la Comunione per salvarlo. In quello stesso istante la casa si riempì di profumi. Questo evento soprannaturale la convinse. Quando il marito lo seppe cominciò a picchiarla, e tutte le sere la picchiava. Si ripresentarono i due e le dissero di stare tranquilla perché le cose si sarebbero aggiustate. In capo a tre mesi il marito morì.

E non solo comunisti.

Amedeo Giurini era un famoso «33» della Massoneria. Convertito dal Padre, scrisse un libro dal significativo titolo: «Canto di redenzione».

Luigi Ottolenghi, ispettore generale del Ministero della Difesa, ebreo (il nonno era stato Rabbino Maggiore e la madre era imparentata coi Nathan e i Rosselli, nomi di spicco della Massoneria). La moglie era cattolica e lui sincretista. Ma era un uomo retto e non ebbe difficoltà a far battezzare i figli. Fu il Padre ad attirarlo, a suon di profumi.

Auré Caviggioli, notissimo critico d'arte e antiquario di grido, si trovava alla stazione di Roma in partenza per Milano. Ma alla biglietteria gli riuscì di dire solo «Foggia». E, come un sonnambulo, si ritrovò su un treno per il sud, avvolto nei profumi. Strinse amicizia col Padre, ma aspettò due anni a confessarsi. Fu cacciato continuamente, per i due anni successivi. Alla fine, disperato, «chiamò» mentalmente il frate nella stanza d'albergo che occupava a S. Giovanni Rotondo. E se lo ritrovò davanti, in piena notte.

Eligio D'Antonio era di Roma e animava i pellegrini a S. Giovanni Rotondo. La sua parrocchia, nel Tufello, aveva eletto Padre Pio suo parroco onorario (e il Padre, dopo aver accettato, non tralasciò più di informarsene continuamente). Aveva la tubercolosi ed era stato operato. Quel giorno stava chiedendo al Padre un consiglio su commissione di una terza persona. Tutte le volte che apriva bocca, il frate gli dava un colpo sul petto col dorso della mano: «*Vattenne!*». Così per due giorni. Alla fine desistette, ma si trovò guarito.

Anna Maria Fontana, sarta di Roma, affetta da una grave forma di eczema alle mani e ai piedi. Pregò mentalmente Padre Pio di guarirle almeno le mani, per poter lavorare. Guarì, ma solo alle mani. A un cieco che, grazie al frate, aveva recuperato, come aveva chiesto, «almeno» un occhio, Padre Pio in seguito disse: «Così impari a non avere fiducia in Dio. Bisogna sempre chiedere la grazia più grossa».

Antonio Giacchetta era in ospedale: dovevano amputargli le gambe. Gli misero un guanto di Padre Pio sugli arti e guarì (dimostrando che quelli che rubavano reliquie del frate non avevano poi tutti i torti).

Desiderio Magnani, un operaio di Padova, era in fin di vita per ustioni di terzo grado su tutto il corpo. I suoi inviarono un telegramma a Padre Pio. La notte stessa l'uomo vide un frate che lo benediceva vicino al suo letto. Guarito completamente.

Concetta Longobardi, moglie di un funzionario del Ministero degli Interni. Tumore. Si recò dal Padre con un pellegrinaggio organizzato dal Ministero (ne organizzava due l'anno: altri tempi) ma, non potendo aspettare giorni per confessarsi, tornò indietro. Guarì lo stesso per la sua fede, a suon di profumi.

Potremmo continuare per pagine e pagine con questo elenco di miracoli, e dovremmo includere anche un folto manipolo di redattori dell'*Osservatore Romano*, l'organo ufficioso della Santa Sede. Eppure, quando la *Settimana Incom* pubblicò la notizia che Padre Pio aveva predetto la tiara pontificia ad Angelo Roncalli (cioè Giovanni XXIII), la valanga di smentite curiali (e anche da parte dello stesso Papa, come vedremo) superò la velocità della luce.

E in fondo che c'era di strano e, soprattutto, di male? Se la profezia era vera, proveniva da Padre Pio, miracolatore di mezzo mondo, non da un ciarlatano qualsiasi. Anche Giovanni Paolo II ricevette analoga profezia, e quand'era ancora giovane sacerdote. Anzi, sembra che

Padre Pio gli abbia detto addirittura che sarebbe stato «Papa di sangue», e non risulta che l'attuale Pontefice abbia mai smentito. Può benissimo essere anche questa una delle tante leggende che corrono sul conto del frate del Gargano, ma non pare argomento di cui ci si debba, in ogni caso, vergognare.

Ma torniamo ai Gruppi. In pochi anni gli aderenti divennero legione e molti entusiasmi mitriati si affievolirono.

Per i preti e i vescovi ostili a Padre Pio, i Gruppi erano puro fumo negli occhi. Finché il frate se ne stava rintanato nel suo convento fuori mano, pace: lui si faceva i miracoli suoi e gli antipatizzanti i fatti loro. Qualcuno strigliava i pellegrini appartenenti al suo gregge dal pulpito o dalle pagine del bollettino diocesano e tutto finiva lì. Ma adesso c'era questa «quinta colonna» del Padre Pio proprio tra i piedi.

I Gruppi attiravano, come si è detto, gente delle altre associazioni laicali e queste s'infiammavano di ritorno per il frate stigmatizzato. Ora, si è anche detto che tutto ciò comportava delle ricadute benefiche sul piano dell'impegno cristiano, con incrementi di devozione e santità personale che i pastori non erano mai riusciti a ottenere prima. Qualcuno – si è detto anche questo – era contento, qualcun altro s'infastidiva. Ma la contentezza degli uni divenne fastidio e il fastidio degli altri divenne livore quando le offerte cominciarono a prendere la via della Casa Sollievo della Sofferenza.

Il vescovo di Padova, il cappuccino Girolamo Bortignon, incarnò la punta di lancia di questo livore.

Proveniva da Romano di Ezzelino, provincia di Vicenza, il luogo che aveva dato i natali al crudelissimo tiranno medioevale che nemmeno sant'Antonio da Padova era riuscito a convertire. Passava per un conservatore (una volta andò di persona a tirar giù i cadaveri di alcuni fascisti impiccati dai partigiani), ma chissà, forse l'aria natia aveva influito sul suo carattere, rendendolo rigido e ultrarazionale, particolarmente infastidito da tutto quel che puzzava di «para-normale».

A sua giustificazione parziale si deve dire che costui era proprio perseguitato dai santoni: nel 1938 era stato Provinciale del Veneto ed aveva avuto a che fare col Servo di Dio padre Leopoldo da Castelnuovo, un frate provvisto di doni come la scrutazione delle coscienze e la profezia. Anche in questo caso, tonnellate di pellegrini ai piedi di padre Leopoldo (che in più difendeva Padre Pio). Gli equivoci e i fraintendimenti che «Quello con le Corna» semina attorno ai sant'uomini non mancarono e il Provinciale vietò a tutti di confessarsi col padre Leopoldo, dando anche credito alle voci di lassismo che correvano sul conto del vecchio frate e costringendolo, per questo motivo, a ridare gli esami di morale. Dopo la morte di padre Leopoldo, però, Bortignon – pare – fu tra i caldeggiatori del processo di beatificazione, che è attualmente in corso.

Poi spuntarono i Gruppi di Preghiera di Padre Pio. E le immaginette di lui, i libretti da Messa con le sue foto, le medagliette, il lumino acceso davanti all'effigie del frate nelle abitazioni, i pezzetti di saio e di bende insanguinate.

Divenuto vescovo di Belluno, Girolamo Bortignon cominciò col vietare il Gruppo locale perché composto da «fanatici». Quelli si spostarono altrove, ma trovarono che il Vicario Generale, Albino Luciani, aveva tolto il permesso ai preti di dirigerli.

Quando Bortignon fu vescovo di Padova, però, le cose presero una brutta piega. Il Gruppo locale era stato fondato da un tizio, convertito da Padre Pio dopo una vita burrascosa. Costui, minacciato addirittura di scomunica se non avesse sciolto il Gruppo, si recò dal vescovo e gettò sul tavolo il Rosario che portava sempre con sé: «Questo lo tenga lei, io mi rimetto in tasca la rivoltella».

Bortignon evidentemente non pensava che le cose potessero arrivare a quel punto e magari era sinceramente preoccupato per la salvezza di quell'anima. Così tolse i divieti. E i Gruppi si moltiplicarono.

Nel 1955 il vescovo lanciò una raccolta di offerte per la costruzione di un Seminario e di una Casa della Misericordia per disabili. Le opere videro la luce solo dieci anni dopo e con una spesa incredibilmente superiore al previsto (e a poco valsero le pesche di beneficenza, le «cento lire per un mattone», i sorteggi di televisori, frigoriferi e viaggi a Lourdes), tanto che bisognò vendere l'antico Palazzo dei Vescovi a un industriale privato che ne fece la sua casa di campagna. Per far fronte alle spese impreviste si dovette ricorrere al «banchiere di Dio» Giambattista Giuffré (di cui si parlerà diffusamente nel prossimo capitolo). Ma costui fece bancarotta travolgendo i creditori, così la Diocesi si ritrovò con un cospicuo supplemento di denaro da pagare (e pagò).

In tale situazione si poteva sopportare di vedere le offerte di tanti fedeli finire nelle tasche di Padre Pio, quando *in loco* c'era così bisogno? Il Gruppo padovano (uno dei più antichi) si era impegnato a costruire una fattoria produttiva accanto alla Casa Sollievo della Sofferenza e inviava all'uopo a S. Giovanni Rotondo soldi, opere d'arte, gioielli, automobili e altro. No, non si poteva sopportare.

E poi Bortignon (dal suo punto di vista non del tutto a torto) non poteva tollerare che si tributasse culto a un uomo vivente, con immaginette e lumini. Perciò nel 1956 fece pubblicare sul Bollettino Diocesano una diffida a pregare in onore di Padre Pio e a recarvisi.

Esplosero le proteste, ma il vescovo tenne duro, vietando al Gruppo di Preghiera di riunirsi. Anche nella Basilica di S. Antonio, malgrado questa dipendesse non dal vescovo ma dal Pontefice.

Don Attilio Negrisolo, insegnante nel seminario e fedele di Padre Pio, fece le sue rimostranze direttamente al presule e questo, arciconvinto della bontà della sua tesi, lo mandò a far leggere la diffida direttamente a Padre Pio. Il frate lesse con attenzione lo scritto, poi disse chiaramente (davanti a testimoni, e solo quando gli fu assicurato che era proprio Bortignon a volere una risposta) che non era giusto vietare alla gente di pregare «in unione» con qualcuno (e non «in onore»), né di impedire ai fedeli di confessarsi con chi volevano: i Gruppi erano diretti da un sacerdote e dovevano agire col permesso del vescovo, e se il vescovo non dava il permesso, pace. Il Negrisolo tornò con questa risposta, e aggiunse che i Gruppi esistevano anche in Vaticano e che lo stesso cardinale di Milano, Giovanbattista Montini, aveva raccolto di sua iniziativa più di trecento sacerdoti per dirigere i Gruppi.

Ma il vescovo di Padova rimase sulle sue posizioni. Don Negrisolo pure e fu sospeso *a divinis* (malgrado fosse uno che si buttava in ginocchio tutte le volte che passava l'auto del vescovo). Da quel momento cominciò una *escalation* di bracci di ferro, misure e contromisure nei confronti dei Gruppi che arrivò al parossismo.

Intanto moriva Pio XII. L'anno successivo il Bortignon portava a Giovanni XXIII (di cui era amico fin da quando questi era Patriarca di Venezia) una cospicua documentazione sui Gruppi di Preghiera e contemporaneamente li denunciava al Tribunale Ecclesiastico diocesano per disubbidienza, eresia, superstizione, fanatismo. Don Negrisolo dal canto suo inviò un esposto molto dettagliato al Sant'Uffizio, ma gli fu risposto, genericamente, di fare capo per ogni necessità al suo vescovo. Stessa cosa con don Nello Castello, anch'egli sospeso per via di Padre Pio (e con sospensione pubblicata nel Bollettino Diocesano). Solo nel 1964 il Sant'Uffizio (letteralmente sommerso di memoriali, suppliche, relazioni e controrelazioni per cinque anni) ammise di non trovare colpe nei due sacerdoti: finalmente aveva ricevuto gli incartamenti del processo diocesano, atto *ufficiale* più credibile dei memoriali.

Nel frattempo le cose erano trascese. Il vescovo era convinto che fosse lo stesso Padre Pio a compiacersi del «culto» che i suoi devoti gli tributavano, così nel 1959 riesumò tutti i decreti del Sant'Uffizio contro il frate pietrelcinese (quelli del '23, '24, '26 e '31) e li fece pubblicare sul Bollettino Diocesano. Erano stati abrogati, sì ma, in effetti, solo tacitamente, e per lui erano ancora validi. A causa di questa pubblicazione molti preti diocesani divennero «più realisti del re» e cominciarono a rifiutare i sacramenti ai devoti di Padre Pio.

Tutto finì in confusione generale: chi veniva cacciato di chiesa, chi diffamato dal pulpito, chi accusato di essersi costruito la villa con i soldi delle offerte per Padre Pio. Il principale bersaglio, Costantina Nalesso (che era un po' la *leader* dei devoti di Padre Pio) si rivolse a varie Congregazioni romane, ma non ebbe risposta. Scrisse al Papa. Niente. Allora mise tutto in mano a un avvocato, ma anche qui senza frutto, perché l'avvocato in questione le consigliò di soprassedere: lui a Padova ci doveva vivere e far clienti, cosa che poteva diventare difficile se ci si metteva contro il clero locale.

E così via. I fedeli di Padre Pio furono costretti ad andare a fare la Comunione fuori diocesi e i due sacerdoti sospesi finirono sull'orlo del collasso nervoso (si fecero fare effettivamente delle perizie psichiatriche, perché tra il clero si era sparsa la voce che fossero davvero pazzi).

In verità non tutto il clero padovano era d'accordo con la prova di forza che la Curia conduceva contro gli aderenti ai Gruppi, ma molti preti, stretti tra l'incudine e il martello, optarono per la fedeltà al vescovo; in alcuni di essi, clericalmente, tale fedeltà divenne vera e propria piaggeria (uno di questi venne addirittura schiaffeggiato per strada da un fedele esasperato dalle continue frecciate che gli arrivavano dal pulpito: la cosa finì in tribunale).

In una riunione del Terz'Ordine francescano di una cittadina della diocesi, due ebbero l'infelice idea di dar lettura di un telegramma: proveniva dalla Segreteria di Stato e c'era la benedizione del Papa al Convegno dei Gruppi di Preghiera dell'Emilia. Il vescovo chiese lo scioglimento immediato del Terz'Ordine. Qualcuno gli fece presente che forse esagerava e lui fece marcia indietro, ma pretese l'espulsione dei due responsabili, misura prevista solo in casi di gravissimo scandalo personale. Evidentemente la benedizione del Papa ai Gruppi rientrava in tali casi, almeno per il presule, visto che contraddiceva in pieno la sua diffida. Ma ormai, come si è detto, le cose erano trascese.

Don Negrisolo e don Castelli erano stati sospesi perché «ostinati» nella disubbidienza (cioè volevano sapere, magari per iscritto, *perché* dovevano rinunciare al loro confessore). Uno venne relegato in un convento cappuccino di Bassano del Grappa, l'altro si cercò di mandarlo a Trento, dove finivano i preti sospetti di tendenze innominabili. Il fatto era che questi due *resistevano*, inviando memoriali, suppliche, petizioni, esposti in Vaticano (e, per conoscenza, alla Curia locale), chiedendo di essere giudicati con procedure regolari. Dalle Sacre Congregazioni tornavano invariabilmente inviti all'obbedienza al proprio vescovo, e così non se ne usciva mai. Ai due veniva rifiutata anche la Comunione, e non solo in diocesi, perché ovunque andassero il marchio di «ribelli» li seguiva. Il Negrisolo fu cacciato perfino da S. Maria delle Grazie, con l'intervento della forza pubblica richiesto dal superiore del tempo, padre Rosario da Aliminusa.

Il Provinciale veneto che mise a disposizione i conventi cappuccini per i «ribelli» era uno dei fedelissimi di Bortignon, padre Clemente da S. Maria in Punta. Costui verrà nominato Amministratore Apostolico proprio a Foggia.

Capitolo Quattordicesimo

DIO E/O MAMMONA

All'inizio degli anni Cinquanta, sotto il nuovo Provinciale padre Teofilo da Pozzo, comparvero sulle mura del convento delle cassette con su scritto «Lettere per Padre Pio».

Cos'era questa storia? I figli di Padre Pio mettevano nelle lettere i segreti più segreti della loro coscienza (e denaro), e non avevano certo piacere che qualcun altro ne venisse a conoscenza.

In altri tempi la cosa sarebbe stata interpretata *pro bono*: si sarebbe pensato che le cassette servivano a facilitare il compito di smaltimento della posta, poi letta, come sempre, direttamente dal Padre o da un fidato confratello. In altri tempi, appunto, non certo in quelli. Le lettere contenevano, spesso e volentieri, anche denaro per le opere di Padre Pio (cioè la Casa), proprio per questo di *quei* tempi nessuno si fidava di mani diverse da quelle del frate. Perché quelle cassette? Forse perché il frate non controllasse quanto denaro arrivava? Ma gli si poteva ordinare di consegnarlo tutto al superiore. O si voleva che non lo sapesse neanche il superiore?

Ma che avevano di speciale quei tempi? Sì, Padre Pio era già stato crocifisso una volta dal Sant'Uffizio e la cappa di sospetto su di lui non era mai venuta meno; era stato sì accusato, a suo tempo, anche di «distrazione di fondi», ma tutto era stato chiarito. Per dirla in soldoni: nessuno aveva mai osato *appropriarsi* del denaro inviato a Padre Pio. Invece il sospetto adesso era proprio quello, e agli oblatori la semplice vista delle cassette sul muro del convento aveva fatto salire il sangue alla testa. Perché?

Dobbiamo fare un passo indietro e familiarizzarci con un distinto signore che rispondeva al nome di Giambattista Giuffré.

Costui era un ex bancario di Imola riciclatosi in finanziere. Aveva ideato un sistema per far denaro (e, va detto onestamente, anche farne fare) basato sul prendi-e-presta. Una specie di catena di S. Antonio il cui meccanismo era pressappoco così: lui prendeva in prestito del denaro promettendo interessi elevatissimi (in qualche caso fino al cento per cento), lo prestava a sua volta e, con gli interessi percepiti, pagava gli interessi ai suoi creditori. Più si allargava la raccolta prestiti e più la cosa funzionava. Più era il denaro a disposizione e più facilmente si pagavano gli interessi ai primi creditori; i successivi venivano pagati in un secondo tempo, dopo aver raccolto gli interessi dei prestiti effettuati. E così via.

La cosa andò avanti allegramente con godimento di tutti fino a un certo punto, al punto cioè in cui tutte le catene di S. Antonio crollano come il domino. Basta che gli ultimi anelli della catena non stiano al gioco e tutto va a catafascio: se l'ultimo non paga, non si può pagare i precedenti ed è il tracollo.

Qualcosa del genere accadde al Giuffré.

Il guaio era che Giuffré frequentava i frati cappuccini. Anzi, i cappuccini frequentavano lui, portandogli denaro da far fruttare. Naturalmente per opere pie: un nuovo seminario, una nuova chiesa, la ristrutturazione di un convento, un tetto da riparare, un asilo da costruire, l'auto per il superiore, eccetera. Purtroppo i cappuccini, per via del voto di povertà, non erano ricchi, per cui il denaro da affidare a Giuffré se lo facevano prestare a loro volta. Ricevevano, ad esempio, un milione che davano al finanziere, e questi ne restituiva a suo tempo due: uno e trecento venivano riconsegnati, il resto era trattenuto. Così erano tutti contenti.

Poiché, ripetiamo, la cosa funzionava davvero, molti frati cominciarono a coinvolgere altro clero, parenti, amici, fedeli. Più denaro consegnavano al Giuffré e più ne tornava loro. Qualcuno investì soldi della parrocchia e addirittura della diocesi, qualcun altro si caricò di mutui bancari (le banche chiedevano un interesse inferiore a quello corrisposto da Giuffré).

Sorsero monasteri e conventi, Case dell'Azione Cattolica, sale di lettura, chiese, asili, campi sportivi, teatri e cinema parrocchiali. In alcuni di questi edifici campeggiava una lapide di ringraziamento per Giuffré. A Cesena, nel 1956 uscì un opuscolo illustrativo delle «Opere dell'Apostolato Cattolico, edifici sacri, istituti religiosi e case per lavoratori sorti nella città e Diocesi di Cesena per la munificenza del commendator Giambattista Giuffré». Era firmato da un Comitato Promotore di cui facevano parte, fra gli altri, il Guardiano e l'Abbadessa dei Cappuccini di Cesena.

Tale era il successo dell'iniziativa giuffreiana presso il clero che molti frati finirono per sostituirsi al «banchiere di Dio» (come era soprannominato il Giuffré) nello stabilire gli interessi, e la sarabanda del presta-e-ripresta si allargò in spire concentriche fino a coprire l'Italia (e non solo).

E a S. Giovanni Rotondo? Tra il '51 e il '52 ci fu una serie di «visite» di autorità cappuccine alla Casa Sollievo della Sofferenza; alla fine, senza apparente motivo, il Guardiano del convento, padre Agostino da S. Marco in Lamis, si dimise, con dimissioni subito accolte. Lo sostituì padre Ferdinando, anch'egli da S. Marco in Lamis.

Fu in questo momento che comparvero le famose cassette per le lettere.

Il malcontento suscitato dall'iniziativa (cioè la minaccia neanche troppo larvata dei fedeli di lasciare le summenzionate cassette vuote) fece sì che in sostituzione del padre Ferdinando (morto nel frattempo) fosse nominato Guardiano padre Carmelo da Sessano, il «braccio» di Padre Pio di cui si è già parlato.

Padre Carmelo ricevette un pressante invito a investire i soldi della comunità (e magari quelli che facevano capo a Padre Pio) nell'impresa Giuffré. Ma padre Carmelo non ci vide chiaro e ne parlò a Padre Pio. Questi gli disse senza mezzi termini che la cosa gli pareva immorale oltre che illecita. Si riunì il consiglio del convento e la proposta fu respinta. La cosa, a detta di molti commentatori, dovette gettare nel panico l'intero Ordine, perché nel frattempo il crack del «banchiere di Dio» si era manifestato. La Guardia di Finanza aveva cominciato a muoversi e c'erano state perfino interrogazioni parlamentari (anzi, il Parlamento aveva addirittura istituito un'apposita commissione d'inchiesta, la cosiddetta Commissione Paratore).

Alle prime avvisaglie di insolvibilità, la Sacra Congregazione del Concilio aveva decretato la diffida, con annessa scomunica, per i religiosi coinvolti, la deposizione e l'inabilitazione a ricoprire cariche per i superiori che avessero consentito e, infine, l'obbligo della riparazione. Ma come riparare se l'Ordine era al tracollo? Semplice: Padre Pio. Era l'unico cappuccino che potesse contare su ingenti quantità di denaro.

Ma Padre Pio dimostrò subito di non avere alcuna intenzione di stornare le offerte che i fedeli gli facevano – col preciso scopo di sovvenire ai bisogni della Casa Sollievo della Sofferenza – per ovviare alle castronerie dei confratelli. E anche se avesse voluto, in coscienza non avrebbe potuto: non era denaro suo e non poteva farne quel che voleva.

Giuffré nel frattempo era finito in tribunale. Ma era tranquillo. Asseriva di avere alle spalle «personalità» che l'avrebbero coperto. Invece non solo le «personalità» non lo coprirono affatto, anzi, lo abbandonarono al suo destino (morì solo e povero qualche anno dopo), preoccupandosi solo di fare sparire gli archivi e i documenti compromettenti.

Il curatore fallimentare parlò di quasi dieci miliardi di lire (dell'epoca) tra capitale e interessi, versati da Giuffré a Istituti Religiosi. Moltissimi testimoniarono che a parlar loro dell'affarista di Imola erano stati dei cappuccini.

Tutti questi testimoni erano stati rovinati dal crack, e si trattava di gente il più delle volte di non larghe condizioni economiche, che aveva visto i propri risparmi prendere il volo e non più tornare, trasformati, attraverso una serie di complicatissimi rigiri, in chiese e asili. O in «villaggi Giuffré» come quello di Cesena.

Alla fine del Concilio Vaticano II la Santa Sede ordinerà una Visita Apostolica in tutto l'Ordine Cappuccino. Ma adesso, come si vedrà, chi parava tutti i fulmini era sempre e solo Padre Pio. Il Padreterno permetteva che si colpisse lui, per misericordia nei confronti dell'Ordine che tanti Santi aveva dato. Grazie a Padre Pio, la grandezza di quest'Ordine non rimase offuscata dall'*affaire* Giuffré. Fu debolezza di alcuni, forse dello stesso Ministro Generale dell'Ordine, padre Clemente da Milwaukee, che non intervenne per tempo con sufficiente fermezza (o forse non intervenne affatto: non si dimentichi che il lunapark di Giuffré andò a gonfie vele per anni).

Ma, come non è giusto giudicare il cristianesimo guardando i cristiani che *non* lo applicano, così prima di deplorare il comportamento dei cappuccini in quel frangente è bene ricordare che si trattava pur sempre di un Ordine che poteva esprimere gente come Padre Pio.

Un'antica leggenda ebraica dice che bastano trentasei giusti per ovviare alle mancanze di un'intera generazione. Al cristianesimo ne basta uno.

Lo scandalo Giuffré condusse l'Ordine al collasso economico. Pio XII era stato categorico: la Santa Sede si sarebbe accollata i debiti, ma i cappuccini dovevano restituirli. Ancor più categorico era il vecchio Codice di Diritto Canonico nei riguardi del clero che si dava a speculazioni. Padre Mauro da Grizzana nei suoi manuali di teologia morale aveva addirittura specificato che un interesse superiore della metà a quello comunemente accettato era da considerarsi *tout court* illecito. Eppure era lui il Definitore Generale dell'Ordine; e divenne anche Procuratore Generale (in seguito la Commissione cardinalizia incaricata di condurre l'inchiesta sulla faccenda lo fece trasferire all'estero).

Il Generale dell'Ordine, padre Clemente da Milwaukee, alla fine di tutto ebbe a dichiarare quanto segue: «Fummo costretti a pagare una enorme somma di denaro. Per la qual cosa avvenne che fummo quasi ridotti alla rovina, anzi al disastro economico».

Bisognava trovare assolutamente dei soldi, molti soldi. Un personaggio parecchio coinvolto nella faccenda dei prestiti a Giuffré era padre Teofilo da Pozzo della Chiana, che fu nominato Provinciale a Foggia nello stesso periodo in cui si facevano pressioni su padre Carmelo da Sessano perché «investisse» il denaro del convento (e di Padre Pio).

Intanto lo scandalo si allargava. Qualche religioso chiedeva in gran fretta di essere assegnato alle missioni nel Terzo Mondo. Le clarisse cappuccine, dette «sepolte vive» per via della strettissima clausura, dovettero sopportare l'umiliazione degli interrogatori da parte della magistratura. Anche il cappuccino che a quel tempo redigeva il famoso «calendario di Frate Indovino» ci rimise quattrini, insieme alle migliaia di poveracci ridotti sul lastrico per la loro sprovvedutezza.

Il fatto era che Giuffré non rilasciava ricevute: impossibile quindi conoscere – e provare – l'identità dei creditori, nonché l'entità dei crediti. A suo tempo qualche prete, ingenuamente, aveva propagandato le meraviglie della catena di san Giuffré addirittura dal pulpito, per cui possiamo solo immaginare il numero di vecchine che adesso non sapevano come rientrare in possesso delle loro pensioni. Lo stesso segretario comunale di S. Giovanni Rotondo, dottor Francesco Baccalà, cadde nell'inghippo: non vide più i suoi risparmi e, perseguitato dai creditori, finì col morire di crepacuore. Al processo risultò che un solo cappuccino si era inserito nel fallimento come creditore, ignaro del fatto che l'attivo era di un solo milione.

Dodici anni in tutto durò questa incredibile vicenda. Ne uscirono sconfitti tutti, particolarmente Giuffré, come abbiamo visto. E Padre Pio, come vedremo.

Il 17 novembre 1961 padre Clemente di Milwaukee si recò personalmente a S. Giovanni Rotondo. Corse voce che era andato a farsi consegnare le azioni della Casa Sollievo della Sofferenza. Della voce si impadronì la stampa, che ebbe facile gioco nel collegare la visita del Generale cappuccino alla perquisizione che la Guardia di Finanza aveva effettuato quattro anni prima in casa di Giuffré.

Quella sera la moglie del finanziere aveva consegnato a un cappuccino del convento di Imola una borsa da custodire: era piena di libretti di deposito. Avvertito del fatto, il Definitore Generale (di cui abbiamo già fatto conoscenza) chiese al comandante della Guardia di Finanza la carità di soprassedere. Ma quello non soprassedette e la cosa finì in Parlamento. Da qui l'irato intervento del Papa, che evidentemente non era a giorno della gravità della faccenda.

Giuffré, che forse credeva di avere le spalle coperte, a questo punto si sentì mancare il terreno sotto i piedi e cercò di mollare tutto. Ma come potevano i religiosi coinvolti e sommersi nei debiti fino al collo mollare tutto? Così cercarono di convincere l'affarista a entrare in una grande Società Finanziaria che avrebbe salvato capra e cavoli con l'appoggio del Vaticano. Questo almeno emerse dai verbali dell'interrogatorio del «banchiere di Dio». Naturalmente il Vaticano si guardò bene dall'avallare un'iniziativa del genere, così tutti rimasero a piedi.

Il Capitolo Generale dell'Ordine del '58 non poté fare altro che rieleggere alle massime cariche gli stessi uomini: è facile immaginare quale deve essere stato l'ordine del giorno.

La situazione era disperata. Nessuna banca, nemmeno all'estero, era disposta a sbloccare i depositi di Giuffré. Costui dichiarava davanti ai giudici che l'attivo c'era, ma era stato trasferito a «personalità» di cui rifiutava di fare i nomi. Asseriva anche che i suoi schedari erano stati «ritirati» da alcuni frati a nome dell'Ordine. Uno di questi frati era all'estero: ammise di detenere parte di questi schedari, ma non volle consegnarli perché, a suo dire, gli erano stati affidati «come sacerdote». Il magistrato a ogni buon conto gli inflisse una condanna a tre anni, poi si rivolse all'Ordine, ma il Definitore Generale cascò dalle nuvole, coinvolgendo nella caduta anche i creditori che a lui si erano indirizzati non sapendo più a che santo votarsi.

L'amara verità era che i soldi non c'erano e i più rimasero a bocca asciutta. Non fu mai possibile accertare il giro d'affari messo in moto da Giuffré: il tribunale, in base alle dichiarazioni dei creditori insinuatisi nel passivo, calcolò un totale approssimativo (ma di soli interessi) di ventun miliardi e mezzo del tempo. L'unica cosa che si poteva vedere erano i diciassette nuovi conventi cappuccini costruiti coi «contributi» (li chiamava così) di Giuffré. Il Generale dell'Ordine fece i salti mortali per restituire le somme anticipate dalla Santa Sede, ma il debito era davvero enorme e molte Province cappuccine, specialmente quelle più coinvolte, non potevano pagare.

Che fare? Vendere le costruzioni? Facile a dirsi, meno facile a farsi. Un convento non è un edificio che trova immediati acquirenti. Che se ne fanno i laici di un palazzo a forma di convento con chiesa annessa? Certo, non erano tutti conventi, ma chi ha pratica di vendite immobiliari sa che quando si va di fretta non si vende, si *svende*.

E quand'anche si accettasse di svendere a prezzi stracciati, non sempre i proprietari sono d'accordo, specialmente se quel che hanno costruito viene da denari sudati e non dalle «catene» alla Giuffré. Come nel caso del nuovo seminario di Manfredonia, attorno al quale i religiosi fecero quadrato contro le pretese della Curia Generalizia. Fioccarono i trasferimenti e, in sostituzione, arrivò un folto manipolo di «giuffreiani».

Ma un'altra mazzata si preparava a cadere sulla testa del povero padre Clemente da Milwaukee, per sua sfortuna ancora Ministro Generale dell'Ordine.

A Mazzarino, in provincia di Caltanissetta, quattro frati cappuccini, provvisti pure di cariche all'interno della Provincia monastica, vennero arrestati. L'imputazione era: associazione per delinquere, omicidio preterintenzionale, detenzione abusiva di armi, ricatto e tentato ricatto. Al processo furono assolti «per aver agito in stato di necessità». La cosa suscitò il putiferio nel paese e una valanga di proteste in Parlamento. Gli stessi democristiani andarono fuori dai gangheri, con un'interrogazione per bocca dell'onorevole Giovanni Leone.

Gli anni immediatamente precedenti, tra l'altro, avevano registrato altri due episodi incresciosi: alcuni frati di Albano coinvolti in una squallida storia di contrabbando e di ferimenti, e la morte misteriosa di un altro «banchiere di Dio», tal Carlo Antoniutti trovato cadavere con due colpi di rivoltella alla testa: suicidio o omicidio? Nella vicenda (in cui entravano debiti e crediti) risultarono implicati una decina di preti, due dei quali furono arrestati per bancarotta fraudolenta.

Il Generale cappuccino comunque tirò un sospiro di sollievo ed esultò della sentenza favorevole ai cappuccini di Mazzarino. Non così la Corte d'Assise d'Appello, che condannò i frati siciliani a otto anni.

Poi padre Clemente di Milwaukee passò la mano. Gli successe padre Clemente da Vlissingen che si trovò a palleggiare una patata davvero bollente e finì per guardare anch'egli, speranzoso, in direzione del solito Padre Pio.

CAPITOLO QUINDICESIMO
LE MANI SULLA «CASA»

Carmelo da Sessano, padre Guardiano del convento di S. Maria delle Grazie, sapeva che Padre Pio aveva il santo vizio di obbedire agli ordini espliciti dei superiori. E sapeva anche che i superiori in questione, giugulati e quasi ridotti alla disperazione dall'*affaire* Giuffré, avevano messo da un pezzo gli occhi sulla Casa Sollievo della Sofferenza, sperando di metterci oltre agli occhi anche le mani. Quando la sua creazione pareva follia, non l'avevano voluta. Adesso che era diventata la prima clinica privata d'Europa, faceva gola.

La «Casa» rappresentava una sorgente d'introiti praticamente senza fondo, foraggiata continuamente com'era dall'afflusso di offerte, doni, lasciti e prebende. Il ragionamento che veniva fatto era semplice: l'Ordine versa in gravissime condizioni economiche, un appartenente all'Ordine dispone di un reddito illimitato, *ergo*...

Evidentemente l'urgenza di trovar denari impediva di svolgere il ragionamento fino in fondo, altrimenti ci si sarebbe ben resi conto che le offerte non andavano tanto alla «Casa» quanto a Padre Pio e alla sua capacità di far miracoli. Né ci si rendeva conto del fatto che, in coscienza, il frate non poteva disporre di quelle offerte a suo piacimento, pena la perdita di credibilità (e, conseguentemente, delle offerte medesime).

Forse si pensava che un appello di Padre Pio agli oblatori avrebbe potuto convogliare le offerte in questione verso le necessità dell'Ordine. Ma i fedeli non erano scemi e sapevano che per «necessità dell'Ordine» andava intesa la posizione dei cappuccini nello scandalo Giuffré. La cosa era da anni su tutti i giornali, non era certo un segreto. Non solo, ma Padre Pio aveva già avuto problemi con le autorità ecclesiastiche. Se avesse pronunciato un appello del genere tutti avrebbero pensato che vi era stato costretto. Insomma, l'unica soluzione praticabile appariva questa: appropriarsi della Casa Sollievo della Sofferenza.

La clinica era inizialmente una Società per Azioni. Padre Pio ne era solo il supervisore a distanza, per via del voto di povertà. Poi fu costituita una Congregazione del Terz'Ordine Francescano provvista di personalità giuridica che ne assunse in proprio la gestione. Pio XII affidò la direzione della Congregazione a Padre Pio e lo sciolse dal voto di povertà, permettendogli l'intestazione delle azioni. Il Padre chiese al Pontefice di accogliere la Casa nelle Opere di Religione e di renderne proprietaria la Santa Sede, ma il Papa rifiutò: concesse che le azioni della Casa fossero depositate presso l'Istituto per le Opere di Religione, riservando alla Santa Sede solo il diritto di sindacare la destinazione dei beni in questione.

Attraverso tale *escamotage*, ideato dai figli di Padre Pio (specialmente da monsignor D'Ercole, che, dopo averci pregato su, ricordò un analogo precedente del Venerabile Ludovico da Casoria, nel 1859), cessò la Società Casa Sollievo della Sofferenza e iniziò l'Immobiliare Casa Sollievo della Sofferenza. Questa cedette il tutto in affitto al Terz'Ordine, il quale affidò i poteri di amministrazione a Padre Pio. Padre Pio, infine, dettò un testamento che indicava la Santa Sede come erede universale. In questo modo il Padre e la Casa venivano a dipendere direttamente dal Vaticano senza bisogno di passare attraverso l'Ordine cappuccino.

Questa complessa operazione giuridica, però, il frate con le stimmate la pagherà molto cara.

Qualcuno potrà tuttavia pensare che in fondo Padre Pio qualche aiuto ai confratelli indebitati poteva anche darlo. Erano stati imprudenti nella faccenda Giuffré, sì, ma tutto per buone cause, per costruire chiese, asili, conventi. Erano, è vero, passati sopra al Diritto Canonico, alle norme di morale che disciplinano il prestito a interesse, ai richiami vaticani e ai divieti papali. Avevano, certo, con il loro comportamento non sempre limpido, contribuito a gettare sul lastrico molti poveracci, fatto finire in galera qualcuno e lasciato «incastrato» il Giuffré.

Ma sempre in buona fede. Le conseguenze spiacevoli di cui sopra, poi, erano state causate più che altro dal panico e dal timore dello scandalo. Va bene che poi lo scandalo c'era stato lo stesso, va bene che nessuno dei responsabili aveva pagato (né pagò mai) gli errori commessi, va bene che i predetti responsabili anziché essere mandati in qualche sperduta missione keniota vennero promossi e posti tutt'attorno a Padre Pio come un cordone sanitario. Ma cosa avrebbero detto i fedeli, e soprattutto i nemici della Chiesa, se giustizia fosse stata apertamente fatta? Quale danno ne sarebbe derivato alle anime?

Probabilmente nessuno. Gli scandalizzati cronici (quelli cioè che si scandalizzano sempre e per ogni inezia) si sarebbero scandalizzati come al solito (e questi è meglio perderli che trovarli). Ma gli altri ne avrebbero tratto sicuramente edificazione, quell'edificazione che non trassero dallo spettacolo di un Padre Pio crocifisso per la seconda volta, e proprio dai suoi.

Ma torniamo alla domanda. Perché Padre Pio acconsentì alla complicata operazione che sottrasse la Casa alle mire dell'Ordine, proprio quando l'Ordine era nei guai?

La risposta è presto data: perché la cifra che serviva all'Ordine era tale da prosciugarne dieci di Case e, per giunta, senza serie probabilità di uscire dagli inghippi, date le sperimentate capacità finanziarie delle autorità dell'Ordine medesimo.

Questo fu subito chiaro. La Provincia cappuccina aveva bussato a denari da Padre Pio già a suo tempo, e il Padre aveva chiesto agli amministratori della Casa di versare quaranta milioni senza interessi. Meno di due mesi dopo la Provincia tornò alla carica. Ancora una volta Padre Pio informò i gestori della Casa, ma questi, mangiata la foglia, si rivolsero a Roma (adesso, grazie alla lungimiranza di alcuni, la Casa dipendeva dalla Santa Sede).

Pio XII aveva detto a suo tempo: «Si lasci in pace Padre Pio», perché conosceva i suoi polli. Il problema era che spesso non veniva nemmeno informato delle «iniziative» riguardanti S. Giovanni Rotondo. Un esempio? Nel 1951 e nel 1952 vi si svolsero due «visite» che si conclusero con la messa all'Indice di alcune biografie del Padre. Il Papa lo seppe dall'*Osservatore Romano*. Gli autori dei decreti vennero trasferiti e i decreti in questione non comparvero sugli *Acta Apostolicae Sedis*.

Ma Pio XII non c'era più. Allora gli amministratori della Casa si rivolsero al cardinale Ottaviani, prefetto del Sant'Uffizio e rinomato uomo tutto d'un pezzo.

Correva l'anno 1960, cinquantesimo del sacerdozio di Padre Pio, e a S. Giovanni Rotondo accadevano cose da film neorealista. Al padre Mariano da S. Croce il frate con le stimmate consegnava le offerte da portare alla Casa. Un giorno il poveraccio si trovò di fronte il Provinciale che gli chiese di darle a lui. Quello rifiutò e aprì il suo calvario: finì in una casa di cura per malattie mentali, dopo aver firmato una ritrattazione in cui diceva che l'episodio col Provinciale non era mai avvenuto.

E poi le voci. Cominciarono a circolare «voci»: quando Padre Pio si ricoverava per accertamenti alla Casa «non dormiva solo» (il poveruomo aveva settantatré anni); Padre Pio consegnava tutte le lettere che riceveva agli amministratori della Casa, anche quelle contenenti solo i casi di coscienza; Padre Pio denigrava l'attuale Papa dicendo che era meglio quello di prima; i fedelissimi di Padre Pio tramavano in segreto per provocare il trasferimento dei superiori. Eccetera, eccetera, eccetera.

Ottaviani credette bene di inviare a S. Giovanni Rotondo un suo incaricato personale, monsignor Mario Crovini, capo ufficio della Congregazione dell'Indice e suo sostituto al Sant'Uffizio. Questi soggiornò nel paese garganico dieci giorni, dal 18 al 28 aprile 1960, e constatò che davvero la vita di Padre Pio era diventata impossibile. Dietro sua relazione, fioccarono i trasferimenti.

Ma la Provincia cappuccina di Foggia in cinque anni aveva versato un miliardo e seicento milioni per contribuire a tappare il «buco» dello scandalo Giuffré. Adesso era allo spasimo e, per di più, la Casa aveva chiuso i cordoni della borsa.

Cominciò un fitto intreccio di corrispondenza tra la Provincia e la Curia Generalizia. Si misero in moto gli appoggi vaticani. Da tutto questo fervore d'attività scaturì un primo risultato: i trasferimenti furono sospesi. A Foggia piombarono alcuni frati e un prete romano, non si sa bene a che titolo: si sa solo che il Provinciale, padre Amedeo da S. Giovanni Rotondo, chiese al Generale un'inchiesta su Padre Pio. Forse in preparazione della medesima s'inaugurò tutto un tramestio attorno al convento di S. Maria delle Grazie, un andirivieni costellato di lettere, di incontri, di «rivelazioni» da parte di una suora del posto. Quest'ultima si diceva in comunicazione diretta col Padreterno, il quale le assicurava in coscienza che Padre Pio era un diavolo da esorcizzare con ogni mezzo.

Con ogni mezzo? Eh, da questo punto in poi, per rendere edotto il lettore, occorrerebbe riportare notizie forse ancora passibili di querela, se non fossero di dominio pubblico. I giornalisti Cirri e Chiocci a suo tempo pubblicarono ben tre volumi su Padre Pio, in elegante cofanetto cartonato: dentro c'era tutto, ma proprio tutto, compresi i documenti. Rinviamo ad essi il lettore curioso, avvertendo quelli di coscienza delicata che i suddetti volumi sono privi di *Imprimatur* (perché non l'hanno nemmeno chiesto). Noi ci limiteremo a riferire soltanto quel che si trova su *tutte* le biografie di Padre Pio, ricordando altresì che la stampa del tempo, *tutta* la stampa del tempo, non ebbe i riguardi che noi ci sforziamo di avere.

La marchesa Giovanna Boschi un giorno ebbe una sgradita sorpresa. Una persona le disse di aver ascoltato su un nastro registrato la di lei confessione con Padre Pio. La nobildonna strabiliò: possibile? Sì, era possibile, anzi sicuro, visto che la persona in questione le riferì per filo e per segno tutto quello che aveva detto in confessionale. La stessa cosa accadde a don Nello Castello, uno dei due sacerdoti sospesi *a divinis* di Padova. L'*Europeo* si impadronì della cosa e successe il finimondo.

Era vero? Era vero, sì. Il convento era diventato come l'Ambasciata Americana a Mosca prima della perestroika: microfoni e registratori dovunque. In confessionale, in refettorio, nel parlatorio, nel salottino, perfino sotto il letto di Padre Pio.

Ci sarebbe da ridere se non ci fosse da piangere. Scherzi da prete, da preti assolutamente convinti di lavorare per la causa della giustizia (Padre Pio era indemoniato, l'aveva confermato Dio in persona alla suora con le visioni), e per la causa della giustizia si poteva passar sopra a quisquiglie e pinzillacchere come la *privacy* altrui e il sacramento della confessione. Se a Padre Pio il successo aveva dato alla testa, se i prodigi che produceva venivano dal diavolo (e il gruppo dei frati «elettromagnetici» ne era assolutamente convinto) bisognava provarlo. Provatolo, le autorità vaticane gli avrebbero sottratto la Casa Sollievo della Sofferenza, questa sarebbe stata affidata all'Ordine e l'Ordine sarebbe stato salvo. Più causa della giustizia di questa si moriva.

In tutte le Passioni ci vuole un Giuda assolutamente convinto che il Maestro sia andato fuori di testa, che è meglio che perisca un uomo solo che non tutto il popolo. Anche Padre Pio ebbe il suo, un tale che aveva beneficato, che si era fatto frate proprio per restargli accanto, e che approfittò della vicinanza fisica per installare marchingegni tutt'attorno al frate con le stimmate. E come al Giuda storico, mal gliene incolse, perché sconvolto da quel che aveva contribuito a fare, chiese di essere trasferito lontano, lontano dagli occhi e dalla misericordia di Padre Pio. Il cardinale Lercaro parlò in seguito di «colui che, conforme la tradizione cappuccinesca, gli era stato dato come bastone della sua vecchiaia, ne fu il traditore miserabile».

Quando Padre Pio si accorse dei microfoni rimase di sasso e si accasciò per la tristezza mortale. Cominciò a portare in tasca un temperino, per tagliare tutti i fili sospetti che vedeva.

A quel tempo i magnetofoni andavano a transistor, erano piuttosto voluminosi ed emettevano ronzii. Facili dunque da scoprire per chi se li fosse aspettati. Non certo per Padre Pio, che mai immaginava si potesse arrivare a tal punto. Per questo molti nastri ebbero il tempo di uscire dal convento prima che il frate divenisse guardingo.

E dire che, generalmente, di fronte a lui le leggi della fisica obbedivano a più alte direttive. Per esempio, non c'era modo di fotografarlo se lui non voleva. E lui non voleva mai: le foto e le riprese cinematografiche che si conservano sono frutto dell'obbedienza ai superiori. Chi cercava di fotografarlo di nascosto trovava invariabilmente la pellicola sovraesposta. Uno si trovò a fotografare la sua sciarpa: tutte le volte che scattava, il vento gliela sbatteva sull'obbiettivo.

Lo stesso padre Carmelo da Sessano rimase giocato in modo simile. Il brav'uomo voleva registrare la voce di Padre Pio per lasciarla ai posteri. Dal suo punto di vista non aveva torto. Immaginate, diceva, se potessimo sentire ancora la voce di san Francesco o quella di sant'Antonio? Così si rivolse a John McCaffery, che era stato nello spionaggio, e gli chiese un aggeggio miniaturizzato da portare sotto il saio. Quello glielo procurò. Solo che tutte le volte che il Guardiano si avvicinava a Padre Pio, il microregistratore cessava di funzionare, per riprendere quando il Padre non era più a portata di microfono.

Padre Pio a volte permetteva che lo si filmasse, ma sempre alle sue condizioni: in occasione di qualche avvenimento e senza interviste personali. Così si ebbe una ripresa televisiva della Messa all'inaugurazione della Casa e due documentari, uno americano e uno svizzero.

Forse presentendo la sua morte, concesse alla BBC di girare un film, *A very private man*, che vinse un premio internazionale e fu proiettato alla televisione britannica. Il regista voleva riprendere anche la Messa e piazzò i riflettori attorno all'altare. Uno di questi andava proprio negli occhi del celebrante: si spense da solo, per poi riaccendersi – sempre da solo – a funzione finita.

Quando terminarono le riprese e la *troupe* fu per lasciare l'Italia, giunse la notizia della morte del Padre. Il regista tornò indietro a filmare i funerali e capì, lui che non era nemmeno cattolico, perché proprio col suo film il frate avesse rotto il tradizionale riserbo.

Ma i registratori in confessionale Padre Pio non li previde. Evidentemente Dio glieli aveva tenuti nascosti per il solito motivo: riparare all'imbecillità umana di tanti consacrati caduti nelle suggestioni dell'Antico Avversario, abilissimo come sempre nel far confondere il bene con il male e nel lastricare con le «buone intenzioni» le vie dell'Inferno.

Il frate con le stimmate, pur nell'Orto degli Ulivi, continuava la sua vita normale di preghiera, sofferenza e miracoli, cercando, quando le circostanze lo consentivano, di non perdere quel senso dell'umorismo che caratterizza le anime profondamente gioiose.

Tra lo stuolo delle persone che si erano stabilite definitivamente a S. Giovanni Rotondo c'era il conte Telfner. Prima stava a Perugia. Era sempre stato un uomo profondamente devoto e tutte le sue amicizie erano in stile. La moglie però cominciava ad averne abbastanza di vedere sempre preti e frati per casa, a pranzo e a cena.

Questa signora un giorno si recò da conoscenti e vide, appeso in bella mostra alla parete, un ritratto a olio di Padre Pio. Il frate vi era raffigurato truce e arcigno, con un'espressione che incuteva timore. Sul quadro c'era una scritta, di pugno del Padre, ottenuta dal proprietario durante una visita a S. Giovanni Rotondo. Forse avrebbe voluto una formula di benedizione, ma il frate scrisse: «Niente paura, sono io». Per la contessa fu come se gli si sciogliesse qualcosa dentro. Scoppiò a ridere e l'episodio divenne, per lei e il marito, il primo passo sulla via di S. Giovanni Rotondo.

Un contadino stava inginocchiato alla balaustra come gli altri, in attesa di ricevere la Comunione dalle mani del Padre. Questi comunicò tutti e saltò lui. Il poveraccio ci rimase male. Solo alla fine della Messa si ricordò che quella mattina aveva spezzato il digiuno (che, al tempo, era ancora dalla mezzanotte).

Un giovane prete americano voleva confessarsi col Padre, ma ne ebbe un rifiuto piuttosto rude. Inalberatosi, uscì dalla chiesa. Poi, fuori, cominciò a esprimersi con gli altri fedeli a colpi di «ma chi si crede di essere» e «sono un sacerdote anch'io». Qualcuno ebbe il coraggio di fargli osservare che forse al frate non garbava il suo frequentare i bar, bere whisky, fumare e portare i pantalo-ni, cosa che era stato visto fare anche a S. Giovanni Rotondo. Quello capì l'antifona e si ripresentò in convento. Non solo Padre Pio questa volta lo confessò, ma lo accolse nella sua cella intrattenendolo benevolmente. Da quel momento l'americano prese a dire il breviario nello stesso istante in cui il Padre iniziava a celebrare la Messa.

Per un certo periodo Padre Pio fu scortato da due carabinieri, perché erano troppe le persone che cercavano di toccarlo. Il frate reagiva ruvidamente di fronte a queste manifestazioni: «Ecché! Oggi qui c'è la rivoluzione!». Ma poi si metteva a ridere, come quando vide la chiesa invasa da una miriade di negri della Costa d'Avorio. A volte dava pure di piglio al cordone del cingolo. «Padre, mi aiuti, io sono buono!». E lui: «Sì, sì, sei buono come il lesso!».

Un giorno, mentre si spogliava dopo la Messa, chiamò da parte uno dei due militi e gli disse di prepararsi perché gli restavano otto mesi da vivere. Il poveretto rimase di sasso. Era giovane e in buona salute, ma sapeva che Padre Pio non parlava a vanvera. Così, grazie anche all'intercessione del frate, si fece dare una licenza e andò a casa. Morì effettivamente dopo otto mesi, ma accompagnato dalle preghiere del Padre.

Quando c'era da dare brutte notizie, Padre Pio non aveva peli sulla lingua. Sapeva che passa la scena di questo mondo e che *l'altro* è migliore. Niente falsa pietà, dunque, perché è più dignitoso trapassare preparati, presiedendo la propria morte e dettando le ultime disposizioni per chi rimane, che non come i cani, così, senza accorgersene (un tempo la Chiesa pregava: *A morte improvisa libera nos, Domine*).

Toccò anche a un cappuccino una predizione del genere: sarebbe annegato nel naufragio di una nave. Quando accadde, chiesero a Padre Pio come mai non l'avesse impedito, visto che lo sapeva. Il frate rispose che il religioso era morto eroicamente, confessando tutti i passeggeri della nave e assicurando così il Paradiso a sé e agli altri.

L'attore Carlo Campanini andava a S. Giovanni Rotondo tutte le volte che poteva, e spesso dava una mano nel servizio d'ordine che stabiliva la precedenza degli uomini in attesa di confessarsi.

Un giorno che era lì in tali faccende affaccendato, vide arrivare un trio dall'aspetto vistoso. Uno sembrava il boss, e stava nel mezzo, mentre gli altri due, in atteggiamento ossequioso, gli aprivano la strada nella folla. I guardaspalle si avvicinarono al Campanini e gli dissero che il Commendatore era una persona molto importante, che veniva da Napoli e aveva poco tempo, per cui se lo si poteva far passare avanti...

Campanini rispose che non se ne parlava nemmeno. Così il Commendatore dovette assoggettarsi a far la fila come tutti gli altri. Quando arrivò il suo turno di inginocchiarsi al confessionale, non fece in tempo ad aprir bocca che ne venne cacciato. Schizzò fuori come una scintilla e andò furente dal Campanini: «Ma che razza di frate è quello? Mi ha detto "vai via, vecchio porco", senza darmi il tempo di fiatare». L'attore rispose che senz'altro il Padre aveva avuto le sue buone ragioni, che se il Commendatore ci pensava un attimo, forse trovava la spiegazione. Quello ci pensò su, poi disse: «Sarà forse perché vivo con una donna che non è mia moglie».

Il giornalista e scrittore Orio Vergani si recò a S. Giovanni Rotondo e fu accolto così: «Tutto questo gran viaggio per vedere me? E non l'avevi a casa un libro di preghiere?». Quello poi scrisse sul *Corriere della Sera* che tutto il suo giornalismo, che ne aveva viste tante, di fronte a Padre Pio si perdeva come uno spillo in un granaio.

Monsignor Giuseppe Del Ton, Segretario alle Lettere Latine della Santa Sede (cioè il traduttore ufficiale del Vaticano) fu guarito da un grave male e scrisse un libro dedicato a Padre Pio, *Il Buon Pastore*, nel quale riportò una frase del frate che lo aveva particolarmente colpito: «Io odio il peccato. Fortunata la nostra patria se essa, che è patria del diritto, vorrà perfezionare in questo senso le sue leggi e i suoi costumi nella luce dell'onestà e dei principi cristiani». Quando il frate subì il secondo *impeachment* (ne parleremo tra breve) Del Ton si precipitò a Milano, dal cardinale Montini e questi gli disse che sarebbe stato felicissimo di avere Padre Pio in diocesi, anzi poteva celebrare anche in Duomo.

Un giornalista gli chiese se gli facevano male le stimmate. «Bello mio, le hai prese per croci di commendatore?». A un altro: «Figlio mio, tu sei troppo curioso. Ricordati che la curiosità è stata il principio della rovina del mondo».

Più che dai curiosi, però, era infastidito dai baciapile. Diceva: «Se volete conservarvi buoni, non frequentate le sacrestie. O dentro o fuori».

E c'erano anche i petulanti, quelli che si mettevano a gridare in piena chiesa: «Padre, cosa devo dire a don Colombo?». E lui: «Digli che non perda le ali». Oppure: «Padre, cosa devo dire a Rosa?». Senza neanche voltarsi: «Dille che diventi Margherita» (in latino, *margarita* è la perla).

Uno sciagurato accompagnò la moglie a S. Giovanni Rotondo. Aveva in animo di assassinarla per poi fuggire con l'amante. Cercava di precostituirsi un alibi psicologico, perché chi porta la moglie in pellegrinaggio non può essere un omicida. Ma una volta in chiesa si sentì irresistibilmente attratto verso la sacrestia. C'era dentro

Padre Pio, che gli rovesciò addosso una valanga di violentissimi improperi. Quello fuggì con l'animo in tempesta e vagò disperato per giorni. Poi tornò e si confessò tra le lacrime.

Lina Buratti, appartenente a una delle più antiche famiglie veneziane, era una spiritista. Fu accolta così: «Svergognata, scomunicata, va' a farti dare l'assoluzione da un altro perché io non te la do!». Rimase per tre giorni come inebetita, poi sentì un gradevolissimo profumo di tabacco (nello stesso istante, a Venezia, anche il fratello lo avvertiva) e tornò a confessarsi.

Un giovanotto genovese aveva tanto sentito parlare di Padre Pio e dei suoi miracoli, così volle metterlo alla prova. Si recò, per scommessa, a S. Giovanni Rotondo e aspettò il suo turno. Al confessionale dichiarò che non era lì per confessarsi ma per chiedere la grazia per un suo parente gravemente ammalato. Padre Pio lo prese a schiaffoni e lo buttò fuori. Le manate furono salutari, perché il giovane si ritrovò a vagare senza pace per le campagne. Dopo qualche giorno si ripresentò e fece una confessione questa volta sincera, che lo trasformò in un acceso propagandista di Padre Pio. Fu lui che, guidato dai profumi, convinse lo scultore Francesco Messina a recarsi a S. Giovanni Rotondo.

La conversione di Messina, clamorosa, culminò in una monumentale *Via Crucis* di bronzo fuori della chiesa di S. Maria delle Grazie, con Padre Pio effigiato nei panni del Cireneo.

La conversione del Messina andò così. Il giovane di cui sopra si sentì guidato dai profumi verso una galleria dove esponeva lo scultore. Poi gli telefonò in albergo dicendogli che aveva un messaggio da parte di Padre Pio. Il Messina, piuttosto infastidito, accettò l'incontro, ma rimase interdetto quando quello gli raccontò la sua storia. Due giorni dopo lo scultore *dovette* andare a S. Giovanni Rotondo, dove scoprì che il frate lo stava aspettando.

Da quel momento, a detta dei critici, la sua arte «prese anima». Stessa cosa per Beniamino Gigli, che portava a S. Giovanni Rotondo gente da tutto il mondo, e spesso si fermava a cantare l'«Ave Maria» o «Mamma» per Padre Pio.

Un sacerdote milanese così commentò il suo incontro con il frate stigmatizzato: «Quando sentivo parlare di Padre Pio facevo spallucce. Mi dicevo che Cristo è presente in ogni tabernacolo, che non c'era alcun bisogno di andare in Puglia. Solo quando ci sono stato ho capito che quel frate ti aiutava ad avvicinarti a quel tabernacolo».

Capitolo Sedicesimo

PERSECUZIONE NUMERO DUE

Il 15 giugno 1960 il Sant'Uffizio inviava monsignor Carlo Maccari a S. Giovanni Rotondo come Visitatore Apostolico. La precedente visita di Crovini veniva di fatto annullata.

Si potrà pensare che l'austera Congregazione si sia mossa per la faccenda dei registratori. E invece no. La Visita era proprio per Padre Pio. Evidentemente si era ritenuto che le «prove» a suo carico fossero sufficienti e convincenti. Il cardinale Parente relazionò al Collegio, nella stessa Sala della Plenaria dove secoli prima si era svolto il giusto ma infelice processo a Galileo. Il cardinale Ottaviani si rifiutò di firmare il documento finale. Fu l'ultimo atto del Sant'Uffizio. Poco tempo dopo il Concilio Vaticano II lo riformava e gli cambiava persino nome, chiamandolo Congregazione per la Dottrina della Fede.

Quasi dieci anni prima Padre Pio l'aveva predetto: «siamo all'ultima stazione, la più lunga e dolorosa». E le punture di spillo erano cominciate subito. Nel dicembre '51 il Sant'Uffizio mandò a S. Giovanni Rotondo due prelati, monsignor Giovanni Pepe e l'abate Emanuele Caronti. Nel gennaio '52 fu il Generale cappuccino a inviare un Visitatore, padre Angelo da Genova. Si cominciò a scoraggiare i pellegrinaggi e la diffusione di immagini di Padre Pio. Nel '53 otto libri sul frate vennero messi all'Indice. Nello stesso anno fu trasferito il Provinciale e sostituito con padre Teofilo da Pozzo. Nel '54 il Generale vietò al Padre di occuparsi delle «questioni» riguardanti la Casa. E così via fino al fatale 1960.

Inquisizione è un termine che gli storici avversi alla Chiesa Cattolica hanno reso odioso. Evoca roghi, ingiustizie, fanatismi e massacri di innocenti. Gli studiosi seri, però, hanno da tempo distinto la *storia* dai *romanzi*, l'Inquisizione *protestante* da quella *cattolica*, la *propaganda* dalla *verità*, e si sono accorti che in realtà l'Inquisizione (cattolica) era un'istituzione molto popolare e amata dalla gente.

Nacque in un tempo in cui l'«eretico» era spesso anche «terrorista», nella migliore delle ipotesi agitatore sociale che mirava a scardinare le fondamenta dell'ordine costituito. Le autorità civili mettevano senz'altro a morte questa gente, senza distinguere se l'azione penalmente illecita era frutto di devianza ideologica o d'altro. La Chiesa avocò a sé il diritto di stabilire chi fosse eretico e chi no, preoccupata più che altro della salvezza dell'anima del reo. Dove fu presente l'Inquisizione (cattolica) il flagello delle guerre di religione non mise piede e la stregoneria rimase quel che era: peccato di superstizione di competenza del confessore ordinario. Nelle zone di influenza del Sacro Tribunale non ci furono *pogrom* contro gli ebrei né caccia alle streghe.

La famigerata Inquisizione Spagnola fu diffamata da Richelieu perché troppo *mite*: il disegno del Cardinale di Ferro era quello di mostrare che solo la Francia salvaguardava convenientemente la purezza della fede. L'altrettanto famigerato Torquemada era di origine ebraica, e proprio grazie a lui gli ebrei spagnoli poterono vivere in pace e prosperare.

L'ancor più famigerata condanna di Galileo consistette

in tre anni di Salmi Penitenziali da ripetere una volta alla settimana (pena, tra l'altro, subito commutata). Per tutta la durata del processo, Galileo fu alloggiato in un appartamento sul Pincio con servitori.

Le cosiddette «vittime» dell'Inquisizione (cattolica) furono abbandonate al braccio secolare per reati ordinari, e costituirono un numero molto lontano, per difetto, da quel che certa storiografia di parte ci ha tramandato.

A tali vittime, comunque, dovrebbero essere aggiunte, per giustizia, gli Inquisitori uccisi dagli eretici. Come san Pietro da Verona, che ebbe la testa spaccata a colpi di scure in un agguato.

L'inquisitore doveva essere integerrimo, di notoria santità di vita, esperto in diritto. Non poteva essere conterraneo dell'inquisito, né avergli fatto in qualche modo del male in precedenza. Non poteva procedere senza testimoni, senza giuria e senza notaio redigente il verbale. L'imputato poteva ricusare lui e i testimoni per qualsiasi motivo.

Un tipo di processo, insomma, inusitato per il tempo in cui fu adottato, ma che fornì il modello garantistico che oggi vediamo in tutti i tribunali.

Poiché i processi dell'Inquisizione erano *scritti*, la verità su questa istituzione è a portata di tutti. Qualche storico ha cominciato a spulciare tali processi con l'aiuto del computer (l'Inquisizione è durata secoli), così la *leggenda nera* è stata ridimensionata. Si è scoperto, per esempio, che le celle dell'Inquisizione (così foscamente descritte da Edgar Allan Poe) erano quasi migliori delle stanze del Ritz: cambio di lenzuola due volte alla settimana, bevanda a richiesta, continue visite di cardinali per assicurarsi che le norme igienico-sanitarie fossero rispettate.

Un *liberopensatore* spagnolo, Pablo de Olavide, chiese di essere trasferito in località termale per via dell'artrite. Fu accontentato. Fece domanda per essere trasferito ancora, perché le acque prescelte non gli giovavano. Fu accontentato nuovamente. Questa volta volle essere inviato in un luogo vicino alla frontiera. Da lì scappò. Rifugiatosi in Francia, scoprì che le galere giacobine erano galere vere. Terminò la sua vita scrivendo un'apologia della Chiesa Cattolica.

L'inquisitore era tenuto al segreto più assoluto sulle confidenze che riceveva, nonché sull'identità dell'indiziato. Non doveva accettare la testimonianza di gente notoriamente poco raccomandabile, quella di nemici dell'inquisito, né formulare le domande in modo capzioso. Tutto quel che apprendeva doveva riferirlo semplicemente all'autorità superiore, la quale avrebbe deciso (molti inquisitori che esagerarono finirono reclusi in convento a vita, per ordine pontificio).

Bene, nel caso di Padre Pio si procedette in modo esattamente opposto.

Monsignor Maccari era Segretario al Vicariato di Roma, preposto alle sezioni competenti per il Culto Divino, le Visite Apostoliche, la Disciplina del Clero e del Popolo Cristiano. Pezzo grosso e qualificato, insomma. Lo accompagnava come suo segretario un giovane sacerdote che suscitò molte critiche: a detta di certuni non era il più adatto a un incarico del genere, perché di non specchiata condotta personale (in seguito lasciò l'abito).

Il Visitatore esordì col confermare il divieto di confessarsi con Padre Pio, *per sempre*, a don Negrisolo e don Castello, i due padovani sospesi *a divinis* dal vescovo Bortignon. Poi deplorò pubblicamente una lettera di protesta che i Gruppi di Preghiera veneti avevano stilato contro il medesimo vescovo Bortignon. Fece anche di più: tolse l'Assistente Ecclesiastico ai Gruppi di Preghiera e vietò il convegno che i Gruppi pugliesi dovevano tenere sotto la presidenza del vescovo Carta.

Il 10 agosto 1960 il cinquantesimo di sacerdozio di Padre Pio si tenne nel silenzio più assoluto. Il povero stigmatizzato con le celebrazioni personali non aveva proprio fortuna: anche la ricorrenza del venticinquesimo, nel '35, era andata così. Né canti, né suoni, né bacio della mano, né *Te Deum*. Era presente un sacco di gente, compreso il Provinciale, e tutti rimasero delusi. Lo stesso il 22 gennaio '53, cinquantesimo della vestizione, presente il Generale.

Ora c'erano settemila persone, tre vescovi (tranne quello di Manfredonia) e le autorità civili. Telegrammi d'auguri arrivarono da dovunque, a migliaia. Uno del cardinale Montini, seguito da quelli di altri insigni prelati come Casaroli, Lercaro, Meyer – da Chicago – e Castellano, Assistente Ecclesiastico Generale dell'Azione Cattolica. Tra i politici, Antonio Segni (la cui consorte dirigeva un Gruppo di Preghiera), Pella, Togni, Zaccagnini, Rumor, Tambroni, Andreotti, Gonella, Scalfaro. Tra gli scrittori, Bacchelli, Bargellini, Graham Greene, e Raoul Follereau, l'apostolo dei lebbrosi. E poi artisti, teste coronate, luminari del mondo scientifico.

Mancò vistosamente la benedizione papale. Per Padre Pio, perché la ricevettero altri due frati di S. Giovanni Rotondo che festeggiavano il cinquantesimo lo stesso giorno.

Il Visitatore fece togliere dal santino augurale di Padre Pio ogni riferimento ai Gruppi di Preghiera, proibì la pubblicazione di un «numero unico» del periodico della Casa Sollievo della Sofferenza e l'organizzazione di un Ufficio Stampa per la ricorrenza, così i giornalisti intervenuti dovettero accontentarsi di guardare a distanza. A padre Agostino da S. Marco in Lamis, antico confessore di Padre Pio, fu vietato di pronunciare l'omelia. Il giorno prima il Visitatore se ne andò, per poi tornare a cose finite.

Ma non poté vietare i festeggiamenti che le autorità civili avevano predisposto, banda, fiaccolate e discorsi.

Il resto fu silenzio, anche – e soprattutto – da parte di

Padre Pio, che si limitò a fare un bilancio della sua vita sacerdotale chiedendo perdono al Signore di tutte le «mancanze e infedeltà» commesse in cinquant'anni. Qualche giorno dopo un suo figlio spirituale gli ricordò il miracolo della cieca nata. Il frate si accigliò e strapazzò l'incauto: «L'hai visto?». Glielo ripeté tre volte, con tono sempre più aspro, finché quello, confuso, abbassò lo sguardo e tacque.

Il 13 agosto tornò il Visitatore. E si mise al lavoro: vietò a qualunque sacerdote di servir Messa a Padre Pio; questi non poté più distribuire la Comunione né parlare ai fedeli; le sue confessioni dovevano rientrare nel limite dei tre minuti d'orologio, trascorsi i quali dovevano essere interrotte dai frati. Per completare l'opera, una fila di catene fu posta attorno all'altare maggiore e una cancellata in ferro venne a chiudere il tutto (il confessionale di Padre Pio era nella vecchia chiesetta: i cancelli interdicevano la comunicazione con la chiesa nuova).

L'antica inquisizione, come si ricorderà, non doveva tener conto dei testimoni notoriamente prevenuti nei confronti dell'inquisito. Ma il Visitatore usò metodi diversi: il Visitatore prese a interrogare proprio quei canonici che avevano aperto le ostilità contro Padre Pio durante la prima persecuzione, quella risoltasi con la Visita di Bevilacqua. Costoro confermarono le loro antiche opinioni sul frate, opinioni che finirono sulla stampa, specialmente su *L'Unità* (contro cui il solito Brunatto sporse querela). E questo con buona pace del segreto istruttorio.

I giornalisti si buttarono con avidità sul ghiotto boccone, cercando interviste col Visitatore e soprattutto col suo segretario. Uscirono frasi come «sensualismo mistico» e «meglio che i fedeli vadano a spasso, anziché venire qui». Oppure: «Vale più una benedizione del Visitatore Apostolico che mille assoluzioni di Padre Pio» (concetto che in verità rasenta l'eresia, visto che l'assoluzione fa parte di un Sacramento e una semplice benedizione no).

Non si sa con certezza a chi attribuire queste espressioni, né se siano state davvero pronunciate in quel contesto. Il fatto è che circolavano, e i fedeli non potevano non rimanerne come minimo disorientati. Ad alcuni, in odore di «fanatismo», fu chiesto se pensassero che Padre Pio fosse Dio. Alle testimonianze riportate, si sa, è sempre bene fare un po' di cresta, anche perché la domanda era davvero retorica. Ma il Visitatore voleva vederci chiaro, questo era sicuro, per cui è probabile che domande del genere siano state poste. Non risulta comunque che qualcuno abbia risposto affermativamente.

Il fatto era che, come ebbe in seguito a dichiarare lo stesso Visitatore, qualcuno barava e giurava il falso. L'alto prelato ne era sicuro (ma allora che credito dare al tutto?). E questo finiva per aumentare la confusione.

Quelle cancellate e quelle catene, che facevano sembrare il Padre un animale in gabbia, non contribuivano tuttavia alla serenità della situazione. Il motivo della misura era da ricercarsi nella ressa che si produceva all'apertura mattutina della chiesa. Non era certo un bello spettacolo, ma non era granché diverso da quel che avviene in molte città alla festa del Santo, specialmente nel meridione.

Ad Agrigento, per esempio, la gente fa quasi a botte per poter portare la pesantissima statua di san Calogero (un santo del IV secolo!) in giro per le strade. Non solo, ma la statua in questione viene pure sommersa da lanci di nugoli di pagnotte, a ricordo della questua di pane che il santo faceva – a distanza – per gli appestati. La processione si svolge nella più calda domenica di luglio e ad ogni fermata ai portatori viene offerto del vino. La sera, sempre sotto gragnuole di pagnotte, la statua torna al santuario fortemente inclinata, per via della sbronza manifesta di molti portatori. Sono millecinquecento anni che la cosa va avanti così e nessuno (tranne qualche progressista) se ne è mai indignato più di tanto, anche perché guai a chi tocca san Calogero agli agrigentini.

È vero che Padre Pio era ancora in vita e la Chiesa proclama (se la proclama) la santità solo dopo la morte. Ma anche san Pietro era ancora in vita quando la folla faceva ressa per toccarlo, e san Tommaso (che pure era un Apostolo) volle *toccare* con mano lo stesso Cristo.

La gente che premeva sulle porte di S. Maria delle Grazie in fondo era là fin dalle quattro di mattina, al freddo, alla neve e alla pioggia. Sarebbe bastato aprirle tutte, quelle porte. Insomma, il deprecato «fanatismo» avrebbe potuto benissimo essere ovviato con un più efficiente servizio d'ordine.

Il Visitatore era però anche convinto che si fossero manifestati illeciti arricchimenti nell'ambito della Casa Sollievo della Sofferenza, almeno così gli risultava dalle voci raccolte (come il lettore avrà notato, tutta la storia di Padre Pio trasuda «voci»).

Si indagò, ma non si poté dimostrare alcuna malversazione. Le misure prese provocarono però una vera e propria levata di scudi da parte degli amministratori della Casa (tutta gente che prestava la propria opera gratuitamente), che protestarono direttamente col Sant'Uffizio, denunciando l'uso di procedure non ortodosse nei loro confronti. Ad esempio, era stato loro ordinato, da parte del Visitatore, di consegnare tutti i gioielli detenuti dalla Casa. Le suore della clinica, animate da zelo (qualcuno malignamente osservò che forse volevano la gestione della Casa), li confezionarono in un involto chiuso da semplice ceralacca. Gli amministratori insorsero e rifiutarono di ottemperare: se consegna doveva essere, andava effettuata con tanto di perizia estimativa e regolare inventario, altrimenti non se ne faceva nulla. Il Visitatore desistette.

In effetti quando si formulano certe ipotesi, il Tribunale Civile è la giusta sede per portarle avanti. Se però non si hanno prove certe, è meglio procedere con maggiore circospezione.

Ma, come si è detto, la situazione era estremamente confusa e provvedimenti contraddittori finirono per confonderla ancora di più. Per esempio, gli amministratori si sentirono rinfacciare una «gestione paternalistica», ma ebbero buon gioco nel dimostrare che la loro contabilità era meccanizzata come quella delle più moderne banche, che il bilancio veniva certificato, annualmente e a norma di legge, da una società di revisione, che poco tempo prima un Ispettore del Ministero delle Finanze si era trattenuto per più di un mese nella Casa andandosene poi soddisfatto.

La Visita, va detto, comportò anche dei divieti che non parvero molto illuminati agli occhi del pubblico: a una sordomuta, che da vent'anni si confessava da Padre Pio, fu negata la confessione *de visu*, perché femmina; agli uomini fu proibito tassativamente di avvicinare il Padre fuori dal confessionale; per le donne i divieti divennero anche più stretti.

Riguardo proprio alle donne, c'è da dire che gli strali del Visitatore si appuntavano soprattutto su quelle del servizio d'ordine. Questo servizio d'ordine femminile era stato predisposto dai frati qualche anno prima: era l'unico sistema per disciplinare le famose donnine ultradevote del frate. Costoro, tuttavia, erano quasi tutte consacrate e avevano già lasciato ogni loro bene alle opere del Padre. Si sarebbe potuto, volendo, ricondurle all'ordine in modo senz'altro meno drastico, e senza far ricorso a cancellate che, oltre tutto, impedivano l'accesso al quadro miracoloso della Madonna.

Il Visitatore era convinto che queste pie donne «comandavano Padre Pio al punto da renderlo schiavo» (ne è ancora convinto, come risulta da un'intervista rilasciata nell'agosto 1991 a *Epoca*). E poiché era stato inviato da Giovanni XXIII in persona («A me preme innanzitutto l'anima di Padre Pio», gli aveva detto il Papa nell'investirlo del compito; evidentemente la riteneva in pericolo), prendeva tutte le misure che riteneva opportune.

Non fu compito facile il suo (l'auto con cui si spostava fu anche fatta segno di colpi di arma da fuoco), né siamo in grado di dire se lo abbia portato a termine nel migliore dei modi o no. Molti sono, ancora oggi, i suoi critici. Eppure si trattava di un conservatore, un esponente di quella che i progressisti chiamano «la Chiesa preconciliare» o «pacelliana».

Va anche detto che (fatte salve le sue, senz'altro, buone intenzioni) qualche mossa falsa deve averla pur fatta, se le notizie trapelavano continuamente, come da un colabrodo, sulla stampa. Si volle bonificare la Chiesa dai fanatismi e dalle superstizioni e si finì sui rotocalchi scandalistici, creando per giunta risentimenti e divisioni che perdurano ancor oggi.

Gli sciacalli della carta stampata si gettarono sulla carogna, titolando a sensazione: «Lo scandalo del famoso Padre taumaturgo. Miliardi in gioco nell'inchiesta vaticana su Padre Pio da Pietrelcina» (questo era il reggicoda del comunismo italiano, *Paese Sera*); «Un inviato del Papa avrebbe accertato delle irregolarità nella gestione della grande opera ospedaliera» (così *La Stampa* – il quotidiano della FIAT – che almeno usava la cortesia di un condizionale).

Indro Montanelli, sull'austero *Corriere della Sera*, fu magnanimo: il Padre Pio era sì un sant'uomo, ma non capiva nulla di amministrazione, anzi quando non si occupava di cose di religione era piuttosto «pasticcione». I più benevoli si limitarono a raccogliere e divulgare la storia dei «criteri paternalistici» con cui sarebbe stata contabilizzata l'attività della Casa Sollievo della Sofferenza, «amministrata da gente improvvisata» (*La Nazio-*

ne). Altri scrivevano senza mezzi termini di «truffa delle stimmate».

Ormai il seme del sospetto era gettato e la sarabanda delle illazioni, dei «da fonti bene informate abbiamo appreso che», dei «corre voce», e dei «tutto fa supporre» fece il giro del mondo. Da quando la libertà di stampa ha elevato a virtù pubblica la maldicenza, sotto la foglia di fico de «il pubblico ha diritto di sapere» branchi di pennivendoli si guadagnano il pane quotidiano seminando scandalo e zizzania, finendo per coinvolgere anche quei giornalisti seri e onorati che magari preferiscono restare oscuri pur di non diffondere informazioni non verificate o semplici sentito dire. Sì, poi il tempo passa e magari la verità viene a galla. È questo il momento dei «pentimenti». Ma la smentita non ha mai lo stesso rilievo della calunnia e, quando arriva, spesso il «mostro in prima pagina» è già morto da un pezzo.

Molto probabilmente nel «caso Padre Pio» la fuga di notizie non si poté evitare. È tuttavia curioso notare che nello scandalo Giuffré tale fuga venne tamponata molto meglio. E dire che vi erano coinvolti otto ordini religiosi e ben sessantadue vescovi.

L'intero pianeta (sì, perché l'intero pianeta conosceva Padre Pio) venne a sapere che, nella migliore delle ipotesi, il frate pugliese era un suscitatore di confusione, di movimenti fanatici e superstiziosi dediti a raggiri e attività simoniache, di gente che vendeva «pezzuole intrise di sangue di gallina».

Non si può certo negare che qualche truffatorello a S. Giovanni Rotondo ci fosse (come ce n'è sempre attorno a tutti i Santuari), ma quel lembo di Gargano sappiamo cos'era prima di Padre Pio. Adesso c'era ricchezza, benessere e salute, nonché una situazione di primo piano nell'ambito della scienza medica internazionale.

Ma questo non fu ricordato. Ci si scandalizzò più per il traffico delle pezzuole (facilmente ovviabile con qualche cartello quadrilingue affisso in chiesa) che per l'affare Giuffré (questo, al contrario, si cercò di coprirlo in tutti i modi). Fu scritto che le «donnine» di cui Padre Pio «era in pugno» si guadagnavano i primi posti in chiesa a ombrellate, a morsi, a spillonate, che con la scusa del servizio d'ordine origliavano quel che veniva detto in confessionale per poi divulgarlo, che vendevano le preno-tazioni. Si disse che avevano appioppato un cazzotto in faccia alla moglie dell'ambasciatore cileno presso il Vaticano: riviste come *Oggi, Gente, L'Europeo* si spinsero ad affermare che era stata proprio la protesta diplomatica del Cile a provocare la Visita Apostolica. Solo che la moglie dell'ambasciatore cileno a S. Giovanni Rotondo non c'era mai stata. Anzi, quando questa signora lesse la cosa sui giornali inviò una lettera chiarificatrice in Vaticano. Ma nessuno si prese la briga di smentire ufficialmente.

Un particolare curioso: l'8 ottobre 1960 il settimanale padovano legato alla Curia pubblicò un articolo in cui si elencavano i soliti sospetti su Padre Pio, i suoi devoti e le sue opere, citando anche l'ampia divulgazione di stampa. Il fatto è che a quella data sulla stampa non c'era ancora nulla, visto che i giornali si scatenarono solo alla fine della Visita Apostolica. C'è da pensare a un auspicio, più che a un resoconto.

Tutta questa vicenda ricorda molto da vicino il «caso Waldheim», che il celebre opinionista Giorgio Bocca ha smascherato in un suo libro.

Kurt Waldheim, Presidente dell'Austria, fu accusato dalla stampa di tutto il mondo di essere stato nazista in gioventù e di aver preso parte a crimini di guerra. Da quel momento nessun Capo di Stato stimò opportuno riceverlo. Tranne Giovanni Paolo II, che fu severamente criticato per questo. Tutte le inchieste appurarono che Waldheim era stato sì ufficiale della Wehrmacht, ma non nazista, e che a crimini di guerra non aveva mai partecipato.

Per anni Waldheim proclamò la sua innocenza, ma non fu creduto. E dire che era stato a lungo Segretario dell'ONU, carica alla quale vengono eletti di solito personaggi internazionalmente riconosciuti per la loro probità. Non solo, ma nella capitale austriaca risiedeva il famoso Simon Wiesenthal, il «cacciatore di nazisti». Costui, richiesto, dichiarò più volte che Waldheim era «pulito». Ma nulla valse a fermare la campagna di stampa.

Qualcuno, come il giornalista Giorgio Bocca, ipotizza che il «Caso Waldheim» sia stato «montato» ad arte. Perché? Tutto pare sia nato in un momento di difficoltà per lo Stato di Israele, in crisi demografica e circondato dalla marea islamica. Gli ebrei russi a cui veniva permesso di emigrare in Israele spesso preferivano dirottarsi verso gli Stati Uniti e il Canada, luoghi nei quali, contrariamente a Israele, non c'era da vivere col mitra sotto il cuscino. Il primo scalo occidentale era Vienna: era là che gli emigrati cambiavano direzione. La perestrojka riallacciò proprio in quegli anni le relazioni diplomatiche tra Unione Sovietica e Israele: visto d'uscita per gli ebrei russi in cambio di pressioni sugli USA perché togliessero l'embargo sugli aiuti all'URSS. Restava da neutralizzare Vienna. Da qui la campagna contro Waldheim, tesa a inculcare nell'opinione pubblica che in Austria non tirava buona aria per gli ebrei.

Naturalmente nel caso di Padre Pio non c'erano teoremi del genere dietro, e la posta in gioco era di minore entità. La campagna denigratoria poi era frutto della stampa che si era impadronita dei cascami della Visita, non di complicate strategie spionistiche: il clero ostile a Padre Pio al massimo riusciva a concepire l'installazione di magnetofoni da comica finale. Quel che lascia un po' con l'amaro in bocca è la severità di certo eccessiva che fu usata con l'ultrasettantenne frate nel corso della Visita. Quel che volevano i frati, in fondo, era solo la Casa (e non la ottennero). La Visita Apostolica andò oltre. Se l'avesse effettuata Bortignon in persona non avrebbe ottenuto meno.

Capitolo Diciassettesimo

TIRANDO LE SOMME

Don Parisio Curzi era il titolare della parrocchia del Tufello che aveva voluto Padre Pio come parroco onorario (molte altre parrocchie d'Italia cercarono di imitarla, ma il frate declinò sempre, adducendo che di parrocchie ne aveva già una). Dapprima era scettico, come molti. Poi cambiò opinione quando Padre Pio gli guarì miracolosamente la madre.

Il suo braccio destro era Eligio D'Antonio, Presidente degli Uomini Cattolici. Insieme divennero accesissimi propagandisti del frate pietrelcinese e assidui organizzatori di pellegrinaggi nel Gargano. Stamparono ottocentomila pieghevoli su Padre Pio e li diffusero in tutto il mondo, anche in Russia e in Cina. Acquistarono intere casse di coroncine del Rosario e le fecero benedire al vescovo Cuccarollo (uno di quei vescovi cappuccini che, come si ricorderà, avevano raccolto un dossier favorevole a Padre Pio durante la prima persecuzione). La benedizione le caricò di una speciale indulgenza concessa a suo tempo da san Pio X. Padre Pio ne fu molto contento: era nota la sua predilezione per «l'arma».

Ma questa volta la Congregazione dei Riti richiamò severamente don Parisio. I tempi erano ancora una volta cambiati. Nelle stanze dei Sacri Palazzi era mutato il vento e già si avvertivano i minacciosi brontolii di tuono che si scaricarono nei fulmini della Visita.

Occorre a questo punto dare un'occhiata un po' più ravvicinata ai retroscena clericali che provocarono l'intervento di Maccari.

Innanzitutto, il monsignore romano che nel '58 si presentò a S. Giovanni Rotondo come incaricato dal Vaticano e dall'Ordine cappuccino di condurre un'indagine ufficiosa. Ospitato nel convento, disse di essere in possesso di autorizzazione *verbale* e convinse tutti a osservare il più stretto riserbo sulla cosa (ma è possibile che nessuno si sia preso la briga di verificare? No, non è possibile: a meno di sapere il monsignore fortemente ammanicato *in alto loco*).

Costui era stato amico di Padre Pio per vent'anni. Quando il frate lo vide spuntare disse: «Ecco il traditore».

Ma quello, come abbiamo già avuto occasione di sottolineare (e come si evince dalla sua corrispondenza), era davvero convinto di star lavorando per il bene della Chiesa e dell'anima di Padre Pio.

Un altro sinceramente preoccupato per la salute eterna dello stigmatizzato era un frate maniaco delle denunce anonime sulla condotta morale dei confratelli, per indagare sulle quali usava il pendolo rabdomantico. Tanto zelo lo fece mandare fuori dai piedi, all'estero. Rimpatriato per intercessione di Padre Pio, finì – cosa strana – proprio a S. Giovanni Rotondo. Qui divenne confessore dell'ultrasettantenne suor Lucina, quella monaca di Foggia che la notte «vedeva» Padre Pio sull'orlo dell'Inferno per peccati di lussuria. I due pregavano incessantemente per la salvezza del Padre. Anzi, l'uomo faceva di più: esorcizzava l'«indemoniato» aspergendolo di nascosto con acqua benedetta e recitando al suo passaggio il Salmo 108.

E si arrivò ai microfoni, ai registratori e ai campanelli d'allarme alle porte (per impedire un'eventuale fuga di Padre Pio aiutato dai suoi devoti). Più le radio portatili con cui venivano segnalati gli spostamenti del frate all'interno del convento. Prima che la *S. Giovanni Rotondo's connection* venisse alla luce, furono registrati ben trentasei nastri, alcuni dei quali – pare – risultarono poi addirittura manipolati.

Quando il Visitatore arrivò, fu subito informato della faccenda dal vescovo di Manfredonia. Eppure non risulta che siano stati presi provvedimenti a carico degli 007 in saio e talare. Anzi.

Quando la stampa si scatenò su Padre Pio (ben ottocento articoli in un solo mese) quella cattolica tanto per cambiare tacque. Gli amici del frate, quelli influenti, quelli mitriati e porporati, pure. Questo silenzio «prudente», però, finì per suonare come un avallo al linciaggio del frate con le stimmate.

Solo i laici, ancora una volta tanto per cambiare, si mossero (qualcuno prima o poi dovrà prendersi la briga di studiare a fondo questo curioso fenomeno: nei momenti di maggior crisi della Chiesa e dei suoi Santi, sono proprio i laici che ne prendono impavidamente le difese). Il Vaticano fu letteralmente inondato da un'alluvione di lettere e telegrammi di protesta.

Emanuele Brunatto andò più in là. Il 29 ottobre 1960 scrisse da Parigi alla Segreteria di Stato nei seguenti termini: poiché nel 1941 aveva permesso l'erezione della Casa Sollievo della Sofferenza grazie al suo imponente obolo, si sentiva autorizzato a chiedere che intenzioni ci fossero su un'opera che era praticamente sua e di quelli che oltre a lui avevano contribuito. Le offerte erano state date a Padre Pio e a nessun altro. Poiché il Visitatore aveva lasciato intendere di essere andato a rilevare la clinica, stessero in guardia i Monsignori: Brunatto non avrebbe esitato ad adire i tribunali civili per difendersi da quello che considerava un vero e proprio furto. Se invece il bersaglio era proprio Padre Pio, nulla cambiava, perché senza il Padre nessuno avrebbe più dato un soldo per la Casa. Forse l'intenzione era davvero questa. In tal caso Brunatto si sarebbe mosso nelle sedi competenti per difendere la clinica e i suoi interessi: «Non minaccio nessuno, ma sono pronto e deciso – e tutti i miei amici sono pronti e decisi – a far saltare questa cabala diabolica che dura da un terzo di secolo, se si tocca la libertà di Padre Pio o se viene apportata la minima modificazione alle strutture della sua Opera, senza l'accordo suo e nostro».

Forse *'u poliziotto* colpì nel segno, perché la Visita cessò di botto, malgrado l'assicurazione del Visitatore che sarebbe tornato.

Brunatto infatti non si era accontentato di far circolare la lettera che aveva spedito alla Segreteria di Stato. Aveva anche organizzato con John McCaffery a Grenoble, nella sala delle conferenze dell'hotel *Trois Dauphins*, un incontro di amici di Padre Pio, durante il quale si discusse la redazione di un Libro Bianco da presentare all'ONU. Fu contattato all'uopo uno dei massimi avvocati internazionalisti del tempo, Jean Lalive. La conferenza di presentazione ebbe luogo a Ginevra, alla presenza di ministri e giornalisti accreditati alle Nazioni Unite. Alla notizia venne data ampia risonanza, perché chi aveva orecchie da intendere intendesse.

Fu un devoto del Padre ad avvisare il suo benefattore dei microfoni (e da quel momento il frate cominciò a lavorare di temperino). Ma le installazioni erano troppo maldestre: una volta Padre Pio stava intrattenendo dei visitatori nel salottino del convento; la conversazione fu interrotta da un sibilo prolungato che veniva da dietro un quadro (proprio come nei films di James Bond). Tutti si diressero stupiti in quella direzione e trovarono l'aggeggio, con grande imbarazzo del Padre.

La cosa finì al Sant'Uffizio, perché i confratelli erano

semplicemente indignati. Ottaviani inviò monsignor Crovini a chiedere direttamente a Padre Pio cosa diavolo stesse succedendo da quelle parti. Crovini scoprì anche che certe donne gelose (che poi ritrattarono) diffamavano il Padre coi confratelli.

Le autorità cappuccine dal canto loro chiesero udienza a Giovanni XXIII e ottennero una Visita Apostolica in piena regola. Come abbiamo visto, il Sant'Uffizio inviò Maccari, con una decisione (evidentemente già presa in *loco* più *alto*) dalla quale lo stesso Prefetto, Ottaviani, volle dissociarsi.

Ancor prima di tale decisione, a S. Giovanni Rotondo si sapeva che ci sarebbe stata una Visita e chi l'avrebbe svolta. Ancora misteri vaticani.

Il Visitatore si presentò a S. Maria delle Grazie accompagnato da quel giovane segretario che poi gettò la tonaca alle ortiche. Antesignano dei «preti *beat*» che affliggeranno gli anni Sessanta, costui arringava i fedeli con affermazioni opinabili del tipo che abbiamo visto nel capitolo precedente, e trattava Padre Pio come un vero e proprio imputato, sgridandolo in pubblico e arrivando perfino a perquisire la sua cella. Alla fine della Visita fu fatto monsignore: a vescovo non ci arrivò perché, come si è detto, si spogliò prima.

Le più documentate biografie di Padre Pio assicurano che durante la Visita furono interrogati tutti, ma con minor frequenza gli amici del frate (che uscivano dall'interrogatorio quasi in lacrime). Quel che più dava fastidio al Visitatore («È dal 1918 che Padre Pio dà fastidio alla Chiesa!», pare abbia detto) era il «malsano e impuro» pigia-pigia attorno al frate con le stimmate. Chissà come ne uscirebbe, da una Visita simile, l'attuale Pontefice, abituato com'è agli oceani di folla attorno a lui.

Naturalmente una discreta fetta del clero italiano, informato dalla stampa (e non illuminato da quella cattolica), lasciò via libera a quel vizio della personalità che proprio dal clero prende il nome (il clericalismo) e cominciò a farsi cassa di risonanza dell'«immoralità», «eresia», «ribellione», «falsi miracoli», «false stimmate», «la più grande vittoria di satana» e via sproloquiando. Qualcuno arrivò ad affermare in pubblico che avrebbe detto Messa per un maiale, piuttosto che per Padre Pio. Sì, son cose che si dicono quando si è trasportati dall'ira, ma donde quest'ira?

Alcuni sono convinti che ad avercela con Padre Pio fosse proprio Giovanni XXIII. Altri sostengono che il Papa nulla sapesse di quel che accadeva a S. Giovanni Rotondo. Di certo, però, c'è che Padre Pio e Giovanni XXIII sono entrambi Servi di Dio, perché sono in corso i rispettivi processi di beatificazione.

È pur vero che avere una canonizzazione *in fieri* non garantisce l'automatica promozione a Santo. Ma questo in ogni caso vale per ambedue. Noi qui dobbiamo limitarci a raccontare i fatti, così come ci è stato possibile ricostruirli dalle biografie, molte delle quali composte di sole «voci» (e sappiamo come proprio le «voci» abbiano inguaiato Padre Pio).

Alcune di queste biografie cercano di coprire caritatevolmente le cantonate di molti prelati, col risultato di non parlare di niente, perché la storia di Padre Pio ne risulta monca di un buon settantacinque per cento. Altre, scritte da figli spirituali del frate pietrelcinese, elencano *solo* le cantonate in questione, spesso anche quelle supposte. Poiché, infine, la bibliografia su Padre Pio è sterminata (più di centoventi libri e un numero incredibile di articoli e scritti vari), il lettore ci farà grazia se, in merito alla faccenda, sulla posizione del «Papa buono» non possiamo dare alcun giudizio. Lo sapeva? Non lo sapeva? Non lo sappiamo. Di sicuro c'è solo che i giornali li leggeva anche lui, come li leggevano i Papi precedenti. Alcuni si convinsero della schiettezza di Padre Pio e lo protessero. Lui no. Questo è quanto.

L'8 settembre 1960 padre Rosario da Aliminusa fu inviato come superiore al convento. Era l'uomo giusto per far rispettare fino alla virgola le proibizioni e i divieti. Padre Pio venne avvolto con una ragnatela di regole e guardato a vista. Ma solo a vista, perché non lo si poteva avvicinare nemmeno per aiutarlo quando sbandava sulle scale (le stimmate le aveva anche ai piedi, come si ricorderà).

Il padre Rosario fu protagonista di clamorose piazzate coi devoti di Padre Pio: cacciava i non graditi dalla Chiesa, chiamava i carabinieri contro i riottosi, litigava violentemente coi figli spirituali del frate. Eppure Padre Pio tutte le sere lo abbracciava e baciava prima di ritirarsi, e ubbidiva alle richieste di farsi fotografare accanto al superiore sorridente.

Padre Rosario da Aliminusa conservò la carica fino al 1964, sotto i Provinciali padre Amedeo da S. Giovanni Rotondo, padre Torquato da Lecore, padre Clemente da Santa Maria in Punta.

Alla fine di tutto verranno a S. Giovanni Rotondo fior di cardinali, amici di Padre Pio, a rammaricarsi, denunciare, deplorare. Alla fine di tutto. Adesso non ci sono.

Dice il Vangelo: «Tuttavia, anche tra i capi, molti credettero in lui, ma non lo riconoscevano apertamente a causa dei farisei, per non essere espulsi dalla sinagoga; amavano infatti la gloria degli uomini più della gloria di Dio» (Gv 12, 42).

Magari fu meglio così. Se tutti i buoni si fossero fatti cacciare, la sinagoga sarebbe rimasta completamente in mano ai cattivi.

E gli altri cappuccini? Diversi episodi dimostrano che erano praticamente in pugno di una minoranza. Per esempio, *L'amico del Terziario*, la rivista della Provincia di Foggia, pubblicò una specie di preghiera a Gesù, in cui parlava dei «Giuda», di «quelli che ci crocifiggono», che erano «i nostri». Naturalmente gli autori vennero trasferiti.

Nel gennaio 1961 il Sant'Uffizio ufficializzò tutti i provvedimenti presi dal Visitatore, dalle cancellate al divieto per le donne di avvicinarsi a Padre Pio. Il Generale cappuccino fu formalmente invitato a ricondurre il suddetto Padre Pio all'osservanza della regola. Il documento, approvato dal Papa, fu sottoscritto a malincuore da Ottaviani. Era l'ultimo per il Prefetto, che da quel momento si rifiutò di prendere parte a ulteriori decisioni contro Padre Pio. Le più aspre misure dei tre mesi seguenti furono infatti firmate dall'Assessore, cardinale Parente. Adesso il frate con le stimmate doveva contenere la Messa nei trenta minuti e variarne continuamente l'orario per impedire i «fanatismi» dei fedeli. Poiché, tra l'altro, doveva «dimostrare coi fatti» di voler essere da tali «fanatici» lasciato in pace, i suoi modi divennero vieppiù burberi e scontrosi.

E il Ministro generale dei Cappuccini, qualcuno si chiederà, che ci stava a fare? In effetti tutto l'*affaire* Padre Pio (e anche quello Giuffré, e quell'altro dei frati di Mazzarino) si era svolto sotto il suo generalato. Lui stesso se ne lamentò nella relazione al Capitolo del 15 maggio 1964, parlando delle «tre gravi tribolazioni» che avevano colpito l'Ordine durante la sua carica.

Incapacità, semplice debolezza, connivenza o pura sfortuna? Ai posteri l'ardua sentenza. Sì, è pur vero che siamo posteri anche noi, ma per le faccende in cui c'entrano la Chiesa e i suoi Santi un quarto di secolo è poco.

Il 17 novembre 1961 padre Clemente da Milwaukee (Ministro Generale), padre Bonaventura da Pavullo (Definitore Generale), padre Torquato da Lecore (Provinciale), e padre Rosario da Aliminusa, Guardiano del convento di S. Maria delle Grazie in S. Giovanni Rotondo, si recarono da Padre Pio. A che fare?

Il 4 dello stesso mese i difensori della Casa Sollievo della Sofferenza avevano operato un *blitz*, convincendo

Padre Pio a lasciare per testamento le azioni della Casa (delle quali Pio XII l'aveva fatto intestatario) a un ente giuridico che, dietro opportuna richiesta, la Santa Sede avrebbe potuto erigere a S. Giovanni Rotondo. Il testamento era segreto, ma in quel convento solo Pulcinella poteva mantenere i segreti, così il Generale, il Definitore, il Provinciale e il Guardiano si precipitarono a chiedere a Padre Pio che girasse in bianco le azioni.

Il frate, uso a obbedir tacendo, ottemperò (e che altro poteva fare davanti a tanto concistoro, lui che aveva passato la vita a ripetere che «dov'è il superiore lì c'è Dio»?). Le azioni girate in bianco vennero depositate presso l'Istituto per le Opere di religione (il famoso IOR), intesi che il frate pietrelcinese ne restasse di fatto padrone finché campava. Ma quanta vita aveva ancora da vivere, questo settantaquattrenne così malandato?

La stampa, sempre informatissima su quel che accadeva fra le mura del convento, prese a dire che la Santa Sede aveva sottratto a Padre Pio la Casa. Il Vaticano, *more solito*, non confermò né smentì. Così tutti furono liberi di pensare che la misura fosse stata presa per la manifesta incapacità (e magari, perché no? la disonestà) di Padre Pio e dei suoi accoliti.

Nulla di nuovo sotto il sole: anche il Beato Bartolo Longo, fondatore del Santuario di Pompei, aveva subìto sorte analoga. Inquisito, trattato da ladro, umiliato davanti a tutti, gli fu sottratta l'amministrazione delle opere che lui stesso aveva creato. È il destino terreno di molti Santi, c'è da rassegnarcisi.

Addosso a Padre Pio diedero anche i socialisti, riesumando i fatti di sangue svoltisi a S. Giovanni Rotondo nel 1920 e ricordando che in quell'occasione Padre Pio era «con gli arditi neri» (così l'*Avanti!* del 2 aprile 1961). Lo stesso giornale una settimana dopo titolò: «Nessuno ha risposto alle nostre rivelazioni su Padre Pio». No, nessuno rispose, come nessuno aveva mai risposto a nessuno quando c'era di mezzo il frate. Prudenza. Melassa.

A Padova si continuava a negare Comunione e Confessione agli aderenti ai Gruppi di Preghiera (questa storia durò fino al 1966, finendo in tribunale).

Oggi, a un passo dal Duemila, noi, cristiani sempre più secolarizzati, potremmo chiederci se una Comunione negata sia argomento così grave da far richiedere l'intervento della giustizia civile. Ma se non ci bastano le motivazioni teologiche, ci faccia riflettere il fatto che, specialmente nei paesi e in quegli anni ancora pre-secolarizzazione (il Sessantotto, infatti, comincerà nel '68), esser cacciati di chiesa poteva voler dire anche la rovina economica. Commercianti, professionisti, artisti, la gente insomma che viveva della fiducia della clientela, non poteva non ricevere danni vistosi da un trattamento del genere da parte del clero, in zone per di più tradizionalmente «bianche».

Il vescovo di Manfredonia, Cesarano, si recò dal Papa, di cui era amico personale, a intercedere perché cessasse o almeno si attenuasse la bufera attorno a Padre Pio. Il Papa si limitò a indicargli una pila di documenti: erano proprio i confratelli ad accusare il frate.

E nel '63 arrivò alla Provincia di Foggia padre Clemente da S. Maria in Punta, ex Provinciale del Veneto legato al vescovo Bortignon. Si adoperò per soffocare lo scandalo dei registratori e per «ritoccare» l'accomodamento che il Generale aveva trovato con Padre Pio in merito alla Casa.

Quella faccenda del testamento segreto poteva finire per togliere all'Ordine, alla morte del Padre, la disponibilità della clinica. Sarebbe bastato cassare il riferimento all'ente giuridico da erigersi in S. Giovanni Rotondo. La questione dei registratori si poteva far passare per una montatura della stampa: il Padre doveva solo dichiarare di non aver subìto persecuzione di sorta da parte di nessuno. Tutto sarebbe rientrato nell'ordine e lo scandalo sarebbe stato soffocato, a maggior gloria della Chiesa e della fede.

Una manovra del genere può, in effetti, lasciare indignati. Ma ormai che altro c'era da fare? Era pensabile in alternativa un *mea culpa* generale, dal Papa fino all'ultimo cappuccino implicato? Avrebbe finito per centuplicare le manifestazioni di fanatismo attorno a Padre Pio. Questo in fondo era il pensiero del Generale, del Definitore, del Provinciale, del Guardiano e delle personalità vaticane coinvolte in questa vicenda. Dal loro punto di vista non avevano tutti i torti.

Il fatto è che non c'era solo il loro punto di vista.

Comunque, furono predisposti due documenti simili, Padre Pio avrebbe scelto quello che voleva firmare. Padre Pio li firmò tutti e due, lasciando la scelta a chi la voleva. Ma sulla storia dei registratori non firmò niente. Avrebbe sottoscritto un falso, perché li aveva visti (e non solo lui).

Ci si accontentò della modifica del testamento. La questione dei registratori fu aggirata diplomaticamente: il frate siglò una dichiarazione in cui si diceva che «al presente» godeva della massima libertà. L'aderenza alla verità fu ottenuta col trasferimento dello zelante padre Rosario da Aliminusa e con l'affievolimento delle limitazioni attorno all'uomo con le stimmate.

Il padre Rosario veniva dal provincialato di Palermo, dove si era vanamente estenuato nel cercar di evitare ai frati di Mazzarino la galera. A S. Giovanni Rotondo (ma perché ci mandarono proprio lui?) eseguì le direttive del Visitatore con una precisione encomiabile. Anzi, talvolta le superò, come quando fece mettere delle tavole di compensato sulla cancellata, perché tra sbarra e sbarra ancora Padre Pio era visibile.

A Giovanni Siena vietò di far battezzare il nono figlio dal frate (che aveva battezzato gli altri otto). Il Siena, indispettito, cominciò a pubblicare un giornaletto, *L'Arcangelo*, in cui difendeva Padre Pio. Il Guardiano si recò dal questore di Foggia. Risultato: i finanziatori si impaurirono e *L'Arcangelo* restò senza ali.

Per don Negrisolo padovano l'inflessibile Guardiano chiamò i carabinieri. Finì in querela di parte (perché quello voleva stare in chiesa a pregare). Intervenne il vescovo Cesarano su Padre Pio e la querela fu ritirata.

Chi veniva a chiedere di Padre Pio era cacciato. Per quelli provenienti da Padova, fossero anche in fin di vita, il trattamento era speciale: alla cacciata si aggiungeva il malo modo.

Ordini della Santa Sede, si difendeva padre Rosario. Ma sarebbe interessante sapere su informazione *di chi* la Santa Sede dava gli ordini.

Il 5 maggio 1963, onomastico di Padre Pio, il Sindaco e un gruppo di Consiglieri si recarono al convento. Padre Rosario chiuse il festeggiato in una cella e rispedì la delegazione comunale al mittente. Partì senza indugio una raffica di esposti alla Segreteria di Stato vaticana e al Presidente della Repubblica Segni. La sera stessa un'imponente manifestazione di sangiovannesi, con cartelli, torce e insulti all'indirizzo di padre Rosario, circondò il convento.

Altra imponente manifestazione c'era stata quando si era sparsa la notizia che il Visitatore intendeva portar via Padre Pio. Maccari in persona dovette dare pubbliche assicurazioni del contrario. Dei colpi di arma da fuoco contro la sua macchina abbiamo già detto. Tutto questo, però, non faceva che rafforzare nel Visitatore le sue convinzioni sul «fanatismo» generato dal frate con le (supposte) stimmate.

E dire che tra una seduta e l'altra del Concilio (inauguratosi nel frattempo) vescovi e cardinali approfittavano per un giro turistico a S. Giovanni Rotondo, alla faccia dei divieti canonici. Occorre precisare, tuttavia, che tali vescovi e cardinali erano quasi tutti stranieri: pochissimi furono gli italiani che osarono avventurarsi su quel terreno minato.

Intanto continuava la *Via Crucis* per quel frate che aveva il solo torto di fare troppi miracoli. Era vecchio e sfinito, quasi cieco e sempre più malato. Cadeva continuamente, e solo alla dipartita del segretario del Visitatore si poté cominciare a rialzarlo (prima era vietato: chissà, forse si temeva che gli passassero messaggi segreti durante la manovra). Una volta cadde nel bagno ostruendo la porta. Ci vollero due ore prima che arrivassero i soccorsi a liberarlo.

Capitolo Diciottesimo

DAGLI AMICI CI GUARDI IDDIO

A tirare troppo la corda, com'è noto, ci sta che si rompa. E a romperla fu proprio la stampa, sempre avida di «rivelazioni sensazionali». Ormai il tiro al bersaglio su Padre Pio aveva saturato il mercato, ci voleva qualcosa di nuovo. E poiché le «rivelazioni» *contro* Padre Pio erano esaurite, i mass-media internazionali si gettarono all'unisono su quelle *a favore*, che gli amici del frate non facevano mancare.

Tutto questo era da prevedersi. Si vollero far tacere i bambini e gridarono le pietre, si cercò di tenere la Chiesa indenne dal clamore e glielo si assicurò triplo, si tentò di soffocare gli scandali pretesi e si finì per divulgare ai quattro venti quelli veri. Poveri monsignori ed eccellenze loro, annegati nel mare di melassa che, troppo compressa, debordava da tutte le parti!

Quel che stupisce è il paragone tra questa vicenda e le prediche in mezzo alle quali siamo nati e con le orecchie piene delle quali moriremo. Certo clero straripa «solidarietà», «carità» e «accoglienza» anche dalle nari. Ce n'è per tutti: gay, tossicodipendenti, profughi, immigrati, zingari, indios amazzonici, animali in via d'estinzione, terroristi e criminali comuni. Per i teologi del dissenso, per gli eretici e per i pagani, poi, il trattamento è ancor più di favore. Per fortuna i comunisti dichiarati sono quasi scomparsi, perché per essi c'era un'attenzione privilegiata, così come ci fu a suo tempo per abortisti, divorzisti e radicali vari.

Per Padre Pio, «prudenza». E sbarre di ferro. Tutto a difesa del «popolo di Dio», anche se tale popolo, così immaturo e infantile da non capire qual era il suo vero bene, di tanta difesa non sapeva che farsene. Anzi, nella sua insipienza arrivava più volte al punto di minacciare fisicamente i suoi difensori.

Sono i misteri della fede cristiana. Anzi, cattolica. Torna in mente l'aneddoto del sant'uomo (medioevale, perché è da quell'epoca che viene il novantanove per cento dell'aneddotica edificante) cui Dio concesse per un momento di vedere i demoni nell'aria. Su una grande città ce n'era solo uno, che aleggiava pigramente. Ma sopra un povero conventino di campagna infuriava una torma intera. Spiegazione: in quel conventino i monaci si sforzavano di restare fedeli a Dio, gli uomini della grande città si sforzavano di peccare a più non posso (per cui di diavoli ne bastava uno, tanto per controllare che non cambiassero idea). Morale: è sulla Chiesa Cattolica che l'intero Inferno insiste, cercando di seminare discordie e confusione. Niente paura, è tutto previsto: *non prevalebunt*.

Il 3 giugno 1963 morì Giovanni XXIII. Uno dei primi atti di Paolo VI fu quello di bloccare la faccenda delle azioni in bianco. Ma tra il Conclave (uno dei più brevi della storia) e quest'atto del nuovo Papa, dovette necessariamente intercorrere un certo periodo.

Così ci fu il tempo per la Congregazione del Concilio di respingere il ricorso di Negrisolo e Castello, i preti padovani sospesi a *divinis*. I due si sottomisero, ma lo fecero oltre i quindici giorni canonici, per cui vennero privati dell'abito. Protestarono, e il loro vescovo rispose che il provvedimento non era suo. La Congregazione del Concilio, adita, spiegò che era stato il Sant'Uffizio. Il Sant'Uffizio cadde dalle nuvole.

I frati che si erano rifiutati di vendere il Seminario di Manfredonia vennero trasferiti, così come gli articolisti dell'*Amico del Terziario*, che finirono in Sardegna.

Appena fu ben in sella, Paolo VI cercò di chiudere in ogni modo l'assurda vicenda (ma i Papi, già si è rammentato, hanno minor potere di quel che si creda).

Il 5 agosto 1962 l'*Osservatore Romano* aveva scritto in prima pagina che la faccenda dei registratori era un falso. Allora la rivista *Legge e Giustizia* pubblicò le prove, a firma di un magistrato devoto di Padre Pio.

Le autorità cappuccine si sentirono in dovere di portare al quotidiano ufficioso della Santa Sede la dichiarazione firmata dal frate con le stimmate (quella in cui c'era scritto che non aveva subìto persecuzioni di sorta), ma il cronista capo, Mario Cinelli, stufo di figuracce, questa volta volle vederci chiaro e si recò da Padre Pio. Saputa la verità, si rifiutò di pubblicare il documento.

Quelli protestarono col Papa. Vanamente, perché anche Paolo VI aveva saputo la verità.

Ma l'effetto-cataclisma provocato dall'Amministratore Apostolico, padre Clemente da Santa Maria in Punta, in quel di Foggia (un centinaio di cappuccini trasferiti in pochi anni) difficilmente poteva essere ricomposto. Erano stati tolti dai piedi anche i frati che si erano opposti alla vendita del Seminario (poi offerto perfino alla Casa, ma senza risultato), per il quale anche Padre Pio riceveva offerte.

Il padre Clemente agì per tutto il tempo attraverso suoi Delegati e facendo funzioni di Provinciale. Rinviò in Sicilia padre Rosario da Aliminusa, il Guardiano del convento, come doveroso contentino per la stampa scatenata e per invogliare Padre Pio a firmare le variazioni al testamento e la dichiarazione di non-persecuzione (ma quello avrebbe firmato lo stesso, per il bene della Chiesa e per obbedienza).

Al posto di padre Rosario venne padre Carmelo, non da Sessano purtroppo, ma da S. Giovanni in Galdo, a ciò delegato (altro delegato) da padre Clemente da S. Maria in Punta.

Il nuovo Guardiano cominciò con l'assegnare obbligatoriamente a Padre Pio come medico personale un dottore già licenziato dalla Casa Sollievo della Sofferenza per scarsa correttezza professionale. Le ragioni di questa mossa onestamente sfuggono, ma se ci mettessimo anche noi a elucubrare illazioni, forse finiremmo per ipotizzare un clima da «Il Nome della Rosa», con monaci che cercano di farne morire altri. No, non elucubreremo, solo invitiamo il lettore a prendere atto della cosa.

Padre Pio, sempre più vecchio e sempre più malato, proseguiva nella sua lotta solitaria contro le potenze dell'Inferno. La visione della battaglia nella piana gli aveva tracciato il cammino fin dall'inizio della sua vocazione, e lui non demordeva. Ma nemmeno il demonio.

Una ragazza indemoniata aveva ricoperto di insulti il frate durante la Messa. La notte il convento fu scosso da un tremendo rombo seguito da una prolungata vibrazione. Poi si udirono le grida d'aiuto del Padre. Corsero e lo trovarono in terra, ferito alla testa.

L'indomani portarono ancora la ragazza e questa, con voce maschile, prese a urlare che quest'anima era già sua, che quello schifoso d'un frate glieI'aveva strappata di forza, che gli avrebbe cavato gli occhi se «quella donna» non gli avesse nascosto il viso col cuscino. Forse si riferiva alla Madonna, che i demoni non possono nominare. Ma sicuramente ce l'aveva con Padre Pio.

La ragazza fu liberata, però 'sta roba da medioevo non parve sconvolgere più di tanto l'Amministratore Apostolico e il suo Delegato. Infatti il Delegante poco tempo dopo volle parlare a quattrocchi con Padre Pio e questi, durante il colloquio, fu colto da collasso. Quale argomento poteva aver provocato il malore dell'ormai settantottenne frate? Fu il colloquio la causa? Anche questa è una cosa che non sappiamo. Ma da quel momento Padre Pio vide declinare la sua salute in modo irreversibile. Malesseri continui, svenimenti, sudorazioni improvvise da quel fatale colloquio costellarono i suoi ultimi anni di vita terrena.

I medici della Casa chiamarono il famoso professor Cassano, direttore della Clinica Medica di Roma e senatore, appena tornato dagli Stati Uniti dove aveva accompagnato il Presidente del Consiglio, onorevole Aldo Moro (era forse proprio lo statista democristiano quel politico che, in visita dal Padre, diceva meraviglie del nuovo indirizzo politico, e a cui il frate rispose: «Continua così, ti troverai con un bel piattino davanti»?).

Cassano era un devoto di Padre Pio. Infatti non glielo fecero visitare, e l'illustre primario se ne andò via semplicemente indignato.

Però all'agenzia di stampa ANSA giunse la notizia che Padre Pio era stato visitato da un altro luminare, il professor Valdoni, il quale aveva dichiarato che il frate stava benissimo. Quando il Valdoni apprese di essere stato a S. Giovanni Rotondo stupì, perché quel giorno era a Monaco di Baviera per un congresso.

Pochi mesi prima *Franciscus*, mensile parigino dei Fondatori e Oblatori della Casa Sollievo della Sofferenza, aveva sparato a zero sui cappuccini, mirando alla testa del Generale. Vi si diceva, senza mezzi termini, che le autorità dell'Ordine aspettavano la morte del vecchio e malandato Padre Pio per mettere le grinfie sulla Casa, nelle more del nuovo assetto amministrativo. Padre Pio dovette sconfessare la rivista.

Ma c'era poco da sconfessare il Comitato creato a Ginevra da Emanuele Brunatto. Tale Comitato aveva presentato il Libro Bianco di cui si è già parlato a Paolo VI e al Segretario dell'ONU, U' Thant, avanzando la richiesta di sottoporre ad arbitrato internazionale la vicenda di Padre Pio, della Casa e dei Gruppi di Preghiera.

Il Tempo di Roma il 29 gennaio 1965 titolò così: «Hanno costretto Padre Pio a sconfessare i fedelissimi». Il rappresentante legale dell'Ordine, padre Carlantonio da Mantellago, sporse querela.

Lo stesso rappresentante legale inviò formale richiesta di rettifica al *Corriere della Sera*, colpevole di aver pubblicato un articolo tendenzioso, precisando che tutte le offerte andavano regolarmente a Padre Pio. Il fatto è che qualche giornalista aveva scoperto che da un po' di tempo gli oblatori della Casa ricevevano un modulo in cui c'era scritto che per le offerte era meglio utilizzare il C.C.P. 13/8511, che era quello del convento. Quello della Casa recava il numero 13/4596.

Brunatto si recò da Ottaviani, promettendo di ritirare il Libro Bianco in cambio della sostituzione di padre Rosario da Aliminusa con padre Carmelo da Sessano. Ottaviani promise, ma non poté mantenere, perché, come abbiamo visto, fu inviato *un altro* padre Carmelo. Altri figli spirituali di Padre Pio fecero il diavolo a quattro perché al frate fosse almeno assegnato un accompagnatore e indicarono padre Pellegrino da S. Elia a Pianisi. Ottaviani si mosse, ma gli fu fatto sapere che il summentovato padre Pellegrino aveva declinato l'invito. In seguito costui rivelò di non essere mai stato nemmeno interpellato.

In mezzo a tutta questa baraonda, moriva a Roma, il 25 settembre 1965, Emanuele Brunatto.

Aveva sperato fino all'ultimo nell'arrivo a S. Giovanni Rotondo di padre Carmelo da Sessano e aveva ritirato il suo Libro Bianco. Non era più nemmeno andato giù in Puglia, per non far pensare che fosse Padre Pio a suggerirgli le dritte. Si spense improvvisamente, lontano da quel frate che aveva tanto amato e di cui era stato per tutta la vita *'u poliziotto* fedele.

Carattere stravagante e avventuroso, un po' corsaro e un po' libertino, capace di creare fortune dal niente e di dilapidarle in un soffio se ne valeva la pena, questo crociato di una causa persa era riuscito a far trepidare più di una volta l'intero Vaticano. Ma con astuzia, che si potrebbe dire gesuitica se non fosse stata "cappuccina", lo si era sempre giocato, e proprio puntando sulla sua grande lealtà di fondo. Vulcanico e appassionato, fu spesso sul punto di commettere uno sproposito, ma sempre all'ultimo momento lo trattenne l'insegnamento del Padre troppo Pio: «Caccia subito le tentazioni con l'aiuto della Madonna; sono scintille di fuoco ardente che, se sostano un po', ti bruciano. Vince chi fugge».

Morì solo, un attimo prima di poter affidare il suo immenso archivio pieno di dossier scottanti a mani sicure.

Adesso che lo scopo era stato (apparentemente) raggiunto, la pressione su Padre Pio si faceva più *soft*.

Ma lui stava male, di corpo e di spirito. Sentiva di essere alle ultime battute ed aveva paura. Sì, paura. E per capire come potesse un uomo come lui provare timore, lui che per tutta la vita aveva fatto a cazzotti con le potenze infernali, riportiamo un brano di una lezione tenuta agli studenti dell'Università Gregoriana dal teologo Vermeersch: «Voi potreste pensare che la più tremenda scena di morte sia quella di un uomo che muore nel terrore. Non lo è. Ho visto degli uomini che avevano vissuto una vita di santità e penitenza entro le mura di un convento morire così terrorizzati. Ero stato il loro confessore e sapevo che avevano anime limpide come il cristallo. Mi rendevo conto che sarebbe stata la loro ultima prova, la fine del loro purgatorio, e che le loro anime sarebbero andate dritte in Paradiso. No, è spaventoso invece vedere la morte di un uomo di cui hai la certezza morale che si trovi in stato di peccato mortale e che se ne sta andando davanti al suo Creatore con tranquillità perché, avendo egli strangolato da tempo la voce della sua coscienza, questa non può più ormai parlargli. Quella è una morte veramente orribile».

Padre Pio conosceva queste parole di Vermeersch, gliele aveva riferite il McCaffery. Bene, in questo momento l'uomo con le stimmate era in tale condizione di spirito: tormentato dal dubbio di aver mal corrisposto agli incredibili doni che gli erano stati elargiti; si sentiva dare del «santo» da ogni parte, ma più il tempo passava e sempre meno ne era convinto. Da un pezzo aveva perso l'allegria e la naturale *verve* ironica; era diventato taciturno e spesso lo si vedeva piangere.

Non stava più in piedi, ormai doveva camminare sorretto. Nel 1966 fu autorizzato a celebrare seduto (e in latino, malgrado la riforma conciliare). Quell'anno correva il decennale della Casa Sollievo della Sofferenza e il cinquantesimo della permanenza di Padre Pio a S. Giovanni Rotondo. L'occasione fu arricchita da un grande Convegno Internazionale dei Gruppi di Preghiera, con la presenza del cardinale Lercaro. Fu coniata una medaglia ricordo e una lapide venne posta sulla facciata della chiesa. Ma i festeggiamenti dovettero essere spostati per l'aggravarsi delle condizioni del Padre. Il 9 maggio 1967, a ottantacinque anni, moriva anche il fratello Michele, ormai da tempo residente a S. Giovanni Rotondo.

Padre Pio era sempre più sfinito, quasi disfatto. Non scendeva più neanche in refettorio, accontentandosi di prendere qualche boccone nella sua cella. Ma era sempre puntuale alla Messa e alle confessioni, dove bacchettava i penitenti con l'energia di sempre.

Un industriale del Norditalia si era appassionato allo spiritismo e aveva talmente preso gusto alla cosa da coinvolgere anche la famiglia. Anzi, uno dei suoi figli, incoraggiato dal padre, divenne un *medium* notevole.

I *medium*, contrariamente a quel che si pensa, non sono persone con qualcosa *in più* degli altri. Al contrario, hanno generalmente una personalità debole e morbosamente sensibile, tale da non opporre resistenza all'eventualità di essere «cavalcati» dai pretesi spiriti (per la Chiesa quasi sicuramente entità demoniache che si presentano, *mentendo*, in sembianze di anime trapassate). Infatti il figlio dell'industriale finì in manicomio.

Sconvolto, il padre si recò dal frate stigmatizzato, e questi lo strapazzò, gridandogli prima che l'altro avesse tempo di aprir bocca: «Rovini tuo figlio e poi corri qua!». Quello si offese a morte e se ne andò. Naturalmente tornò, ed ottenne anche la guarigione del figlio.

Intanto era arrivata la moda delle minigonne. Figurarsi Padre Pio! La Madonna a Fatima era stata esplicita sugli abbigliamenti poco dignitosi: stuzzicavano la lussuria e andavano banditi. Una donna aveva bisogno di una grazia dal frate pietrelcinese, ma era arrivata col vestito sopra il ginocchio e non aveva altro. Un'amica le prestò una gonna più lunga per andare a confessarsi. Quando fu inginocchiata, il Padre aprì la grata e le disse: «Come, veniamo qui vestite da carnevale?».

Una notissima principessa straniera, perla del *jet set*, non volle cambiare la sua *mise*. E non fu ricevuta.

Padre Pio, malgrado la salute ormai pressoché inesistente, continuava a prepararsi alla Messa fin dalla mezzanotte, con zelo decuplicato. Poi, prima dell'alba, scendeva in chiesa. Le «stranezze» del suo comportamento aumentarono (i confratelli avrebbero dovuto esserci abituati, ma non ci si abitua mai a vivere vicino ai santi). Ogni tanto chiedeva alla gente di spostarsi. Quelli ubbidivano stupiti e lasciavano libero il luogo indicato, al centro della stanza. Il frate restava in silenzio a guardare il pavimento sgombro, mentre gli astanti si interrogavano muti. Demenza senile, in quell'uomo così provato? No, quello era il punto in cui sarebbe stata provvisoriamente posta la sua salma, e lui lo sapeva.

Già nel 1954 padre Carmelo da Sessano aveva provato ad approntargli una tomba degna, proprio sotto l'altare maggiore. Ma Padre Pio aveva sentito i martelli pneumatici al lavoro: «Guaglio', e che stai facendo?». E quello: «Niente, niente, ampliamenti... ». Ma Padre Pio non era fesso, ed era andato su tutte le furie: «Ricordati che io nella terra voglio andare!».

Le condizioni del frate stigmatizzato però peggioravano. La broncopolmonite che pochi anni prima gli aveva procurato un collasso cardiaco era degenerata in pleurite. Ormai barcollava e cadeva continuamente. I migliori specialisti internazionali sarebbero stati felicissimi di curarlo, almeno di visitarlo. E se non per devozione, almeno per curiosità scientifica: quell'uomo aveva le stimmate e costituiva una sfida vivente alle leggi della natura. I medici della Casa Sollievo della Sofferenza, poi, avrebbero dato il braccio destro per poter prendersene cura.

Ma non fu richiesto nemmeno un consulto. Anzi, dal marzo 1966 all'aprile 1967 Padre Pio venne sottoposto a una serie di interrogatori sulle sue stimmate, per ordine dell'Amministratore Apostolico, che si avvaleva come segretario factotum di padre Carlantonio da Mantellago, quello che aveva querelato la stampa per le illazioni sulle offerte.

Le uniche cure che venivano approntate per Padre Pio erano quelle ordinate dal suo medico. In realtà le medicine gli facevano più male che bene, perché i malesseri erano di origine soprannaturale, come sempre. Il frate lo diceva chiaramente, ma non gli davano retta. E lui per obbedienza le prendeva: «Peggio per loro».

Questo «martirio delle medicine» potrà sembrare un'angheria bella e buona. Ma è giusto mettersi anche nei panni di chi le ordinava, medico e superiori. Se alla diagnosi risulta una pleurite, bisogna curare la pleurite, anche se i santi dicono il contrario. Fare atti di fede e non somministrare i farmaci che le conoscenze scientifiche danno per sicuri è azione che rasenta la temerarietà. Chi se ne assumeva la responsabilità?

È vero che il malato era un uomo eccezionale nel senso etimologico del termine, ma chi si sarebbe preso la briga di rischiare? Non certo quel medico, quel superiore e quell'Amministratore Apostolico.

Capitolo Diciannovesimo

SIPARIO

Padre Pio ormai conviveva con le vertigini, la nausea e i conati di vomito. Si muoveva solo su una sedia a rotelle, le gambe coperte da un plaid. Qualcuno avanza ancora l'ipotesi che siano state le medicine e i sonniferi ad accelerarne la fine. Ma aveva ottant'anni, l'età in cui anche per gli uomini più robusti ogni giorno è buono per morire. E lui robusto non era mai stato, anzi. La possibilità della morte lo aveva accompagnato tutta la vita, fin dall'infanzia; in base ai manuali di medicina, per uno come lui l'essere arrivato a ottant'anni era anche troppo.

Dio lo aveva tenuto in vita – e a dispetto delle leggi fisiche – perché aveva una missione da compiere. Adesso la missione era al termine e il frate del Gargano poteva addormentarsi coi suoi padri.

Ne era segnale inequivocabile la progressiva scomparsa delle stimmate. Si andavano richiudendo, poco alla volta. Ci fu chi disse (al solito) che questa era la prova della loro falsità. Poveri beoti: quelle ferite avevano versato ettolitri di sangue per cinquant'anni, e sotto gli occhi di tutti. Comunque i superiori (anch'essi al solito) ordinarono di tenerle coperte, per evitare commenti. Padre Pio riusciva malgrado tutto a scherzarci su: «Sono nato malato, sono vissuto malato e morirò sano».

In questi ultimi mesi di calvario la sua preghiera si

faceva più intensa, più raccolta. Lo si vedeva talvolta guardare dritto davanti a sé, con espressione assorta, come se vedesse qualcosa che solo lui poteva vedere.

Ma anche i diavoli intensificavano la loro attività: quell'anima tanto odiata stava loro sfuggendo dalle grinfie. La notte lo atterrivano con visioni d'inferno, e al mattino ci volevano parecchi fazzoletti per asciugargli il sudore dal viso.

«Padre Pio, cos'è stato?».

«Figlio mio, se avessi visto quello che ho visto io, saresti morto!».

Il 12 settembre 1968, undici giorni prima della fine, scrisse una toccante lettera a Paolo VI per ringraziarlo delle parole chiare che aveva detto nell'enciclica *Humanae Vitae*. Per quell'enciclica il Papa si era attirato le critiche del mondo, comprese quelle di non pochi teologi smaniosi di «aperture» (ancora oggi c'è chi contrabbanda sotto questo – per altri versi pregevole – termine i cedimenti incondizionati nei confronti delle ideologie prevalenti).

Quella del Papa era la voce della Chiesa di sempre, dell'ortodossia e della tradizione. Ora le si univa, come avallo autorevolissimo, anche la voce di Padre Pio, a buon diritto, e a furor di popolo, in rappresentanza della Chiesa «trionfante», quella dei Santi.

E Paolo VI dirà del frate pugliese: «Guardate che fama ha avuto! Che clientela mondiale ha adunato intorno a sé! Ma perché? Forse perché era un filosofo, perché era un sapiente, perché aveva mezzi a disposizione? Perché diceva la Messa umilmente, confessava dal mattino alla sera!». Severa lezione per i professoroni dei frammenti di papiro, quelli che in una vita di esegesi hanno realizzato che Cristo è un mito; per i malati di attivismo, che alla nevrosi contemporanea non oppongono la pacificazione del confessionale, ma la loro personale frenesia; per gli smaniosi di novità liturgiche, finiti col dispensare noia e banalità proprio mentre erano intenti a inventare nuove forme di intrattenimento.

Anche per costoro (e, perché no, *al posto* di costoro) Padre Pio «diceva la Messa umilmente, confessava dal mattino alla sera». E portava la croce.

Così il cardinale Siri: «Quando, nella storia, compare qualche crocifisso (...) vuol dire che il peccato degli uomini è grande e che per salvarli occorre che qualcuno rivada sul Calvario, rimonti in croce e stia là a soffrire per i suoi fratelli».

E lo scienziato Enrico Medi: «Mi sembra che non ci sia stato nessun santo, nella vita della Chiesa, nella storia della Chiesa, a cui Cristo abbia chiesto tanto sangue come a Padre Pio».

Era il 1968 e il «Sessantotto» cominciava a dilagare. I *campus* americani e la Sorbona francese aprivano le dighe della Contestazione. Chitarre, slogans e miti acquariani avrebbero fatto letteralmente impazzire una generazione e lasciato senza punti di riferimento la successiva. Vecchie ideologie ammuffite si sarebbero inserite nel fermento generale e, spacciandosi per novità, avrebbero portato i figli a uccidere i padri per il trionfo dell'utopia. Da quel momento sarà una sequenza di orrori: terrorismo, droga, aborto, nichilismo, satanismo. Il mondo se ne sarebbe andato verso l'abisso, per usare le parole di Solženicyn, al ritmo di una musica assordante. La ribellione contro tutto ciò che c'era, in nome del futuro, si sarebbe rivolta principalmente contro il cristianesimo, considerato l'ideologia dell'Occidente capitalistico. E il messaggio d'amore del Vangelo un rispolverato freudismo da bar avrebbe chiamato «repressione». Dopo la bufera, contati i morti e i carcerati, la schiuma che nei rivolgimenti sempre viene a galla si sarebbe trasformata nel cane da guardia del Sistema che diceva di voler abbattere. E avrebbe additato, da posti di potere nei mezzi di comunicazione di massa, l'ultima utopia: il nulla.

Un giorno forse si scoprirà che Padre Pio era il titano che tratteneva la diga con le sue spalle («Questa è l'epoca dello *scatascio*», aveva detto poco tempo prima). Morto lui, la scristianizzazione e lo «spirito borghese allo stato puro», secondo la parola del filosofo Del Noce, procedettero a passi rapidissimi.

Il 20 settembre 1968 erano giusto cinquant'anni di stimmate. Il 22 i Gruppi di Preghiera festeggiarono la ricorrenza con un Convegno Internazionale. Padre Pio scese a dir Messa, su una sedia a rotelle, ma non ce la faceva. Pochi mesi prima era morta l'«americana», l'anno precedente il fratello Michele, i principali collaboratori della Casa erano passati a miglior vita da tempo: un'epoca si chiudeva e il frate era ormai solo.

Il Guardiano la volle solenne e cantata, la Messa. Padre Pio protestò che non se la sentiva, che la voce non gli sarebbe uscita. Ma non ci fu verso. Con suadente insistenza il Guardiano tenne duro e Padre Pio, tanto per cambiare, obbedì. Si può ancora udire la colonna sonora dei filmati che furono ripresi in quell'occasione: uno spettacolo penoso. Quel gracchiare stentato, quel deglutire a fatica, quel filo di voce sofferente, tutto erano tranne una Messa cantata. Ma tanto Padre Pio obbediva. Padre Pio obbediva sempre.

All'*ite, Missa est* il frate s'afflosciò tra le braccia di quelli che lo reggevano, mentre il pubblico balzava in piedi addolorato e sconvolto.

Fu portato nella sua cella, a letto, mentre si diffondeva la notizia del malore e tutti i suoi figli sparsi per il mondo cominciavano a pregare per lui. La notte andò ad assisterlo un giovane confratello, padre Pellegrino da S. Elia a Pianisi (che alla fine si era deciso di assegnargli).

Stava disteso supino, cercando di riposare. Ma non dormiva, guardava in fondo alla stanza. A mezzanotte chiese in dialetto: «*Guaglio', hai ditto 'a Messa?*». E quello gli rispose che era ancora presto. «Vabbe', stamattina la dirai per me». Padre Pellegrino non disse niente. Era abituato alle affermazioni un po' stravaganti del Padre. Sì, aveva avuto un collasso, era vecchio e malato, ma ne aveva avuti tanti altri di collassi e non era mai morto. Ogni tanto lo si era visto parlare da solo, o amministrare l'assoluzione al muro (poi però si era scoperto che nello stesso istante qualcuno si era confessato con lui, magari al di là del mare). Ora gli diceva anche che vedeva due mamme, e guardava la foto di mamma Peppa, quella che teneva sul canterale.

Fosse stato un altro, in quelle condizioni si poteva star sicuri che stava vedendo doppio. Ma trattandosi di Padre Pio, è certo che vedeva la Madonna. Veniva a prenderlo.

Cominciò a chiedere sempre più frequentemente l'orario. E l'altro, con pazienza, glielo diceva. «Padre Pio, ma tenete qualche appuntamento?». E lui, agitando la mano: «Eh...! ».

A un certo punto si mise a parlare con san Francesco, poi volle confessarsi e rinnovare la professione religiosa. Padre Pellegrino cominciò a preoccuparsi. Ma il vecchio frate era lucidissimo e tranquillo, anzi aveva riacquistato un certo colorito nel volto (una volta aveva detto: «Ho più paura della misericordia di Dio che non del suo giudizio: prima ancora di avere il tempo di ringraziarlo, le onde del suo amore di nuovo mi hanno travolto e ne sono sommerso»).

Di colpo volle alzarsi, allarmando il confratello. Scese dal letto e si drizzò nella persona, sereno ed energico come non lo si era più visto da anni. Disse che doveva andare a vedere il luogo dove l'avrebbero messo. Accennò qualche passo, poi impallidì e cominciò a barcollare. Padre Pellegrino lo sorresse fino al letto e ve lo fece adagiare. Forse era meglio andare a chiamare aiuto. Padre Pio si oppose: «No, no, lascia stare, non disturbare nessuno».

Che gente, i santi: sono lì lì per morire e si preoccupano del fastidio che potranno arrecare a quelli che restano.

Il frate con le stimmate, poi, era sempre stato di una sensibilità incredibile. Una volta un confratello gli aveva detto di essere stato molto contrariato da una certa sua parola. Padre Pio gli si appese alla manica e lo supplicò con insistenza di dirgli dove e quando lo avesse offeso, perché se non l'avesse saputo non sarebbe più riuscito a dormire. Gli disse che non era stata sua intenzione contrariarlo, che era disposto a mettersi in ginocchio e a chiedergli scusa davanti a tutti. E in ginocchio ci si mise davvero, con le lacrime agli occhi, sempre trattenendo l'altro per la manica. Alla fine il confratello era talmente imbarazzato che non sapeva come uscirne. Finì in fraterni, francescani abbracci.

Ma padre Pellegrino corse lo stesso a chiamare aiuto, perché intanto il vecchio frate era venuto meno. Arrivarono tutti, superiori, frati, medici. Riuscirono a rianimarlo giusto il tempo per fargli ricevere l'Estrema Unzione. Poi, alle due e mezza del lunedì 23 settembre, dolcemente si addormentò, come un bambino. Per sempre.

Tutti volevano baciare quelle mani ferite che avevano sanato migliaia di corpi e di anime, ma il Guardiano vietò che gli si togliessero i guanti. Solo nel corso della vestizione si accorsero che le stimmate non c'erano più. Niente, non c'era più niente, né fori, né tumefazioni, né tracce di sangue. Mani, piedi e torace erano privi di cicatrici, intatti come se quella pelle non avesse mai subito traumi.

Il medico eseguì molte fotografie della salma e stilò una relazione sulla scomparsa delle piaghe. Il Guardiano chiese a tutti i presenti di sottoscrivere una dichiarazione analoga. Frattanto la notizia si era diffusa. Molti erano quelli che avevano «sentito» la morte di Padre Pio nello stesso istante in cui si era verificata, e la gente già premeva alle porte del convento.

Alle otto e mezza la chiesa fu aperta e la folla, composta e in lacrime, vi sciamò, mentre in paese affluivano camionette di polizia e carabinieri. La salma restò quattro giorni esposta, solenne e serena, con in mano il crocifisso, il rosario e la regola. La RAI divulgò la notizia della morte del Padre e mezzo mondo, stampa in testa, cominciò a muoversi alla volta di S. Giovanni Rotondo.

Mentre in chiesa le Messe si susseguivano a ciclo continuo, un fiume ininterrotto di gente, di giorno e di notte – e per tutti i quattro giorni in cui la salma rimase esposta – passò davanti all'urna. Gli aerei della vicina base militare sorvolavano in segno di saluto il paese sommerso dalle auto e dai pullman. Non si poteva nemmeno far riposare i militari del servizio d'ordine, a causa dell'immenso numero di visitatori.

Si dormiva all'addiaccio, nelle macchine, dove capitava. Diversi sacerdoti attorniavano la salma, per toccare il vetro dell'urna con gli oggetti che i fedeli porgevano (intanto erano stati fatti sparire tutte le sedie, le panche, gli inginocchiatoi su cui si era appoggiato Padre Pio).

Beata – e fortunata – «superstizione» dei cattolici! Milioni di alchimisti hanno cercato per millenni la Pietra Filosofale, la Quintessenza, la Panacea, il Toccasana capace di guarire tutti i mali al solo contatto, il rimedio universale per le afflizioni del corpo e dello spirito, la medicina che potesse risolvere ogni situazione dando pace e prosperità. Lo storico, carnale, palpabile fatto cristiano l'aveva messa a disposizione di tutti, accludendo anche il manuale d'istruzioni, quel «manuale d'istruzioni per il miglior uso di noi stessi» che è il Vangelo. Nel quale era anche previsto che i sapienti di questo mondo avrebbero arricciato il naso.

Potessimo avere anche noi che scriviamo un pezzo di qualcosa toccato da Padre Pio! Ma in quel (fatale in tutti i sensi) 1968 noi, diciottenni, eravamo troppo occupati a seguire, naso in aria, il dito dei bugiardi che ci indicavano il futuro quale unico tempo degno di essere vissuto. È venuto il futuro, e ha portato incertezze e sbandamento, senza che nei momenti peggiori ci fosse un pezzo di saio di Padre Pio a cui aggrapparsi. Ci tocca rivolgerci a lui attraverso l'aria, guardando il cielo. Forse è lo stesso, ma la nostra miseria umana continua a reclamare la sua parte.

Se, malati, andiamo dal medico, e quello ci dice «prendi questo e vedrai che ti passa», cosa facciamo se non un atto di fede? E che fede! Glielo chiediamo a quel medico, prima di trangugiare l'ignoto composto chimico, quanto tempo ci ha messo a laurearsi, in quale università si è laureato, che voti ha preso, quanto tempo è passato dall'ultima volta che si è aggiornato? No, non glielo chiediamo. Ci fidiamo. Bene, per Padre Pio c'erano centinaia di migliaia di testimonianze, c'erano ciechi che vedevano, sordi che udivano, storpi che camminavano, ed ex peccatori che dicevano il rosario. Tutti costoro narravano di pezzuole, brandelli di saio, foto, mezzi guanti e pezzi di panca miracolosi. C'era chi, nel narrare, mostrava occhi senza pupille che vedevano. E c'era anche chi era stato morto, ed era risuscitato. Ottantun anni di prodigi, piazzati proprio al centro del ventesimo secolo, a due passi da qui.

Val la pena di riportare le parole di un frate presente alla vestizione della salma. Non era mai stato un devoto di Padre Pio, anzi poteva essere annoverato tra gli scettici, per non dir peggio. Ma vide che le stimmate erano sparite e ne fu turbato. Qualche tempo dopo, discutendo con un confratello ancora fermo nel dichiararsi non convinto della santità di Padre Pio, sbottò: «Come fai a dire che quest'uomo non è un santo? Incontravo il tale padre e lo trovavo sempre a mormorare, incontravo Padre Pio e lo trovavo sempre a pregare. Vicino a lui abbiamo vissuto un'avventura meravigliosa e non ce ne siamo neppure accorti».

C'è da compiangere tutti quelli che non se ne sono accorti.

E soprattutto quelli che non se ne accorgeranno mai, quelli che, professando altre fedi (o avendo in uggia la loro), negano tutto quello che si può toccare e vedere: le immagini sacre, le reliquie dei Santi, l'Eucaristia. In una parola, quel che di più profondo e autentico c'è nel Cattolicesimo.

Il funerale cominciò col saluto del picchetto d'onore della polizia alla salma. Uno sterminato corteo snodò le sue spire per il paese mentre un elicottero militare gettava fiori. La bara era scortata da carabinieri in alta uniforme e seguita dai vessilli di un incredibile numero di Comuni. Tutti i balconi erano drappeggiati con stoffe e foto di Padre Pio. Gente dovunque, sui muretti, sugli alberi, sui pali elettrici. Enrico Medi scandiva i Misteri del Rosario, in vari punti personalità pronunciavano discorsi e leggevano i telegrammi dei Capi di Stato, scienziati e artisti provenienti da tutto il mondo. Ventiquattro sacerdoti concelebrarono la Messa funebre col Generale cappuccino, padre Clemente da Wlissingen, mentre due vescovi servivano. Questa volta arrivò il messaggio del Papa.

E chi era morto, il Presidente dell'Universo? No, un vecchietto, un fraticello senza cariche, un tizio qualsiasi di un paesino sperduto, un cittadino italiano che non aveva nemmeno finito il servizio militare. Come aveva fatto a farsi conoscere e venerare in tutto il mondo, senza mai uscire dalla sua cella? Aveva scritto *best sellers* risolutivi per le sorti del pianeta? Aveva ideato e presieduto convegni internazionali dai quali era uscita la nuova evangelizzazione che aveva finalmente convinto la gente a farsi cristiana sul serio? Aveva condotto riuscite campagne televisive per la pace, di portata planetaria? Aveva guidato fiaccolate cosmiche che erano sfociate nella fraternità universale? Come aveva fatto, insomma, a provocare questo immenso e qualificato cordoglio per la sua scomparsa?

A colpi di miracoli, e basta. Il cristianesimo è cominciato così.

Appena dopo i funerali, un figlio spirituale di Padre Pio, il dottor Antonio Alecce, proprietario di un grosso complesso farmaceutico romano, inviò una supplica al Papa, chiedendo di poter imbalsamare il corpo del frate pietrelcinese. Il Santo Padre avvertì il Generale dei cappuccini che da parte sua non aveva nulla in contrario, ma che lasciava ogni decisione alle autorità cappuccine.

Forse l'iniziativa, filialmente lodevole, non era opportuna, visto che spesso molti corpi di santi si sono conservati incorrotti per secoli (fatto, questo, che ha deposto favorevolmente nelle cause di beatificazione). Ma l'Alecce ebbe conferma dal professor Giovanni Lelli, primario dell'ospedale di S. Giovanni in Roma (uno dei massimi istopatologi italiani), che l'operazione non avrebbe minimamente compromesso l'integrità della salma.

Avvisato il Provinciale di Foggia, l'Alecce e il Lelli, forti dell'approvazione pontificia, si recarono nel dicembre 1968 a S. Giovanni Rotondo. Era presente anche il giornalista Antonio Pandiscia (che poi riportò l'episodio in un libro), in veste privata. Era l'alba e c'erano i tre sunnominati, qualche aiutante e il Provinciale. Attendevano il superiore del convento e il medico, dottor Sala, senza il cui assenso non si sarebbe potuto procedere. Attesero invano, perché quelli non vennero mai. Anzi, il convento era proprio deserto. Ricerche e telefonate appurarono che nessuno sapeva dove i due fossero, ma che certamente non erano a S. Giovanni Rotondo.

Così l'idea venne abbandonata e oggi il corpo di Padre Pio rimane chiuso in un blocco di marmo scuro. Chissà, forse si vollero evitare fenomeni di «superstizione» attorno alla salma eventualmente imbalsamata e visibile. Forse i motivi sono altri. È uno dei tanti misteri che abbiamo incontrato nel corso di tutta questa storia. La storia di un uomo che la Chiesa non ha ancora dichiarato Santo, ma che è già tale «per furore popolare» (sono parole dell'onorevole Clemente Mastella, nato vicino a Pietrelcina).

Capitolo Ventesimo

UN'ULTIMA COSA

Il 20 marzo 1983 si è aperta la fase diocesana della causa di beatificazione di Padre Pio, su istanza dell'episcopato polacco (più l'appoggio di lettere postulatorie inviate da otto cardinali, trentuno arcivescovi e settantadue vescovi). Il secondo firmatario era il cardinale di Cracovia, Karol Wojtyla.

Il processo canonico di prima istanza si è concluso il 21 gennaio del 1991. Il tribunale diocesano di Manfredonia ha tenuto trecentosettantadue sessioni, ha ascoltato settantatré testimoni e ha raccolto il tutto in ben cento-quattro volumi così suddivisi: undici di atti, settantuno con le risultanze della commissione storica, otto di documenti, dodici di allegati e due di indici. Tutta questa roba è stata trasmessa alla Sacra Congregazione per le cause dei Santi, dove il sottosegretario ha accertato la regolarità delle procedure.

I volumi, sentito il parere del relatore generale, devono ora andare al Promotore della Fede e ai sei consultori. Accertata l'eroicità delle virtù del canonizzando, la palla passerà ai membri della Congregazione. Quando questi avranno espresso parere favorevole, la relazione che emetteranno andrà sul tavolo del Pontefice per la ratifica (che però, almeno in teoria, può anche essere rifiutata).

Se la ratifica sarà concessa, il Servo di Dio Padre Pio

da Pietrelcina diventerà Venerabile. La beatificazione vera e propria (cioè la proposizione al culto pubblico del Venerabile) avrà luogo solo dopo l'accertamento di almeno un miracolo avvenuto dopo la morte del beatificando.

E dopo la morte di Padre Pio? I miracoli ci sono e vengono attualmente vagliati. Solo nei primissimi anni abbiamo: un operaio paralizzato da quindici anni che aveva perso anche vista e udito; la moglie gli diede un fazzoletto che aveva toccato la salma del frate pietrelcinese. La notte vide Padre Pio che gli assicurava la guarigione se avesse compiuto un pellegrinaggio a Lourdes. L'uomo eseguì e fu completamente risanato.

Carmela Catania era gravissima. Fu il suo medico a pregare Padre Pio per lei. Guarì in mezzo ai profumi.

Tony John Collette di Houston, Stati Uniti, colpito da una forma rarissima di lipidosi che corrode il sistema nervoso e muscolare. Subì una serie di interventi ma il male era ormai irreversibile. Mandato a morire a casa, pregò Padre Pio. Questi gli apparve in sogno e lo guarì.

C'è da mettere in conto anche l'estensione planetaria della venerazione per il frate pietrelcinese. Dei soli Gruppi di Preghiera, alla sua morte ce n'erano seicento in Italia. Oggi sono duemilacinquecento, più un altro migliaio sparsi per il mondo. In uno dei viaggi di Paolo VI in Africa, si constatò che un vecchio dentro al suo *tucul* teneva la foto di Padre Pio. Gli fu chiesto se sapeva chi fosse. Rispose di no, ma era sicuro che si trattava di uno che gli voleva bene.

Il Santo Padre, però, può anche «saltare» tutte le procedure che abbiamo descritto e, se lo ritiene opportuno, ha il potere di prendere uno e farlo santo così su due piedi. Corre voce che l'attuale Pontefice abbia detto, tra il serio e il faceto, ai commissari canonizzatori: «Se non lo fate voi, lo faccio io». È solo una voce, resa ancora più improbabile dal fatto che Giovanni Paolo II in tutto il suo pontificato è sempre stato rispettosissimo della collegialità delle decisioni. È un fatto, tuttavia, che questo Papa a Padre Pio ci tiene e avrebbe piacere di fare lui la lieta dichiarazione.

Karol Wojtyla c'è andato tre volte a S. Giovanni Rotondo. Una prima volta da sacerdote (e Padre Pio, confessandolo, pare gli abbia detto – già si è rammentato – di prepararsi, perché sarebbe stato un giorno Papa). Ci andò ancora da cardinale, durante il Concilio, e infine da Papa, nel 1987, centenario della nascita del frate con le stimmate. E questo fu un avvenimento senza precedenti, perché il processo di canonizzazione era stato introdotto da appena quattro anni.

L'attaccamento di Giovanni Paolo II al frate pietrelcinese – se non si vuol dare credito alla voce della «profezia» di cui sopra – reca una data d'inizio certa: il 1962. In quell'anno l'allora vescovo di Cracovia scrisse a Padre Pio implorando una grazia per una sua collaboratrice. Si trattava di una psichiatra, Wanda, che insieme al marito, Andrzej Poltawsky, anche lui medico, aveva a lungo fiancheggiato il vescovo Wojtyla in iniziative diocesane a favore della famiglia. Divenuto Papa, Karol Wojtyla ampliò tali iniziative favorendo la creazione dell'Istituto per la Famiglia, centro studi annesso all'Università Lateranense, e del Pontificio Istituto per la Famiglia, organismo internazionale ormai prestigioso. Nel 1979 i due coniugi polacchi sono stati chiamati a porre la loro esperienza al servizio dei due istituti.

La donna durante la guerra era stata deportata ad Auschwitz e vi era stata rinchiusa per cinque anni, un'esperienza che l'aveva profondamente segnata. Nel 1962, già madre di quattro bambine, si era ammalata di cancro alla gola. La diagnosi era senza speranza, ma i medici avevano deciso di operarla lo stesso.

Il vescovo di Cracovia il 17 novembre scrisse a Padre

Pio, in latino, una breve lettera: «Venerabile Padre, ti chiedo di pregare per una madre di quattro ragazze, che ha quaranta anni e che vive a Cracovia, in Polonia. Durante l'ultima guerra fu per cinque anni nei campi di concentramento in Germania e adesso si trova in gravissimo pericolo di salute, anzi di vita, a causa di un cancro. Prega affinché Dio, con l'intervento della Beatissima Vergine, mostri misericordia a lei e alla sua famiglia».

La lettera fu consegnata a un cardinale italiano che la affidò al commendator Angelo Battisti, un dipendente del Vaticano che a quel tempo era anche amministratore della Casa Sollievo della Sofferenza, con preghiera di far presto. Quello prese la macchina e partì subito. Nella sua qualità di amministratore della Casa, era uno dei pochissimi che avevano libero accesso al Padre in qualsiasi momento, per cui quando arrivò a S. Giovanni Rotondo poté recarsi immediatamente nella cella del frate con le stimmate.

Padre Pio stava, come al solito pregando. «Apri e leggi», gli disse. Il Battisti aprì e lesse, non nascondendo il suo stupore quando si accorse che si trattava di una lettera con richiesta di grazie come tutte le migliaia che Padre Pio riceveva continuamente. «Angiolì, a questo non si può dire di no», disse il frate a lettura finita. Poi chinò la testa e riprese a pregare. Il commendatore era davvero meravigliato. Chi era quel vescovo polacco, e cosa aveva di speciale? Mai sentito nemmeno nominare, e dire che il commendatore lavorava alla Segreteria di Stato.

Undici giorni dopo, il 28 novembre, Angelo Battisti dovette recapitare al solito indirizzo un'altra lettera, sempre del vescovo Wojtyla e sempre senza indugio. «Apri e leggi». Lesse: «Venerabile Padre, la donna abitante a Cracovia in Polonia, madre di quattro ragazze, il giorno 21 novembre, prima dell'operazione chirurgica, è guarita all'improvviso. Rendiamo grazie a Dio, e anche a te Padre venerabile porgo i più grandi ringraziamenti a nome della stessa donna, di suo marito e di tutta la sua famiglia». A questo punto Padre Pio disse: «Angelì, conserva queste lettere, perché un giorno diventeranno importanti».

Quanto erano importanti Angelino se ne accorse sedici anni dopo, quando quello sconosciuto vescovo polacco divenne Papa. E gli vennero le lacrime agli occhi.

Le lettere che abbiamo riportato furono inviate mentre Padre Pio era ancora sotto i rigori delle misure prese dalla Visita Apostolica, proprio quando a Ginevra si andava predisponendo il Libro Bianco da presentare all'ONU (col determinante aiuto dell'industriale padovano Giuseppe Pagnossin, un convertito dal frate che aveva deciso di dedicare tutte le sue sostanze alla difesa dell'uomo che lo aveva fatto rinascere spiritualmente; Pagnossin dopo il sostanziale fallimento del Libro Bianco pubblicò in Francia due volumi di grande formato su tutta la faccenda).

Giovanni Paolo II, come si è detto, nel maggio 1987 volle pregare sulla tomba di Padre Pio. In quell'occasione disse al Generale dei cappuccini: «E adesso fatelo camminare questo vostro confratello». Nell'ottobre del 1990, in visita a Taranto, si informò col vescovo di Manfredonia sullo stato di avanzamento del processo diocesano: «Sbrigatevi, sbrigatevi, questo è un Santo che vorrei fare io».

Anche Paolo VI nel 1967 aveva manifestato l'intenzione di incontrare Padre Pio. Ma si ammalò (almeno questo è quanto venne riferito) e non se ne fece più nulla.

Intanto a S. Giovanni Rotondo prende sempre più corpo il progetto di una nuova e più grande chiesa da diecimila posti a sedere (e trenta-quarantamila in piedi, se si tiene in considerazione lo spiazzo antistante previsto). Il plastico, già pronto, è faraonico. Ma con cinque milioni di pellegrini all'anno (e in continuo aumento) ci sta che anche la costruenda chiesa si riveli a cose fatte, troppo stretta.

Il progetto è del celebre architetto Renzo Piano, già responsabile del Beaubourg di Parigi, dell'aereoporto di Osaka, dello stadio di Bari e dell'Expo di Genova. La nuova chiesa sarà grande come la Piazza del Campo di Siena, tutta in pietra viva e legno, e a forma di conchiglia, antico simbolo di solidarietà cristiana, quella solidarietà che ha fatto della Casa Sollievo della Sofferenza quel che è oggi: duecentomila metri cubi di solidarietà su cinque piani, per una facciata di duecento metri di lunghezza, millequattrocento posti letto, un eliporto e centocinquanta appartamenti per anziani inaugurati nel maggio 1990 dal cardinale Casaroli e dal ministro De Lorenzo. Più i centri di ricerca, terapia e diagnosi che fanno della Casa una delle strutture più avanzate d'Europa.

E pensare che Padre Pio l'aveva cominciata senza soldi.

E il Visitatore Apostolico, che fine ha fatto a distanza di trent'anni? Monsignor Carlo Maccari, ottantenne, ex arcivescovo di Ancona e Osimo, ex Assistente Generale dell'Azione Cattolica, ex Segretario del Vicariato di Roma, è oggi in pensione e non ne può più di sentirsi dare addosso, in decine di libri, articoli e pubblicazioni, per via di «quer pasticciaccio brutto» di S. Giovanni Rotondo. L'accusa più ricorrente che gli viene mossa è quella di aver condotto la sua Visita completamente prevenuto. Glielo diceva anche Padre Pio: «Tu sei prevenuto».

Comunque, scocciato da questa trentennale «storia infinita» (soprattutto da un libro recentemente pubblicato da Antonio Pandiscia, consulente legale dell'Ordine dei Giornalisti e figlio spirituale di Padre Pio), monsignor Maccari ha fatto pervenire il 27 novembre 1990 un dossier di cinquanta pagine al cardinale Ratzinger, Prefetto della Congregazione per la Dottrina della Fede, l'ex Sant'Uffizio.

Il documento, pubblicato in stralci sull'*Europeo* del gennaio 1992 (a firma di Francobaldo Chiocci, uno degli autori dei tre volumoni di cui si è parlato qualche capitolo fa e in cui c'è tutto-ma-proprio-tutto sull'*affaire*), non rivela nulla di speciale, limitandosi a riconfermare la relazione che lo stesso Maccari aveva inviato nel 1960 al Sant'Uffizio.

L'ex Visitatore Apostolico c'è da comprenderlo: rischia di passare alla storia come il Grande Inquisitore di Padre Pio, se Padre Pio viene davvero fatto Santo.

Forse fu realmente prevenuto. In fondo proveniva dai Sacri Palazzi, dove (lo abbiamo visto), il caso Padre Pio era dato per controverso (motivo in più, allora, per non tenere, nel corso della Visita, una conferenza stampa in piena regola). Va detto che i famosi nastri registrati non volle nemmeno ascoltarli. Né volle ascoltarli Giovanni XXIII (cui erano stati fatti pervenire, come lo stesso Maccari informa nel dossier).

Li aveva incisi monsignor Umberto Terenzi, allora parroco del santuario del Divino Amore di Roma (con la collaborazione del cappuccino padre Daniele da Roma), convinto che dentro si potessero udire le «prove» delle «fornicazioni» di Padre Pio. Li faceva sentire al Provinciale, padre Amedeo, anche se questo diceva che quei rumori non gli parevano niente di speciale.

C'è da comprendere anche lui: a S. Giovanni Rotondo calava gente da tutto il mondo, anche matti e mitomani. Un giorno era arrivata una distinta signora settentrionale e aveva detto al Guardiano, padre Rosario da Aliminusa, di essere venuta a trovare suo marito. E chi era suo marito? Risposta: «Padre Pio, abbiamo fatto due figli insieme». Padre Gerardo di Flumeri, Vice Postulatore della causa di beatificazione di Padre Pio e direttore del Periodico *La voce di Padre Pio* (duecentomila copie vendute in sei lingue), riporta l'episodio aggiungendo ironicamente che «almeno» quella donna non fu creduta.

Fu creduta forse, a quanto pare, quell'altra esaltata che «rivelò» al Visitatore di aver avuto rapporti intimi con Padre Pio a cadenze settimanali. Non venne allontanata, né Padre Pio, che pure era a conoscenza della cosa, smise di confessarla.

E poi, diciamolo, bisognava vederle queste «pie donne» che attorniavano Padre Pio: erano anziane e tutt'altro che avvenenti; occorreva uno sforzo di volontà per farle diventare un possibile oggetto di desideri lussuriosi. È vero che la fantasia erotica umana quando ci si mette non conosce limiti (e questo i confessori lo sanno bene, come pure lo sapeva il Visitatore). Ma è pur vero che difficilmente i malati di libidine si mettono a far miracoli.

Un'altra cosa che non viene perdonata al Visitatore è di essersi servito come segretario di don Giovanni Barberini, un «prete bello» che poi gettò l'abito e si accasò. La relazione finale recava anche la sua firma.

Certo non si può pretendere che uno faccia il profeta sulle future intenzioni dei collaboratori prima di sceglierli (e comunque il «prete bello» era già conosciuto per la larghezza delle sue vedute), ma c'è chi sostiene che quando si accettano incarichi così delicati si debba essere capaci di prevedere tutto.

E l'incarico era davvero delicato: c'era da accertare se lì a S. Giovanni Rotondo c'era davvero il più grande Santo del ventesimo secolo oppure si era solo in presenza di un vecchio libertino, ribelle alla Chiesa e gonfiato come fenomeno mistico dalla propaganda locale.

Il Visitatore si trovò subito circondato dall'ostilità dei sangiovannesi (e come poteva essere diversamente, vista l'esperienza che questi avevano del passato?) e probabilmente si irrigidì. Forse lo impaurirono davvero quei colpi esplosi contro la sua macchina, anche se è stato accertato che non erano diretti a lui: si trattava di uno squilibrato che sparava su tutte le macchine appostato dietro una siepe.

Né l'ostilità fu solo sangiovannese, visto che i devoti di Padre Pio erano milioni e di tutte le nazionalità. Lo stesso John McCaffery si precipitò a Roma a fare le sue sentite rimostranze al Visitatore. Fu uno scontro verbale piuttosto aspro, nel corso del quale l'irlandese disse che non si poteva trattare così l'uomo che costituiva «un faro» per tutto il mondo. Il Visitatore replicò: «Un faro! Almeno duecento persone hanno scritto usando questa espressione!». Al che l'altro ebbe buon gioco nel chiedere se per caso non trovasse che proprio questa fosse la prova di ciò che lui andava dicendo.

Anche sulla posizione di Giovanni XXIII occorrerà prima o poi far luce. Era anche lui prevenuto nei confronti di Padre Pio? Sembrerebbe di no. La faccenda dei registratori, per esempio, non la digerì. Si dice che il cardinale Ottaviani abbia chiesto al segretario del Papa, monsignor Capovilla, se il Santo Padre avesse ascoltato i nastri. La risposta (riferita da padre Gerardo di Flumeri) fu: «Dica a quei signori che loro hanno fatto la pastetta e loro se la mangino». Comunque, forse anche in questa faccenda si poteva procedere diversamente, magari intervenendo con decisione (e che diamine, in fondo la materia era grave).

Sconcerta un po', in effetti, il tono stizzito della lettera scritta dal Papa al suo segretario Capovilla (come si ricorderà, la *Settimana Incom* aveva pubblicato una supposta predizione del papato ad Angelo Roncalli da parte di Padre Pio): «Sarebbe bene che ella scrivesse privatamente, ma da parte mia, a Mgr. Andrea Cesarano arc. di Manfredonia, che quanto viene scritto su *Incom* di rapporti di Padre Pio con me è tutto inventato. Io non ebbi mai alcun rapporto con lui, né mai lo vidi, o gli scrissi, né mai mi passò per la mente di inviargli benedizioni; né alcuno mi richiese direttamente o indirettamente di ciò, né prima, né dopo il Conclave, né mai. Appena torna Mgr. Dell'Acqua sarà bene vedere come meglio si possano arrestare queste invenzioni, che non fanno onore ad alcuno».

La lettera è riportata integralmente nel dossier di monsignor Maccari. Eppure Giovanni XXIII almeno una volta nella vita aveva espresso il desiderio di vedere Padre Pio. Quando era ancora cardinale: si trovava in Puglia per incoronare l'immagine della Madonna di Siponto. In auto col Cesarano e col vescovo di Foggia, Carta, al bivio per S. Giovanni Rotondo disse che avrebbe avuto piacere di visitare il frate stigmatizzato. Ne fu dissuaso dall'arcivescovo di Manfredonia per motivi ignoti.

E c'è un altro episodio. Pare che da Nunzio Apostolico a Parigi il cardinale Roncalli abbia una volta scritto a monsignor Cesarano chiedendo notizie di Padre Pio.

Insomma, non si capisce niente.

Quel che irritò il Visitatore fu, al suo arrivo, il vedere Padre Pio circondato dal gruppo locale dei «fedelissimi», tra i quali dominavano «tre pie donne». Così almeno riferisce il dossier.

Queste donnine si facevano largo – anche a ombrellate – tra la folla per guadagnare i primi posti, a cui sostenevano di aver «diritto». Tenevano il libretto delle prenotazioni (facendo a volte dei favoritismi per lucro e interessi vari), guidavano i penitenti al confessionale e restavano lì attorno a godere dell'umiliazione di quelli che, spesso piangenti, se ne allontanavano senza aver ricevuto l'assoluzione. D'estate a volte, per il caldo eccessivo, Padre Pio tirava le cortine e gli astanti potevano sentire quel che diceva ai penitenti. E le «pie donne» andavano a spifferarlo. Poi c'erano tutti quelli che si recavano a S. Giovanni Rotondo solo per «vedere» Padre Pio, perché «vederlo» (o, ancor più, «essere guardati da lui») e sentirne il «profumo» poteva guarire, magari rimettere i peccati. Questo è quanto è scritto nel dossier.

In quelle cinquanta cartelle c'è anche scritto che il Visitatore esponeva le sue perplessità sul comportamento poco edificante delle «pie donne» allo stesso Padre Pio.

E che Padre Pio rispondeva: «E io che ci posso fare?». In effetti, è una domanda che possiamo davvero porci. Padre Pio che ci poteva fare? Poteva essere tenuto responsabile di tutti i matti e gli sgangherati che si aggiravano attorno a lui? È vero, poteva redarguirli, rifiutare loro l'assoluzione. Ma il risultato sarebbe stato quello desiderato? Circondandolo di cancellate e di divieti, per «garantirgli maggior libertà nell'esercizio del suo ministero», si è forse ottenuto di far cessare gli indesiderati fenomeni? Ma non ci riuscì nemmeno il Redentore, anzi non ci provò nemmeno, e quando i farisei gli intimarono di far tacere i bambini che la Domenica delle Palme ingenuamente lo osannavano, rispose loro che piuttosto avrebbero gridato le pietre (Lc 19, 40).

L'unico, vero risultato di tutta la manovra per «liberare» Padre Pio è contenuto in uno sfogo a cui il frate si lasciò andare davanti allo stesso Visitatore, e che è stato riportato nel dossier: «Anch'io, Monsignore, ho bisogno di qualche persona cara – un parente, un amico sincero – con il quale passare qualche minuto, come in famiglia. Così mi sento debole, triste, solo. Non ce la faccio più».

Il Visitatore lo confortò dicendogli che, se qualche provvedimento sarebbe stato preso «dall'alto», non sarebbe stato per mortificarlo o isolarlo, ma, al contrario, per «liberarlo» dalla fitta rete che lo circondava e che di certo non facilitava la sua faticosa missione.

«La sua faticosa missione». Chi ha visto quei nastri e ne ha letto le etichette sui contenitori riferisce che su alcune c'erano scritte di questo tipo: «da correggere», «da rivedere», «da rifare». C'è da chiedersi chi erano i «fanatici», se i «fedelissimi» del Padre o quelli che si adoperavano con tali mezzi per «liberarlo».

E adesso aspettiamo. Aspettiamo che la Chiesa dica la sua parola infallibile e definitiva su questa vicenda, su questo Padre Pio che «era e rimane la figura di santo più popolare dopo san Francesco». Sono parole di Kenneth Woodward, l'autore del già citato «La fabbrica dei Santi», che anzi aggiunge: «È il primo sacerdote ad aver ricevuto le piaghe di Cristo, sicuramente l'uomo con le stimmate più famoso dopo san Francesco: ma mentre san Francesco ha ricevuto le stimmate solo negli ultimi anni della sua vita, Padre Pio le ha portate per mezzo secolo».

Ma la Chiesa considera i fenomeni mistici irrilevanti per la santità del candidato agli altari (infatti la causa di beatificazione di Piergiorgio Frassati, un giovane la cui vita è stata quanto di più normale si possa concepire, è stata conclusa in tempi brevissimi). Anzi, spesso la loro investigazione porta ad allungare i tempi. Se n'è accorto anche il Woodward: «In nessun'altra situazione, insomma, l'insistenza della Chiesa per un processo pignolo sembra più inappropriata – e, sono arrivato a credere, più necessaria – che nel giudicare le vite dei mistici».

A questo punto, però, il giornalista americano aggiunge un altro «mistero vaticano» ai tanti che abbiamo incontrato: «Com'è facile immaginare, i cappuccini cominciarono a raccogliere in modo non ufficiale materiale sul loro famoso confratello già un anno dopo la sua morte, avvenuta nel 1968. Ma poco dopo successe qualcosa di misterioso: a Roma qualcuno, sicuramente con il benestare di papa Paolo VI, emise un decreto che impediva l'apertura del processo diocesano su di lui. I cappuccini non hanno voluto dirmi chi diede quell'ordine, anche se confermano che esso rimase operativo fino al 1982».

Ma Papa Montini non era favorevole a Padre Pio? E che dire di Albino Luciani che nel 1960, vescovo di Vittorio Veneto, mentre si svolgeva la Visita di Maccari affermava che i fedeli non hanno certo bisogno di avvenimenti soprannaturali, perché, al contrario, ci vuole «pane solido che li nutra, non cioccolatini, pasticcini e caramelle che pesano e allettano, una leccornia impossibile da digerire, che sazia di cose soprannaturali e insolite»?

In effetti le affermazioni dell'allora vescovo di Vittorio Veneto, se vere, non fanno una grinza. Solo che le grinze vengono fuori sul piano pratico. Padre Pio convertiva (e sul serio) milioni di anime. Non si può dire in coscienza la stessa cosa delle centinaia di migliaia di progetti, documenti, incontri, programmazioni pastorali e tavole rotonde che dal tempo della sua morte sono stati sfornati a getto continuo, sommergendo i fedeli con un profluvio di parole. Torna in mente la differenza tra la predicazione di Gesù e il proselitismo dei Sacerdoti israeliti, tra una religione, cioè, fatta di regole e manuali d'istruzioni e la possibilità del miracolo. Quando chiesero al Redentore se fosse lui quello che doveva venire rispose di guardare ai *fatti*: «I ciechi vedono, i sordi odono, gli storpi camminano» (Mt 11, 5).

Ma già si è detto: non si capisce niente.

Qualcuno che si sforza di capire è il Postulatore della causa di Padre Pio, padre Paolo Rossi: «La gente comprenderebbe meglio le virtù di quest'uomo se sapesse fino a che punto ha incontrato l'ostilità della Chiesa e dei suoi stessi confratelli. Sto cercando di capire l'origine di tale ostilità».

Ma forse l'ha già trovata: «Anche oggi in Italia si può notare che quando la gente entra in una chiesa non va subito verso il Santissimo per genuflettersi, ma si inginocchia davanti alla statua di un Santo. Quando si vede una cosa del genere si può ben capire che stiamo perdendo il senso della misura».

Come dargli torto? Solo che questo non sposta il problema, perché non si ovvia certo a situazioni del genere dando addosso ai santi, semmai istruendo la gente.

E malgrado ciò, però, non possiamo fare a meno di chiederci se «il senso della misura» si stia perdendo solo adesso. Forse nel Medioevo la situazione era differente? In base alle cronache, che riportano battaglie sanguinose tra città per l'accaparramento di reliquie, non sembrerebbe. Ci si potrebbe chiedere del pari perché, sapendo ciò, Dio si ostini a servirsi dei santi per concedere i miracoli: potrebbe farlo direttamente, ottenendo anche di istruire nella corretta dottrina i fedeli. Ma forse al Padreterno preme di più che il credente sia confermato nella fede nel Corpo Mistico di Gesù Cristo e in quella peculiarità cattolica che è il culto dei Santi.

Può anche darsi – e lo diciamo con tutto il rispetto – che molti nel clero abbiano finito per focalizzare la loro attenzione più su quelli che s'inginocchiano davanti al Santo che su quelli che non si inginocchiano davanti a nessuno. Può accadere che, non avendo altro, si continui a limare l'angolino in basso a sinistra, uno dei pochi rimasti in piedi, di un palazzo che il terremoto ha già demolito.

Ma non sta a noi giudicare. Noi aspettiamo, invidiosi di tutti quelli che l'hanno conosciuto, Padre Pio, e dando ragione a Enrico Medi che una volta ebbe a dire: «Quelli che verranno dopo di noi ci invidieranno, perché noi siamo vissuti nel tempo di Padre Pio».

Nel frattempo aggiungiamo anche questo libro a tutti quelli che sono già stati scritti sul frate con le stimmate (tra i quali un *Padre Pio da Pietrelcina*, pubblicato da un quasi omonimo – Carmelo Camilleri, con una *emme* sola, che lo scrivente non ha avuto il piacere di conoscere – e messo all'Indice nel 1952), senza aver la pretesa di dire una parola diversa sull'argomento, sperando che la storia di Padre Pio venga letta come lui avrebbe voluto che fosse letta, come la storia di un uomo che si chiamava Francesco Forgione, che c'era una volta, e che si fece frate. Tutta la vita non fu altro che questo, un frate.

INDICE

Stampa: **arti grafiche TSG s.r.l.,** via Mazzini, 4 - Tel. (0141) 59.85.16 - Fax 59.47.02 - 14100 ASTI